KB029470

한국형
커리어코칭을
말한다

한국형
커리어코칭을
말한다

2020년 7월 25일 초판1쇄 발행
2020년 12월 22일 초판2쇄 발행

지은이 | 하영목 · 신은희 · 남상은 · 윤영돈 · 최진희 · 한혜정 · 최성남 · 허성희 · 조경미 · 이영대 · 정선미 · 장은영 · 강효석 · 이주하
교정교열 | 정난진
펴낸이 | 이찬규
펴낸곳 | 북코리아
등록번호 | 제03-01240호
주소 | 13209 경기도 성남시 중원구 사기막골로 45번길 14
우림2차 A동 1007호
전화 | 02-704-7840
팩스 | 02-704-7848
이메일 | sunhaksa@korea.com
홈페이지 | www.북코리아.kr
ISBN | 978-89-6324-709-0 (03320)

값 17,000원

* 본서의 무단복제를 금하며, 잘못된 책은 바꾸어 드립니다.

한국형 커리어코칭을 말한다

하영목 · 신은희 · 남상은 · 윤영돈 · 최진희 · 한혜정 · 최성남 ·
허성희 · 조경미 · 이영대 · 정선미 · 장은영 · 강효석 · 이주하

북코리아

PROLOGUE
대한민국의 커리어를 코칭하라!

일할 때 우리는 지구가 우리에게 준 꿈을 수행하고 있다. 일을 통해 우리는 진정 우리의 삶을 사랑하게 된다. 일을 통해 삶을 사랑하는 것은 인생의 가장 깊숙한 비밀과 친구가 되는 것이다.

– 칼릴 지브란

"커리어코치란 도대체 어떤 일을 하는 거예요?"

사람들이 우리 직업에 대해서 많이 물어보는 질문 중 하나다. 운동선수에게 목표를 달성하도록 도와주는 코치가 있듯, 개인의 커리어(career)에 관해 전문적으로 코칭(coaching)을 해주는 사람이 커리어코치다. 하지만 단순히 취업할 곳을 연결해주는 헤드헌터와는 다르다. 커리어코치는 의뢰자의 성격 · 환경 · 경력 등을 고려해 개인의 인생 목표에 부합하는 직업을 찾도록 도와주는 사람이다. 개인이 보유한 가치를 발굴하도록 돕는 사람이기도 하다.

커리어코칭은 스스로 자신의 가치를 객관적으로 살피고 파악하는 게 쉽지 않기 때문에 커리어코치와 함께 잠재된 능력을 발굴하여 다듬어가는 과정이다.

커리어란 우리가 원하는 삶을 찾아가는 이정표이다. 커리어(career)의 어원은 'carraria' 라틴어에서 나온 것으로 '일생에 걸쳐서 나아가는 길'이다. 재미있는 것은 캐리어(carrier)도 커리어(career)와 어원이 같다는 것이다. 커리어는 가만 놔두면 제멋대로 간다. job의 어원은 'Gobbe'로 한 덩어리를 뜻하는 단어이다. 옛날에는 일에 대한 보상으로 빵 한 덩어리를 받았기 때문에 대가를 바라고 업으로 하는 노동을 뜻하는 단어로 Gobbe가 스펠링이 변하면서 job이 되었다. job은 '한 덩어리'라도 잡아야 한다. '한 덩어리'들이 모여서 '눈사람'을 만드는 것이다. 일도 중요하지만 커리어 관점에서 바라봐야 한다. 백범 김구 선생은 이렇게 이야기한다. "돈에 맞춰 일하면 직업이고, 돈을 넘어 일하면 소명이다. 직업으로 일하면 월급을 받고, 소명으로 일하면 선물을 받는다." 일(work)에서 직업(job)을 넘어서 소명(calling), 그것이 천직(vocation)이다. 소명은 내가 진정 바라는 삶을 깨닫고 그 바라는 삶을 위해서 한 걸음을 떼는 것을 말한다. 내가 이 세상에 태어난 이유를 찾는 것이다. 그러기 위해서는 삶 자체가 나에게 들려주는 이야기를 귀를 기울여야 한다. 진정 내가 하고 싶은 일은 무엇인가?

"지금 어디쯤에 있는 것인가?"

커리어코칭을 받으러 찾아오는 사람들은 대개 마음이 바쁘다. 이들을 만날 때 커리어코치로서 어떻게 해야 할까? 커리어(career)는 결국 세 가지로 존재한다. 과거(past), 현재(present), 미래(future)이다. 과거는 '지난날'이고, 현재는 '온 날'이기 때문에 가치 있는 일에 투자해야 미래에 '올 날'이 밝아진다. 커리어코치는 미래 중심으로 함께 커리어 로드맵을 그려야 하지만 그렇다고 과거를 무시할 수 없다. 결국 자신의 히스토리(history)를 알아야 안갯속의 미스터리(mistery)를 정복할 수 있다.

커리어코칭을 하기 전에 우선 '나는 누구인가?', '무엇을 하는 사람인가?', '어디에 있는 것인가?'라는 물음을 통해 자신의 정체성 개념을 이해하는 것이 가장 중요하다. 현재 내 위치를 알아야 현실적으로 가능한 목표를 찾고 이 과정을 통해 자신이 진정으로 원하는 것이 무엇인지 알 수 있다.

첫째는 무엇(what)을 찾는 과정이다. '나는 무엇을 가지고 있는가?', '내가 가지고 있는 것이 어떠한 의미가 있는가?', '내가 가장 잘하고 있는 것은 무엇인가?' 이렇게 자기 탐색을 하게 된다. 이는 성격, 소질, 기술, 태도 등 깨닫고 자신의 강점을 찾는 과정이라고 할 수 있다.

두 번째는 어디(where)를 발견하는 과정이다. '내가 가장 잘할 수 있는 것을 어디에 활용할 것인가?', '내가 최대의 효과를 낼 수 있는 곳은 어디인가?' 이는 자기 분석 과정으로 목표를 설정하는 과정이다. 대부분의 사람들이 처음부터 잘 발견하지 못하지만 코칭을 통하여 스스로 발견해야 하는 중요한 과정이다. 경험을 쌓다 보면 자신의 일에 대한 확신이 들고 내가 꿈꾸던 모습으로 닮아가게 된다.

마지막 세 번째는 어떻게(how)를 실행하는 과정이다. '어떤 로드맵을 그려서 어떻게 실행할 것인가?' 가장 중요한 것은 의지(will)와 관련이 있다. 머리로만으로 얻을 것이 없다. 실행해서 도전을 해봐야 알게 된다. 알면서도 선택을 잘못해서 좌절하는 경우가 있다. 결단해 도전해야 변화를 맛볼 수 있는 과정이다.

"지금 '내 일'을 사랑하고 있는가?"

'내 일'을 사랑하지 않는 사람에게는 '내일'이 없다. 당신이 사랑하는 일을 찾았다면 그 일을 몰입하자. 용기를 가지고 마음을 움직이는 대로 살아도 된다. 남들이 모여 있는 레드오션(red ocean)을 피하고, 황무지 같은 블루오션(blue ocean)을 택하자. 부모님이 반대하는 직업이고 일을 하면서 힘들어 그만두고 싶다면, 지금 내가 하고 있는 일이 내가 찾던 천직일 가능성이 높다. 사회적 명예를 뒤로하고 그냥 '내 일'을 열심히 하면 된다. 그것이 누군가에게 도움이 될 때는 그 사람이 도움이 필요했기 때문이다. 우리는 그냥 '내일'을 알고 싶을 뿐이다. 그것이 누군가에게 과거의 실패가 나에게서 그치고 싶기 때문이다. 실패를 딛고 '내일'도 '내 일'을 할 것이다. 그것이 누군가에게 자그마한 도움이 되기를 바라고 당신이 이 세상을 떠날 때 그래도 당신으로 인해서 이 세상이 조금이나마 달라지기를 원하기 때문일 것이다. 당신은 어떤 사람으로 기억되고 싶은가?

이 책은 처음 2002년 코칭세미나에서 하영목 박사와 윤영돈 코치의 만남에서 시작되어 2007년 한국경제신문 한경닷컴교육센터와 함께 커리어코치 양성 교육을 하고, 그 이후에 졸업생 위주로 2009년 커리어코치협회를 결성하고 11년 동안 줄기차게 커리어코칭이 한국에 뿌리내리기 위해서 노력해왔던 자그마한 결실이다. 대한민국에 코칭(coaching)이 들어온 지 어느덧 20년 가까이 되었는데도 불구하고 아직 커리어코칭에 대한 인식과 저변 확대는 제자리걸음이다. 커리어코치 양성 과정을 진행하면서 그에 맞는 교재를 찾다가 국내 출간되어 있던 모든 코칭 관련 서적을 읽어보면서 안타까웠다. 한국 실정에 맞는 커리어코칭 책이 없었던 것이다. 특히 이론서는 있는

데, 당연히 외국 사례다 보니 한국 현실과는 괴리가 있었다. 마침내 한국형 커리어코칭 책을 엮는다. 아마도 코로나19가 아니었으면 이 글들은 세상에 나오지 못했을 것이다. 코로나19 때문에 강의와 코칭이 줄줄이 취소되면서 갑자기 생긴 시간은 공저자들끼리 책을 쓰며 함께한 소중한 시간이 되었다. 서로 언택트(untact)와 컨택트(contact)를 오가면서 커리어코치협회의 숙원 사업을 이룰 수 있어서 다행이다. 글을 쓰는 동안 깊은 배려와 격려를 아끼지 않으신 북코리아 대표님, 마음먹고 있으면서도 엄두가 나지 않았던 것을 한혜정 이사님의 헌신 덕분에 가능했기에 감사드린다. 공동저서로 이 정도의 퀄리티를 확보할 수 있었던 것은 전폭적인 신뢰와 의리로 똘똘 뭉쳤기에 가능했다.

이 책은 대한민국에서 살고 있는 사람들에게 커리어코칭의 화두를 던지는 책이다. 커리어코칭 분야는 학문의 융합으로 넘나들고, 경험과 지혜, 통찰이 필요하기 때문에 쉽게 접근하기 어렵다. 그럼에도 불구하고 공저자들의 헌신적인 노력으로 커리어코칭의 개념과 절차, 그리고 실전에서 쓸 수 있는 도구, 다양한 사례, 부록으로 커리어코칭 사전까지 잘 구성할 수 있었다. 이제 이 책을 통해서 대한민국의 미래를 바꿔나가는 데 기여할 수 있기를 소망해본다.

2020년 7월

한국형 커리어코칭 프로젝트 일동

CONTENTS

Part III 커리어코칭의 핵심 기술

CONTENTS

I

PART

커리어코칭의 이해

1 커리어코칭의 정의와 철학
하영목

2 일의 의미
신은희

하영목

1. 커리어코칭의 정의와 철학

1 커리어코칭의 정의

"커리어코치란 무엇을 하는 사람인가?" 또는 "(직업상담이나 커리어 컨설팅이 있는데) 커리어코칭은 왜 또 필요한가?" 이런 질문을 받는다면 어떻게 답할 것인가? 새로운 무엇인가를 이해하려면 먼저 정의를 살펴보아야 한다. 한국에는 아직까지 이 분야의 (학계와 업계) 전문가들이 합의한 공통의 정의가 없다. 다행히도 2009년 커리어코치협회가 결성되어 커리어코치 양성과정을 통해 커리어코치들을 양성해오면서 11년 이상 사용해온 정의가 있다. 이 정의를 한국적 배경을 잘 반영하는 커리어코치협회의 정의라 부르겠다. 이 정의에 들어가기에 앞서 먼저 이해해야 할 것이 있다. 그것은 '커리어'와 '코칭'에 대한 선행적 이해다.

"커리어(career)란 무엇인가?" "왜 한글로 번역해서 쓰지 않는가?" 이 문제를 먼저 살펴보자. '커리어'란 (넓은 의미로) "한 사람의 직업적 일생"이다. 여기에는 지나온 과거의 커리어와 다가올 미래의 커리어가 포함된다. 커리어를 '경력'이라고 번역한 사례를 자주 본다. 커리어코치협회에서는 그렇게 번역하지 않는데, 거기에는 이유가 있다. 경력이라는 단어의 속뜻은 '지날' 경(經) 자와 '지날' 력(歷)의 한자 의미가 보여주듯 '지난' 것이다. '커리어'를 '경력'이라 번역하면 그 의미가 지나치게 좁아진다. 실제로 『경력개발의 이론과 실제』(김홍국, 2000, 다산출판) 같은 책은 커리어를 '경력'으로 번역하고 "지나온 경력"으로 정의하는데, 이러한 개념적 오류는 커리어를 무리하게 '경력'으로 번역해서 생긴 것이다. 『경력개발 및 관리(제3판)』(제프리 그린하우스 외, 탁진국 역, 2002, 시그마프레스)에서도 '경력'을 '경험(經驗)'으로 한정하는데, 비슷한 개념적 오류다. 커리어에 일대일로 대칭되는 한글 단어는 아직 없다.

그렇다면 "코칭(coaching)은 무엇인가?" 여기까지 이해해야 커리어코칭을 정의할 수 있다. '코칭'은 "코치라는 (자격을 갖추고) 역할을 맡은 사람이 대상자를 도와서 목표로 정한 것을 달성하도록 지도하는 것"이다. 이와 유사한 것으로는 상담이나 컨설팅 같은 서비스가 있지만, 코칭이 상담이나 컨설팅과 다른 점은 두 가지다. 먼저 코칭은 '문제해결'에 초점을 두지 않고, 문제해결적 접근법도 쓰지 않는다. 또 다른 점으로 코칭에서는 대상자가 '문제가 있는 사람'이라고 전제하지도 않는다. 실제 코칭에서는 문제해결을 돕는 경우도 있지만, 그것은 대상자의 요구와 필요에 의해 정해지는 것일 뿐 코치가 먼저 그렇게 접근하지는 않는다. 그래야 코칭에 대한 막연한 거부감을 없앨 수 있다. 이제 커리어코칭의 개념을 종합적으로 정의해본다.

(1) 커리어코칭의 개념적 정의

"커리어코칭(career coaching)이란 무엇인가?" 또는 "커리어코치는 어떤 일을 하는가?" 이런 의문에 대한 답은 커리어코칭의 정의에서 찾을 수 있다. 커리어코칭의 한국적 정의는 이렇다. 커리어코칭이란 "장래와 현재의 리더들이 자신의 커리어 목표를 세우고 이를 실현할 수 있도록 검증된 도구와 체계적인 절차 및 타당한 방법론을 동원하여 돕는 것"이다. 어떤 개념에 정의가 필요한 이유는 공통의 이해에 필요한 관점을 공유하기 위해서다. 이러한 의도로 아래와 같이 커리어코칭의 정의를 다섯 가지 핵심 어휘로 나누어서 다시 개념화한다. 그래야 맥락의 정확한 공유가 가능해진다. 그러면 커리어코칭의 정의는 커리어코칭의 범주와도 일치하게 된다.

(2) 정의의 재개념화

커리어코칭이란 "장래와 현재의 리더들[1]이 자신의 커리어 목표를 세우고[2] 이를 실현할 수 있도록[3] 검증된 도구와 체계적인 절차, 타당한 방법론[4]을 동원하여 돕는 것[5]"이라고 정의할 때 각각의 개념에는 다음과 같은 내용이 함축된다. 이러한 재개념화(re-conceptualization)는 다양한 이해와 배경을 가진

〈표 1.1〉 커리어코칭의 개념과 내용 대비

	개념	대응하는 내용
1	커리어코칭의 대상	장래와 현재의 리더
2	커리어코칭의 목표	대상자가 자신의 커리어 목표 확립
3	커리어코칭의 주체	커리어 목표설정과 목표실현의 주도권은 대상자에게
4	커리어코칭의 방법론	타당한 도구, 절차, 모델의 사용
5	커리어코칭의 성격	문제해결이 아니라 커리어 목표달성을 돕는 것

사람들이 주관적으로 이해할 수밖에 없는 커리어코칭의 개념을 공유할 수 있게 객관화시키는 과정으로 필요하다. 이를 〈표 1.1〉과 같이 나타낼 수 있다.

① 커리어코칭의 대상

"장래와 현재의 리더들"[1]은 커리어코칭의 대상과 포지셔닝을 명확히 한다. 장래와 현재의 리더가 커리어코칭의 대상이 되는 이유는 무엇일까? 그것은 코칭에 대한 막연한 거부감을 없애기 위해서다. 마치 정신과적인 서비스를 받는다고 할 때 사람들이 색안경을 끼고 보듯, 커리어코칭에서도 '낙인 효과'가 생길 수 있다. '현재와 장래'의 리더가 아니라 '장래와 현재'의 리더인 이유는 장래에 리더가 될 잠재력을 가진 사람을 발굴하고 육성하는 커리어코칭에 더 중점을 둔다는 뜻이다.

② 커리어코칭의 목표

"자신의 커리어 목표를 세우고"[2]는 (일회성이든 중장기 코칭이든) 달성하고자 하는 목표를 세우고 커리어코칭을 해야 한다는 뜻이다. 커리어코칭이 일회성이라 하더라도 제한된 시간에 무엇을 달성할지 코치와 대상자가 협의한 다음 코칭을 해야 한다는 뜻이다.

③ 커리어코칭의 주체

"이를 실현할 수 있도록"[3]에서 커리어코칭의 목표 또는 과제를 실행하고 실현하는 주체는 대상자임을 말한다. 코치는 대상자와 파트너십을 형성하고 목표달성을 돕지만, 행위의 주체는 대상자여야 한다. 이것을 명확히 하지 않으면, 예컨대 취업 희망자가 커리어코칭을 받는 경우 커리어코치가 일자리를 알선해주기를 기대할 수도 있다.

④ 커리어코칭의 방법론

"검증된 도구와 체계적인 절차, 타당한 방법론"[4]은 커리어코칭에 필요한 구조화된 접근을 뜻한다. 구조화된 접근이 필요한 이유는 '표준화'와 '신뢰 확보'에 있다. 구조가 없는 코칭은 결국 즉흥적으로 진행되고 신뢰도 줄 수 없다. 커리어코칭이 성공하려면 주제에 대한 지식과 경험, 진행에 대한 절차적 스킬이 모두 필요하지만, 주제에 대한 지식과 경험은 코치 개인의 책임영역이므로 커리어코치 양성과정에서도 주제지식은 깊이 다룰 수 없다. '검증된 도구'는 주로 진단도구 사용과 관련되는데, 유효성이 검증된 다양한 도구를 정해진 용도에 맞게 사용하는 것을 말한다. '체계적 절차'는 준비에서 시작과 진행, 사후관리까지의 과정을 함께 정하고 지켜서 커리어코칭의 흐름을 유지하는 것을 뜻한다. '타당한 방법론'은 커리어코치가 동원할 수 있는 모델과 기술적 방법론, 코칭 도구들을 뜻한다. 커리어코칭의 도구는 질문기법과 대화법, 스토리텔링, (짧은) 원 포인트 강의, 모의 연습, 시범, 피드백과 피드포워드 등 수없이 많은데 이 책의 해당 본문에서 각각 다룬다. 한 가지 방법이 모든 상황에 들어맞지는 않는다. 목적과 상황에 맞는 적절한 방법을 찾아 종합하는 것은 코칭의 단조로움을 예방하고 효과를 극대화시킨다. 예를 들면 '강의'는 커리어코칭에서 필요치 않다고 생각하는 경우가 많은데, 5분 내외의 원 포인트 강의는 커리어코칭에서 매우 유용하다.

⑤ 커리어코칭의 성격

"동원하여 돕는 것"[5]은 커리어코칭의 근본적 성격과 철학을 규정한 것이다. 커리어코치는 '문제해결자'가 아니라 '파트너'가 되어야 한다는 것이다. 이에 대해서는 커리어코칭의 철학에서 깊이 있게 다룬다.

(3) 커리어코칭의 포지셔닝(positioning)

커리어코칭은 인적 서비스 상품이므로 적절한 포지셔닝이 필요하다. 포지셔닝이란 마케팅에서 차용한 개념이므로 마케팅에서 포지셔닝을 어떻게 정의하는지 알아보기로 하자. 마케팅의 포지셔닝은 1969년 잭 트라우트(Jack Trout, 1935~2017)가 창안한 개념인데, 여러 학자들이 자기 나름대로의 설명으로 개념을 다듬어왔지만 공통적으로 세 가지 점에서 의견을 같이한다. 그것은 대상자의 '마음속'[1]에 마케팅 대상 제품을 '어디쯤'의 위치[2]에 '기억'시킬 것인가[3]다. 세 가지 요소가 각각 무엇을 의미하는지 짚어본다.

① '마음속'에 존재하는가?

포지셔닝은 대상자의 마음속에 위치한다. 그 이유는 두 가지다. 첫째는 고객의 마음이 정보로 넘쳐나기 때문이고, 둘째는 다른 커리어 관련 서비스와의 '차별화(differentiation)'를 위해서다. 커리어코칭도 경쟁 서비스가 많다. 만약 커리어코칭을 받을 대상자가 코칭을 '사치스러운 개인지도'로 인식한다면 '과잉 포지션'이다. 반대로 '문제점을 고쳐주는 것' 정도로 인식한다면 '과소 포지션'이다. 만약 커리어코칭이 커리어 상담이나 커리어 컨설팅과 구별되지 않는다면 커리어코칭은 그 존재가치를 찾을 수 없다.

② '어디쯤'인가?

대상자의 마음을 차지하려는 경쟁자는 많다. 대상자의 마음은 수직적 서열로 어떤 것을 인식한다. 예를 들어 스마트폰이라면 "○○가 최고야" 하는 식이다. 만약 최고 수준과는 거리가 있는 것을 최고라고 브랜딩 한다 해도 신뢰하는 관계로 이어질 수 없다. 반대로 어떤 사치품이 생필품인 것처럼 포지셔닝 되었다면 투입된 경영자원의 낭비다. 커리어코칭도 그러하다. 커리어와 관련된 모든 이슈를 해결해준다고 하면 과잉 포지션이고, 취업이나 전직을 돕는다고 한다면 과소 포지션이다. 커리어코칭이 마땅히 있어야 할 위치에 포지셔닝 되어야 대상자의 기대와 코칭 서비스가 근접할 수 있다.

③ '기억'시킬 것인가?

포지셔닝은 대상자의 마음에 기억시키는 것이다. 커리어코칭을 산업발전 단계로 본다면 아직은 유치산업(infant industry) 수준에 있다. 그래서 커리어코치협회에서는 커리어코칭을 알리기 위해 관련 홍보사업을 전개하고, 커리어코치 양성과정을 30회 이상 운영해오고 있다.

2 커리어코칭의 범주

"커리어코치는 구체적으로 어떤 일을 하는가?"라는 질문은 커리어코칭의 범주와 관계된다. 설명의 편의를 위해 커리어를 크게 3단계로 나눈다면, 각각의 커리어코칭 서비스는 〈그림 1.1〉의 예시와 같이 3단계의 어딘가에 자리 할 수 있다. 이러한 범주 분류는 단지 커리어코칭을 이해시키기 위한 목적이고, 실제 커리어코칭에서는 대상자가 원하는 것을 돕는 것이 커리어코치의 역할이므로 서로 중첩되거나 새로운 이름으로 세분화될 수 있다.

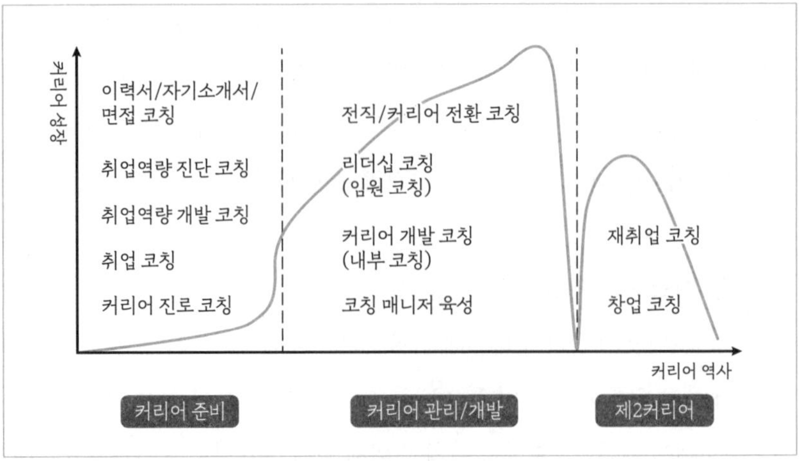

〈그림 1.1〉 커리어 단계별 코칭의 범주 예시

(1) 커리어 준비를 위한 코칭

① 직업진로 코칭

직업적 진로탐색과 진로결정을 위한 코칭으로 직업진로는 결국 전공을 결정하는 기준이 되고, 직업선택의 기준도 된다. 직업진로 코칭은 커리어 개발의 필수 부분으로 인식되어 국가적인 과제로도 선정되었다.

② 취업준비 코칭

직업/직장 선택, 핵심역량 개발, 자기소개서 및 이력서 작성, 면접 코칭 등이 대표적이다. 채용 의사결정이 자기소개서와 면접에 의존하면서 취업준비생들이 많이 찾는 코칭이다. 취업준비생들은 스터디모임 등으로 필요를 충족해가고 있지만, 비전문가들이므로 객관적인 시각이 필요하다. 이런 점에서 커리어코치의 개입이 필요하다. 블라인드면접과 AI면접의 확산이 이러한 '전문가적 개입'을 더욱 절실하게 만든다.

(2) 커리어 관리 및 개발을 위한 코칭

① 경력관리/경력개발 코칭

개인적 경력경로뿐 아니라 직장 내 경력경로 선택의 문제에서부터 보직이동, 승진평가 등에 대비해서 커리어코칭이 이루어진다. 경력개발은 근무평정(performance appraisal)에서 필수적으로 다루어지는 항목이고, 대부분의 직장에서 약 70% 내외의 비중으로 다루고 있어 외부 커리어코치의 도움을 요청하는 경우는 드물다. 그래서 사내 커리어코치가 많은 도움을 줄 수 있다. 지금까지 커리어코치 양성과정에서 사내 코치 양성에 중점을 둔 것도 같은 맥락이다. 사내 커리어코치는 자신의 고유 업무와 병행하는 역할이므로 이해관계자인 상사보다 객관적인 도움을 줄 수 있다. 〈코칭 리더십〉이나 〈코칭 매니저〉라는 주제로 시행되는 교육은 엄밀히 말해서 코칭과 다르지만, 코칭 환경을 조성하는 것도 커리어코치가 할 일이다.

② 전직자 코칭

경력직 채용이 점차 늘어나면서 자발적인 전직자와 희망퇴직자를 위한 전직지원(outplacement)의 일환으로 이루어지는 커리어코칭이다. 이력서 코칭의 비중이 커지고, 경력직 면접은 시간도 길어지고 더 심층화되는 만큼 면접 코칭의 내용도 더욱 심화되고 있다. 전직자 코칭은 앞으로 경력직 채용이 늘어날 것을 감안하고, 4차 산업혁명으로 인한 구조조정의 여파로 전직지원

서비스가 늘어날 것을 예상하면 수요가 더 커질 전망이다.

③ 리더십 코칭

'임원 코칭(executive coaching)'이라는 이름으로 행해지는 커리어코칭이다. 업무 특성상 개발의 니즈가 모두 달라서 집합교육이 어려운 리더들을 위한 커리어코칭 서비스로 자리 잡은 지 오래다. 커리어코칭 중에서 조직이 기꺼이 예산을 투자하는 서비스이기도 하다. 아직은 다국적기업 경영자 위주로 이루어진다는 점이 아쉽다.

(3) 제2의 커리어에 대비한 코칭

① 커리어 전환 코칭

평균수명과 건강수명은 모두 늘어나는데 정년까지 일할 수 있는 직장은 공무원과 공기업을 제외하면 없다. 그래서 직장인들은 제1의 커리어에서는 하지 않은 새로운 커리어를 만들어가야 하는데, 이에 대한 준비는 전혀 없이 첫 번째 커리어와 결별해야 하는 상황이다. 커리어 전환의 문제는 직장 내의 경력관리 프로그램으로는 다룰 수 없는(동일 산업 영역을 벗어난) 새로운 커리어 개척의 문제이므로 체계적인 도움을 받을 방법이 없다. 평생교육의 일환으로 제2의 커리어를 위한 코칭이 확대되어야 하지만, 대부분의 코칭 대상자들이 코칭 서비스를 구매할 여력을 갖지 못한 것이 문제다. 평생교육의 일환으로 정책적 연계가 필요한 시점이 왔다.

② 리타이어먼트 코칭

리타이어(retire)는 우리말의 '은퇴(隱退)'와는 개념이 다르다. 은퇴에는 '퇴장'이라는 뜻이 담긴 반면 '리타이어(retire)에는 '새 출발'이라는 뜻이 담긴다. 제2의 커리어를 준비할 필요가 없는 사람이라도 '자신이 살고 싶은 삶'을 사는 것은 체계적 준비만으로도 가능하다. 그래서 커리어코칭의 중요한 미개척 영역이며, 평생교육의 일환으로 개척해야 할 서비스다.

3 커리어코칭의 철학

(1) 커리어코칭의 철학과 윤리

"커리어코칭은 어떤 철학적 기반 위에 서야 하고, 커리어코치는 어떤 윤리적 기준을 지켜나가야 하는가?" 이런 의문에 대한 답은 여기서 찾을 수 있다. 커리어코칭의 기반이 되는 철학은 세 가지로 요약된다. 그것은 ① 간접 개입, ② 장기적 파트너십, ③ 홀리스틱한 접근이다. 한편 중립성은 커리어코칭이 추구하는 윤리적 기준이다.

① 간접 개입(indirect intervention)

간접 개입이란 대상자에게 자신의 커리어에 관한 주도권을 주는 것을 뜻한다. 모든 코칭은 "필요한 만큼만 개입"하는 것을 원칙으로 삼지만, 커리어코칭은 대상자의 직업적 일생이 달린 문제이므로 코치가 주도권을 가져서는 안 된다. 코칭을 받는 사람이 스스로 판단하여 결정하고 그 결과에 대해 스스로 책임지는 훈련을 쌓지 않는다면 코치가 언제까지나 직접 개입할 수 없다. 한마디로 대상자에게 주도권을 주고, 스스로 커리어의 주인공이 되게 해야 한다.

② 장기적 파트너십(long-term partnership)

코칭 파트너십의 역사는 경제학의 창시자인 애덤 스미스(1723~1790) 시대로 거슬러 올라간다. '애덤 스미스가 코칭과 무슨 상관이 있나?' 하고 생각할 수 있지만, 그렇지 않다. 인류 역사상 가장 큰 영향력을 미친 『국부론』을 쓰고 계속 증보판을 내면서 애덤 스미스가 외길로 갈 수 있었던 배경과 연관된다. 애덤 스미스는 영국 재무장관의 아들을 코칭하는 대가로 평생 동안 대학교수 연봉의 2배에 해당하는 코칭 보수(fee)를 받기로 했는데, 대학총장이 되면서 시간을 낼 수 없게 되었다. 그런데도 대상자는 평생보상의 약속을 지켰고, 애덤 스미스도 동반자적 관계를 유지했다. 당시 애덤 스미스의 역할은 투어링(touring, 여행)을 함께하며 튜터링(tutoring, 개인지도)을 하는 것이었다. '코칭'이라는 개념도 용어도 없던 그 시대의 투어링은 "함께 여행하며 삶으로 가르치는" 것이어서 지금의 커리어코칭에서 요구하는 (코치와 대상자 간의) '동반자적 관계(partnership)'의 시초라 하겠다.

커리어코치는 대상자가 믿고 의지할 수 있는 파트너여야 한다. 커리어코칭 기간은 현실적으로 몇 시간에 그칠 수도 있고 1년간의 장기간에 걸칠 수도 있지만, 커리어코치는 일회성의 커리어코칭이라 하더라도 대상자와 일생 동안 지속 가능한 관계, 서로 신뢰하는 관계로 발전하도록 노력해야 한다.

③ 홀리스틱한 접근(holistic approach)

커리어코칭은 홀리스틱(holistic)한 접근을 해야 한다. '홀리스틱'은 교육학에서도 쓰는 개념이다. 한 사람의 전인적인 인격과 가능성을 믿고 코칭해야 한다는 뜻이다. 커리어코치가 줄 수 있는 최고의 가치는 대상자의 내면에서 가능성을 발견하고 키워나가도록 지지하는 것이다. 커리어코칭이 단기적인 목표(예: 취업)로 진행되더라도 그 취업이 대상자의 커리어로드맵에서 어떤 방향과 모양으로 발전해가야 할지 방향성을 가지고 이루어져야 한다.

④ 중립성 유지(being neutral)

커리어코치는 때로 숨은 미션을 요구받을 수 있다. 예를 들면, 대상자를 남모르게 관찰 · 평가해서 평가보고서를 내는 것과 같은 미션을 말한다. 이런 미션도 대상자에게 투명하게 알리고 수행할 수 있다면, 코칭 윤리에 위배되지 않는다. 그러나 대상자 모르게 단지 코칭 프로젝트를 수주하기 위해 이런 미션을 수용한다면 공정하지 않다. 따라서 커리어코치는 이런 요청을 받을 때 "대상자의 동의하에"라는 단서를 반드시 붙여야 한다. 그러지 않으면 중립성을 유지할 수 없다. 중립성은 자기방어와 신뢰 확보의 핵심 수단이다.

(2) 커리어코치의 자격과 프레즌스(presence)

커리어코치는 일정한 자격을 갖추어야 하지만 그 자격은 최소한의 기준에 불과하다. 커리어코치로 신뢰를 주고받는 조건에는 (자격증 이외에도) 몇 가지가 있다. 커리어코치에게 필요한 역량은 해당 본문에서 다룰 것이므로 몇 가지 기본적인 것만 살펴보겠다. 먼저 사람에 대한 이해와 공감능력이 필수다. 타인의 말을 듣고 핵심을 정확히 포착하는 능력이 중요하다. 어떤 내용이든 쉽게 설명하는 능력도 빼놓을 수 없다. 이러한 역량들은 〈표 1.2〉 커리어코칭의 핵심 성공요소 중 1번(코치의 코칭 역량)에 해당한다. 〈표 1.2〉에서 보듯 커리어코칭이 성공하려면 다섯 가지 박자가 맞아야 하는데, 그중에서 코치가 확실히 통제할 수 있는 것은 1번(코칭 역량)과 4번(주제 전문성), 5번(타당한 도구와 모델 사용)뿐이다.

〈표 1.2〉 커리어코칭의 다섯 가지 핵심 성공요소

1	코치의 코칭 역량
2	대상자의 적극적 자세
3	대상자가 소속한 조직의 체계적 지원
4	코칭 주제에 대한 코치의 경험과 전문성 수준
5	코칭 목표달성에 타당한 도구와 모델, 방법론의 사용

코칭은 질문능력에 달렸다고 말하는 사람들을 가끔 만나는데, 질문은 커리어코칭에서 핵심도구여서 다른 장에서도 다룬다. 그러나 질문능력만으로 커리어코칭을 잘할 수는 없다. 주제에 대한 전문성 없이 코칭 기술만으로 할 수 있다는 사람들도 있다. 배경지식이나 경험이 없는 분야에서 코칭을 하는 것은 대상자에게 신뢰를 줄 수 없고, 코칭 윤리적으로도 옳지 않다.

끝으로, 그렇지만 결코 가볍게 넘길 수 없는 것이 커리어코치의 프레즌스(presence)다. '프레즌스'라는 개념은 우리 문화에서는 낯설지만 커리어코칭의 성공과 커리어코치로서 성장하기 위해 꼭 필요하다. 우리말로 쉽게 옮기자면 "코치답게 보여야" 한다는 것이다. 여기에는 코치의 이력과 현업경력, 코칭경험, 세련된 용모, 어투 등 선한 영향력을 끼칠 수 있는 모든 요소가 포함된다. 첫 대면에서 코치답게 보인다는 것은 오랜 기간에 걸친 자기관리와 자기계발, 퍼스널 브랜딩의 결과라는 점을 잊지 말아야 할 것이다. 계획적으로 자기 프레즌스를 계획하고 체계적으로 개발해나가야 한다.

성찰질문

아래의 다섯 가지 질문에 스스로 답해보시기 바랍니다.

1. 커리어(career)란 무엇이고 경력(經歷)과 어떻게 다른가?
2. 커리어코칭이란 무엇이고 (커리어) 상담과 어떻게 다른가?
3. 커리어코치는 구체적으로 어떤 일을 하는 사람들인가?
4. 커리어코칭은 어떤 철학적 기반 위에서 이루어져야 하는가?
5. 커리어코치는 어떤 윤리적 원칙을 지켜가며 일해야 하는가?

참고문헌

김홍국(2000), 『경력관리의 이론과 실제』, 다산출판사.

탁진국 역(2002), 『경력개발 및 관리』(Jeffrey H. Greenhaus et al., *Career Management*, 3rd Ed.), 시그마프레스.

Dolly Chugh (2011), *HBR's 10 must reads on Managing People* (with featured article "Leadership That Gets Results" by Daniel Goleman), Harvard Business Review.

Harvard Business Review on Managing Your Career (2003), Harvard Business Press.

Julia Yates (2013), *The Career Coaching Handbook*, Routledge.

신은희

2. 일의 의미

1 행복한 일과 의미 있는 삶

(1) 워라인 시대, 새로운 삶의 모습

① 포스트 코로나, 새롭게 모색해야 할 일의 의미와 가치

'커리어(career)'라는 단어 안에는 자기계발, 경력개발, 진로 등의 의미가 내포되어 있다. 커리어코칭은 100세 시대에 인생을 길게 보고 앞으로 어느 방향으로 나아갈지 고민하는 이들과 함께 자기성장에 대한 의지와 진로 방향성을 논의하는 장이었다. 2019년 말에 시작된 코로나 바이러스(Covid-19) 사태가 장기화되면서 전 세계인의 일상이 무너졌다. 채용계획은 대폭 축소되었고, 문 닫는 가게 및 공장이 늘어났으며, 나라 사이도 오갈 수 없게 되면서 비대면(untact) 서비스가 확산되었다. 이전에 우리가 좋다고 생각했던 일자리나 일의 가치가 1년도 안 되어 뒤바뀐 것이다. 이제 우리는 일에서 어떤 의미와 가치를 추구해야 하는 걸까?

아직 취업 전인 청년들은 입사시기도 가늠하지 못한 채 온라인상에서만 코칭을 받게 되었다. 재택근무 흐름이 가속화되고, 거리 두기는 앞으로도 이어질 가능성이 농후하다. 통근 버스나 전철을 타지 않아도 되는 세상에서는 직장(work place)이나 직업(job)보다 어떤 일(work)을 하며 사는지에 대한 의미가 중요해질 것이다. 1~3차 산업혁명을 거치며 우리 사회에 굳건히 자리 잡은 자본주의 시장에서 가장 중요한 것은 일터에서의 성공이었다. 즉, 내로라하는 직장에서 승진을 계속하며 업무적인 성공을 이루는 사람이 제일로 손꼽혔다. 그러다가 2016년 다보스포럼에서 '4차 산업혁명'이라는 말이 나온 이후부터 개념이 점차 달라지고 있다. 기계가 사람을 대체하는 위협이 점점 더 가깝게 느껴지기 때문에 인간은 어떤 일자리를 영위할 수 있을까에 대한 고민이 커진 것이다. 그만큼 개개인에게 느껴지는 일의 의미도 달라졌다.

② 밀레니얼 세대 직장인의 워라밸 추구 경향

잡코리아가 2020년 초 밀레니얼 세대* 직장인 507명을 대상으로 '좋은 직장의 조건'에 대해 설문조사를 진행한 결과 좋은 직장의 조건 1위는 '워라밸 보장(49.9%)'이었다. 그들이 원하는 워라밸에는 '여유'와 '저녁이 있는 삶'이라는 전제조건이 깔려 있다. 개인생활보다 일을 우선시했던 과거 세대와 확연히 다른 수치다.

2017년부터 현실 속에서 선택하는 나만의 소확행, 욜로(YOLO: You Only Live Once), 혼밥 문화 등 개인의 삶을 중시하는 풍토가 확장되었다. 이에 따라 추구하는 일의 의미 또한 워라밸(work-life balance)에서 워라하(work-life harmony)

* 밀레니얼 세대: 1981년부터 2000년대 초반 사이에 태어난 세대. 태어나면서부터 디지털기기(휴대폰, 컴퓨터 등)를 접했다고 하여 '디지털 네이티브'라고도 불린다.

를 넘어 워라인(work-life integraion)으로 가고 있다. 단순히 일과 삶을 분배해서 균형을 맞추려는 데서 벗어나 일과 삶의 경계가 자유로운 상태로 향하는 것이다. 『와튼스쿨 인생특강』의 저자 스튜어트 D. 프리드먼에 따르면, '일'과 '삶'은 서로 경쟁하는 개념이 아니다. 지난 30년간 일과 삶의 통합에 대해 연구한 스튜어트는 "우리의 실제 삶은 인생의 네 영역(일, 가정, 공동체, 사적 자아)에서 이뤄지는데, 이 네 가지 삶의 영역을 조화롭게 만드는 것이 행복한 삶이다"라고 말했다.

③ 내가 원하는 일과 삶의 방식은?

10년간 커리어코칭을 해오면서 다양한 대상자를 만나왔다. 개개인에 따라 추구하는 삶의 모습이나 형태도 제각각이다. 워라인도 어떻게 보면 워라밸이 등장한 시점부터 혼재해온 개념이다. 이분법적인 분리에서 좀 더 확장되어 일과 삶을 더 이상 분리하지 말자는 담론에서 발전한 철학이라고 할 수 있다.

누군가에게는 명확히 구분된 타임라인이 더 편할 수 있고, 누군가에게는 시간에 따라 일과 생활을 구분 짓는 게 불편할 수 있다. 따라서 자기 자신에게 맞는 삶의 방식을 선택하면 된다. 그러기 위해서는 자기탐색이 선행되어야 한다. 탐색 후 내가 원하는 삶의 방식에 따라 선택해서 살아보면 된다.

(2) 삶의 이유와 존재가치

① 4050 직장인의 삶의 의미 추구 경향

밀레니얼 세대를 맞닥뜨린 4050 세대들은 마음 둘 곳이 없다. 위로부터

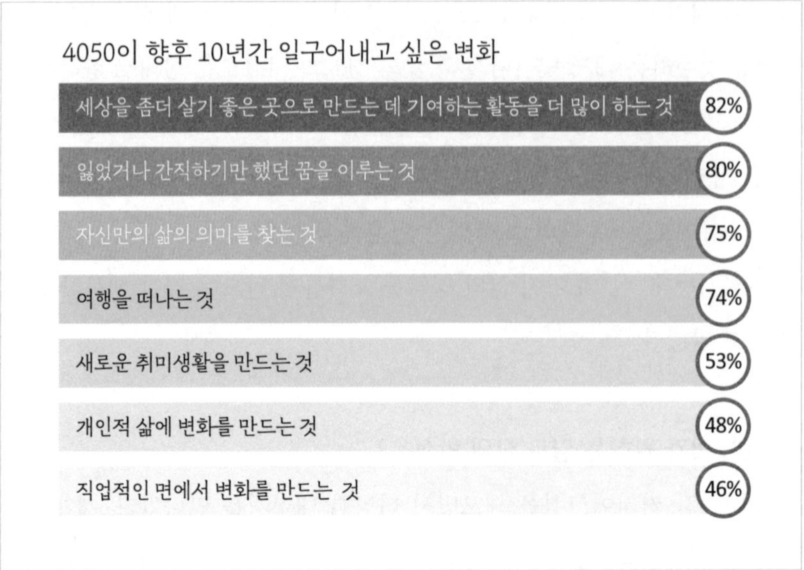

〈그림 2.1〉 '4050이 향후 10년간 일구어내고 싶은 변화' 조사 결과

자료: 송은주(2017), 『4050 후기청년』, 더난출판사.

는 늘 해고당할 위협에 시달리고, 아래로부터는 실력 면에서나 가치관 측면에서 다른 차원에서의 파죽지세 공격이 이어지기 때문이다.

『4050 후기청년』에는 4050 세대가 향후 10년간 일구어내고 싶은 변화에 대해 조사한 결과가 나온다. 항목 중에서 세상에 기여(82%), 잃었던 꿈 이루기(80%) 외에 자신만의 삶의 의미를 찾는 것(75%)이 각각 높은 비중을 차지했다.

② 4050 직장인의 사회적 · 심리적 정체성 혼란

그간 코칭으로 만났던 많은 4050세대들로부터 한결같이 들었던 말은 "내가 왜 이렇게 살았는지 모르겠어요"였다. 4050세대는 평생직장이 당연하게 여겨지던 때에 사회초년생으로 입사해서 직장과 일이 물아일체가 된 생활을 해왔다. 워라밸이나 일-가정 양립은 이들에게 언감생심이었다. 그런 이들이 갑작스레 명예퇴직, 권고사직, 정리해고 등으로 일자리를 잃게 되면서 자신의 정체성을 상실한 불안감에 시달리게 되었다. 심지어 하버드대학교를 나왔는데, 아무래도 스펙이 너무 높아 재취업이 어렵지 않겠냐며 학력을 축소해야 할지 물어보는 사람도 있었다.

③ 인생 중반기, 후기청년으로서 다시 삶에 질문하다

니체는 "'왜' 살아야 하는지 아는 사람은 그 '어떤' 상황도 견딜 수 있다"라고 말했다. 새로운 정체성을 찾아야 하는 4050세대에게 다니던 회사를 그만둔 이후의 삶은 자신을 든든하게 받쳐주던 기둥을 뺏긴 것과 같이 위태롭고 마냥 불안하다. 하지만 4차 산업혁명이니 AI 등의 등장으로 이미 산업시장은 변화의 물결에 휩쓸렸고, 코로나 사태로 인해 돌이킬 수 없는 강을 건넜다.

이제는 넋 놓고 있다가는 생각보다 너무 오랜 세월을 무의미하게 보내야 할 수도 있다. UN이 호모 헌드레드(100세) 시대에 발맞춰 2015년 새롭게 정의한 중년의 기준은 66~79세다. 청년은 18세부터 무려 65세까지다. 노년은 80~99세로, 100세 이후는 장수노인으로 나이의 표준이 바뀐 것이다.

우리는 50이 넘으면 '나이 들었다'고 치부하는 경향이 있었다. 하지만 다가올 30년 또는 40~50년의 삶을 공허하게 보내지 않기 위해서는 시대의 변화에 더욱 능동적으로 발맞춰나가려는 노력이 필요하다. 다만 사회의 시간은 아직도 '50대=노인'이라는 프레임에 멈춰 있으니 선입견 및 편견에 맞서 성장하는 자아를 커리어코치의 사명감을 갖고 북돋아줄 때다.

(3) 일과 행복의 상관관계

① 일하는 시간이 행복하면 삶도 행복해질까?

글로벌 리서치 기업인 스웨덴의 유니버섬이 전 세계 57개국 젊은 직장인 20만 명을 대상으로 '직장인 행복지수'를 조사한 결과, 한국은 최하위권인 49위였다. 그렇게 갈망하던 취직을 했는데 왜 직장인들은 여전히 불행할까? 사람들은 팔자를 숙명으로 받아들이기에는 남은 인생이 너무 갑갑하고, 피하고 싶지만 대책이 없다고 푸념한다.

극히 일부분의 사람을 제외하고는 모든 사람이 직업을 갖고 노동을 하며 살지만, 막상 '일'의 본질에 대해 고민하는 사람은 많지 않다. 그렇다면 과연 '일'이란 무엇인가? 우리는 왜 일을 하는가? 그리고 왜 일에서 행복을 찾고, 일하다가 병들어가는 것일까? 커리어코칭을 업으로 하는 우리부터 일의 본질을 생각해볼 필요가 있다.

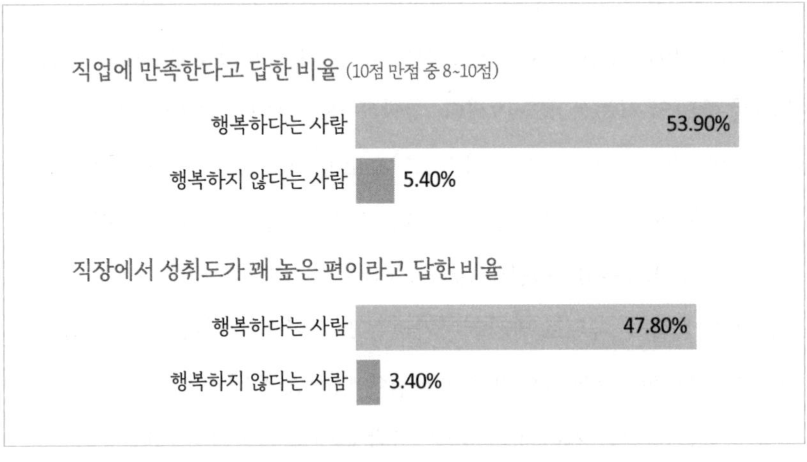

〈그림 2.2〉 '행복과 직업의 관계'에 관한 설문조사 결과

자료: 매경이코노미 제1664호(2012).

〈그림 2.2〉는 매경이코노미에서 실시한 '행복과 직업과의 관계'를 묻는 설문조사 결과다. 직업에 대한 만족감이 높을수록, 직장에서 성취도가 높을수록 행복감을 많이 느끼는 것을 보여준다. 이로써 행복한 삶을 살기 위해서는 매일 하는 일의 중요성이 매우 크다는 '직업-직장'과 '행복' 지수의 함수 관계가 성립된 것이다.

② 현재 하는 일에서 행복을 찾는 방법

많은 사람들이 커리어코치에게 자주 묻는 질문 중 하나는 '좋아하는 일을 선택해야 하는지, 잘하는 일을 선택해야 하는지'다. 늘 그렇듯이 고객의 마음속에는 이미 어느 정도 일에 대한 정의나 답은 내려져 있는 상태이지만, 필자를 찾아오면 다음과 같은 내용을 질문하기도 한다. 일의 종류에는 좋아하는 일, 잘하는 일, 시켜서 하는 일(먹고살기 위해 하는 일)의 세 가지가 있다. 이 세 가지 중 어떤 일을 하는 것이 가장 행복할까? 필자가 큰 행복감과 성취감을 느꼈던 순간들을 생각해보면 대부분 어렵다고 생각하는 '일'을 성공적으로 마쳤을 때였다. 또한 이에 따른 보상이 적절하게 이루어졌을 때 비로소 존재가치를 실감하게 되고 행복감을 느꼈다.

물론 정답은 사람에 따라 다르겠지만, 처음부터 일을 못하고 싶은 사람은 없다. 남보다 잘살고 싶고, 돈도 많이 벌고 싶어서 누구나 시작은 열심히 하는데 점차 나만 뒤처지는 기분이 들고, 지루하고 힘이 드니 '적당히'라는 선에서 타협하고 멈추는 경우가 발생한다. '적당히'에서 멈춰도 먹고사는 데는 지장이 없겠지만, 그 이후의 성장은 없다. 자신을 더 진화시키고 성장시키는 데 관심이 높은 밀레니얼 세대라면, 워라인(work-life integration: 일과 삶의 통합) 측면에서 삶의 재미와 의미를 동시에 추구하며 더 풍성한 삶을 꾸려나갈 수 있을 것이다. 따라서 일을 하는 데 있어 대상자가 내적인 성장을 추구하는

지, 아니면 외적인 성공을 중시하는지에 따라 일하는 데 각기 다른 의미를 부여할 수 있다는 점을 인지할 수 있도록 코칭대화를 통해 끌어내는 것이 좋다.

2
일의 재발견과 소명의식

(1) 일의 목적

① 일하는 마음

요즘 대학생들에게 취업의 이유를 물어봤다. “졸업하면 당연히 취업해야 한다던데요?”, “저는 먹고 사고 입고 싶은 게 많아서 돈이 필요해서 취업했어요”, “사실 졸업하자마자 취업해서 노동하고 싶진 않지만, 부모님께 효도해야 할 것 같아서요.”

답은 달라 보이지만, 한 가지 공통점이 있다. 일하는 이유의 주체가 ‘자신’이 아니라는 것!

돈을 벌기 위해서이거나, 부모님 등 타인을 위한 취업이기에 때때로 이들은 입사하자마자 꿈이 퇴사로 바로 이동하는 흔한 사례가 되기도 한다. “인생은 시행착오라지만, 이를 줄일 수 있는 오답노트가 있다면 조금 더 인생길이 꽃길이 되지 않을까?”라는 질문에서 나만의 ‘일의 의미를 찾는 육하원칙’을 정리해보았다.

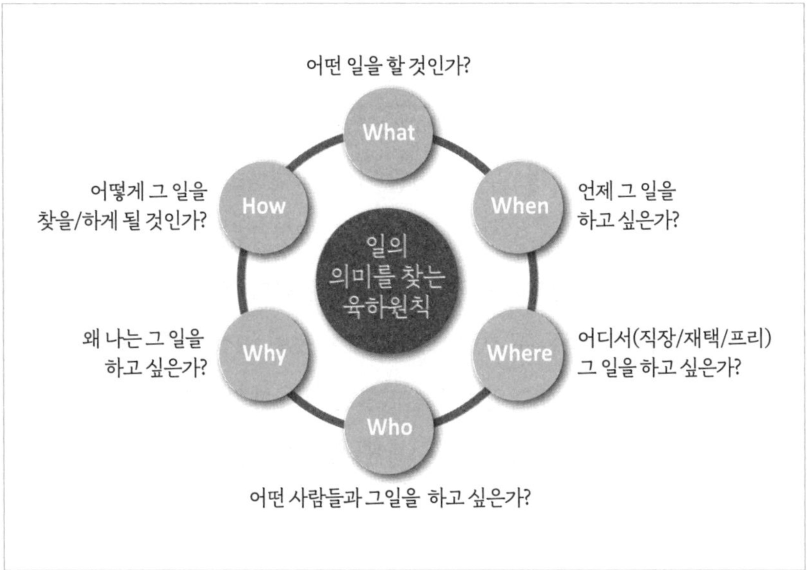

〈그림 2.3〉 일의 의미를 찾는 육하원칙

② 일의 의미 재발견

이 글을 읽고 있는 여러분은 일을 무엇이라고 생각하는가? 노동? 직업? 사명? 일을 분류하는 기준은 제각기 다를 것이다. 그런 의미에서 먼저 일의 개념을 재정의해보고자 한다. '일(work)'은 국어사전에 보면 "대가를 받기 위해 하는 활동"이고, 영어사전에 보면 "신체적 · 정신적 활동이자 노동이자 책임을 지는 직업 또는 사업"이라고 정의되어 있다. 하지만 이렇게 문장으로만 정의하기에 일은 너무나 다양한 것을 의미한다. 기계 혹은 AI에 일자리를 대체당하고 있는 현대사회에서 일은 좀 더 복잡한 의미를 담아 분류할 수 있다. 필자가 10년간 커리어코칭을 하며 만난 사람들의 사례를 통해 일을 크게 네 가지로 분류해보았다.

㉠ 먹고살기 위해 꼭 해야 하는 일: 하기 싫어도 억지로 해야 하는 일이 여기에 해당한다. 이런 일을 하는 사람들은 일할 때 금방이라도 울화통이 터질 것 같은 분위기를 띠고 있다.

㉡ 여가를 위한 일: 경리 경력 10년 차인 만년 대리 ○○씨. 늘 일처리가 똑 부러지지만 더 이상의 승진이나 성장경로는 보이지 않는다. 하지만 그는 매우 만족하며 직장생활에 충실하다. 직장에서 얻는 수입은 퇴근 후 좋아하는 뮤지컬 배우의 모든 공연을 섭렵하고 업무 이후의 삶을 더 풍요롭게 지원해주는 역할을 하기 때문이다.

㉢ 유용한 일: 일을 함으로써 사회에 생산성이 더해지는 것. 예전에는 농사, 물물교환 등이 그랬고 요즘에는 사회공동체, 협업, 컬래버레이션 작업 등이 여기에 해당한다. 근면성실함이 발휘될 수 있는 일, 사람들과 교류하는 일 등이 모두 해당한다.

㉣ 소명의식을 가진 일: 이런 일을 하는 사람들은 자기 자신만 생각하지 않는다. 자신이 하는 일이 곧 세상에 기여하는 가치 있는 일이라고 생각하며 일한다. 예를 들면 농부가 봄심기를 위해 흙을 바꾸는 데 즐거움을 느끼거나, 간호사가 코로나 바이러스가 가장 심각하게 발병한 대구로 자원해서 내려가는 것 등이 해당한다.

(2) 삶의 목적에 맞는 소명의식

① 삶의 목적 발견

왜 일하는지, 누구를 위해 일하는지 알기 위해서는 삶의 목적과 목표가 무엇인지 알아볼 필요가 있다. 사실 이 글을 쓰고 있는 필자도 목적과 목표의 개념이 헷갈렸어서 다음과 같이 정리해보았다.

- 목적: 어떤 일을 하려는 이유나 취지. 존재 이유인 mission, 되고자 하는 미래인 vision과 유사한 개념으로 goal이라 볼 수 있는 목적은 "vision을 달성하기 위한 과제"라고 볼 수 있다.
- 목표: 어떤 일을 하여 이루고자 하는 최종 대상이나 결과물. 목적을 달성하기 위해 반드시 거쳐야 하는 중간 혹은 최종 단계의 지점들이라 할 수 있다.

커리어코칭을 위해서는 자신의 일과 삶의 목적 및 목표를 정리해볼 필요가 있다. 이 책을 읽고 있는 여러분도 아래 내용을 적어보자.

내 삶의 목적과 일하는 목표	
목적	예: 나를 비롯하여 나를 만나는 사람들의 존재가 있는 그대로 반짝이게 하기 위함
목표	예: 커리어코칭을 통해 진로 및 인생설계를 돕고, 글을 써서 내 경험과 생각을 정리해서 전달하고, 강의를 통해 내 경험을 공유하고, 진로 관련 담화를 나누는 것

② 일에 대한 소명 발견

백범 김구 선생은 "돈에 맞춰 일하면 직업(job)이고, 돈을 넘어 일하면 소명(calling)이다. 직업으로 일하면 월급을 받고, 소명으로 일하면 선물을 받는다"라는 명언을 남겼다. 커리어코치로서 나의 소명은 "현재(present)라는 시간 속에, 나를 찾아온 사람에게 코칭하는 일을 선물처럼 여기며 사는 것"이다.

커리어코치로서 나를 찾아온 사람을 어떻게 바라보느냐는 전적으로 내 관점에 따라 달라진다고 생각한다. 상대방의 내면에 이미 문제를 해결할 수 있는 답과 자원이 있다고 생각하고 코칭하는 것과 내가 해결해주어야 한다고 생각하고 일에 대한 내 경험을 빗대어 조언하는 것은 대상자의 마음속에 판이하게 다른 경험으로 남을 것이다.

『굿 라이프』의 저자 최인철은 "좋은 일이란 직업의 종류와 상관없이 '자신이 누구이며, 어디서 왔고, 어디로 향해 가고 있는지'에 대한 해답을 제공해주는 일이다. 자신의 일이 세상을 더 나은 곳으로 만들고 있다는 의미와 목적을 발견하는 삶, 즉 소명이 이끄는 삶이 굿 라이프다"라고 말했다.

그런 의미에서 나는 '무조건 취업'이나 '퇴사'를 희망하는 대상자에게 이런 질문을 던진다.

- 내 인생의 기쁨과 다른 이들의 기쁨이 맞닿는 곳은 어디인가?
- 내가 의미 있다고 생각하는 일이 곧 타인/세상에도 기여하는 일인가?

(3) 직업에 대한 인생관과 직업가치관 정립의 중요성

사전에 나오는 가치관(價值觀)의 정의는 다음과 같다. "인간이 삶이나 어떤 대상에 대해 무엇이 좋고, 옳고, 바람직한 것인지를 판단하는 관점." 이 관점이 내 삶에 적용되면 인생관이 되고, 직업에 적용되면 직업관이 된다.

자신이 무엇을 추구하며 살 것인지를 생각하고, 그렇게 살기 위해 어떤 직업으로 먹고살지를 찾는 것이 순서가 되어야 한다. 인생관을 알기 위한 가장 쉬운 방법은 스스로에게 다음과 같이 물어보는 것이다. "내가 최근에 행복을 느낀 순간은 언제인가?" 이 질문에 대한 답을 다시 'WHY'를 붙인 질문으로 만들어 다섯 번 정도 반복하면 인생관에 대한 답이 나온다.

직업을 선택할 때 고려해야 할 조건에는 내재적인 부분과 외재적인 부분이 존재한다. 사람마다 좋아하는 것이 제각기 다르듯, 각기 가지고 있는 행복의 기준도 다르다. 왜냐하면 각자 삶에서 비중을 차지하고 있는 가치관이 다르기 때문이다. 각자가 추구하는 가치관에 따라 삶의 방향도 달라진다.

〈그림 2.4〉 직업가치관의 분류

자기 자신의 인생인데 남이 그려놓은 지도를 따라갈 필요는 없다. 그 지도에는 내가 원하는 길이 그려져 있지 않기 때문이다. 본인이 원하는 길은 자신의 가치관에 따라 자기 스스로 그려나가는 것이 바람직하다.

3
천직과 현실 사이

(1) 천직의 정의

① 직업의 세 가지 분류

- **생업**(occupation): 생계유지나 경제적 보수를 얻기 위한 생계직의 성격을 가진 일(job)
- **전문직**(profession): 사회적 위상이나 지위가 담겨 있는 전문직으로서의 직업(career)
- **천직**(vocation): 신으로부터 부여된 소명으로서의 직업(calling)

이 외에도 개인에 따라 더 다양한 분류가 있을 수 있겠으나 자신이 하고 있는 일을 어떻게 바라보느냐의 관점 여하로 해석이 달라질 수 있다.

② '천직'이라는 이름의 네잎클로버

많은 이들이 천직을 찾고 싶어 한다. '나에게 꼭 맞는 일이 언젠가 하늘에서 떨어질 거야. 그게 바로 천직이지.' 혹시 이런 생각을 갖고 있다면 미안하지만 천직은 없다. 왜 매번 행복을 찾아나서는가? 또는 천직을 찾아 평생 헤매는가? 이는 '행복'이라는 꽃말을 가진 수많은 세잎클로버는 무시한 채 '행운'이라는 꽃말을 가진 드문 네잎클로버를 찾는 것과 같다.

③ 천직은 없다

런던 비즈니스 스쿨의 줄리언 버킨쇼(Julian Birkinshaw) 교수는 *Becoming a Better Boss*라는 책에서 "천직이라는 단어는 전적으로 틀린 말(calling is entirely the wrong word)"이라고 말했다. 천직을 찾으라는 말을 들으며 자라온 우리에게는 청천벽력 같은 소리가 아닐 수 없다. 그가 그렇게 말한 이유는 '자신이 무엇을 잘하는지 분명히 인식'할 수 있거나, '다양한 직업 중 하나가 자신에게 딱 맞아떨어지는 경우'는 드물기 때문이다. '이 일이 내 일이다!'라는 확신이 들어서 열심히 준비하여 직장에 들어갔는데, 3개월도 안 되어 '아~ 적성에 안 맞아'라며 한탄한 적은 없는가? 정리하자면, 100% 나에게 맞는 이상적인 직업이란 없다. 환상을 갖고 시작한 그 무엇은 언젠가 깨지기 마련이다.

(2) 현실적인 커리어 대안

① 꿈과 현실 사이의 줄다리기에서 지는 방법

천직은 없다. 좋아하는 일과 잘하는 일 사이에 사람이 있다. 회사에 들어간 지 6개월이 채 되지 않은 수습사원 A씨. 일은 좋지만 함께 일하는 상사가 너무 힘겨워서 좋아하는 일이고 뭐고 때려치우고 싶다고 했다. 필자도 힘든 신입사원 시절을 겪어봤기에 그의 말에 전적으로 공감한다. 이런 고민을 가진 신입사원들에게 "시간이 약이다", "모두 다 같은 상황이다", "어디를 가든 다 똑같다"라는 식의 조언은 위로가 아니라 오히려 비수다. 일단 무조건적 공감과 수용, 이해를 표하며 경청했다. 그리고 가슴에 손을 얹으며 솔직하게 말했다.

"모두 이해합니다. 저도 겪어봤으니까요. 아쉽게도 당신의 고민을 해결할 수 있는 정답이란 세상에 없습니다. 그저 계속 부딪히고 버티며 찾아나가는 수밖에요."

그러면서 TED 강연에서 브라질 기업가인 벨 페시(Bel Pesce)가 말한 흥미로운 방법을 알려주었다. 그는 우리의 꿈들은 모두 이룰 수 없는 허상에 불과하다며 다음과 같이 말했다.

당신의 꿈을 없애는 다섯 가지 방법

1. 하룻밤에 성공할 수 있다고 믿는 것
2. 다른 사람이 나를 위한 해결책을 갖고 있다고 믿는 것
3. 성공에 도달했다고 확신하고 안주하는 것
4. 남 탓을 하는 것
5. 중요한 것은 오직 꿈 자체라고 믿는 것

② 필요한 것은 시도와 도전뿐

100% 나에게 맞는 일은 없다는 것을 일단 기정사실화하고 시작하자. 덴마크에서는 "넌 꿈이 뭐니?", "커서 뭐 될래?"라는 질문 대신 다음과 같이

스스로에게 질문을 던지도록 유도한다.

1. 나는 누구인가?(정체성)
2. 나는 무엇을 원하는가?(욕구)
3. 나는 무엇을 잘하는가?(강점)

쉽게 정리하자면, 자신의 관심사와 강점 그리고 가치관이 맞닿는 그곳에 천직이라 여겨지는 일이 있을 수 있다. 그곳을 찾기 위해서는 무수한 시도와 실패 경험을 해봐야 한다. 결혼도 연애를 많이 해본 사람이 잘하듯, 직업(또는 천직이나 소명)도 많이 경험해본 사람이 더 잘 맞는 일을 찾을 것이라고 믿는다. 나에게 맞는 일을 찾으려면 우선 나의 강점을 알아야 한다. 이는 5장 커리어로드맵 파트를 참조하자.

성찰질문

아래의 다섯 가지 질문에 스스로 답해보시기 바랍니다.

1. 10년 후 지금의 나를 본다면 어떤 일을 하라고 말해주고 싶은가?
2. 내 인생의 기쁨과 다른 이들의 기쁨이 맞닿는 지점에는 어떤 일이 있는가?
3. 나에게 의미 있는 일이 타인 또는 세상에도 기여할 수 있는 일인가?
4. 하기 싫은 일은 무엇인가? 리스트를 작성해보자.
5. 내가 최근에 가장 큰 행복 · 보람을 느낀 일은 무엇인가?

참고문헌

글로벌 리서치 기업, 스웨덴 유니버섬 설문조사: '직장인 행복지수'.

매경이코노미 제1664호(2012), '행복과 직업-직장의 상관관계'.

송은주(2017), 『4050 후기청년』, 더난출판.

스튜어트 D. 프리드먼(2013), 『와튼 스쿨 인생 특강』, 비즈니스북스.

잡코리아, 밀레니얼 세대 직장인 507명 대상 설문조사: '좋은 직장의 조건'.

최인철(2018), 『굿 라이프』, 21세기북스.

Julian Birkinshaw (2013), *Becoming a Better Boss*, Jossly Bass.

II

PART

커리어코칭의 절차와 실제

3 커리어코칭의 모델
남상은

4 자기이해를 위한 성격심리검사
윤영돈

5 커리어로드맵
최진희

남상은

3. 커리어코칭의 모델

『채용 트렌드 2020』(윤영돈, 2019)에 의하면, “시대와 트렌드에 따라 직업이 변화하고 있고, 다양한 직업들이 새롭게 생성되거나 사라지고 있다”라고 하면서 “구직자에게 중요한 것은 직업이 어떻게 바뀌고 있는지를 아는 것”이라고 했다. 그뿐만 아니라 기업의 인사 담당자들도 채용 트렌드와 더불어 직업의 변화를 인식할 필요가 있다고 한다. 그렇다면 커리어코치들은 어떨까? 구직자와 채용 및 인사 담당자들의 인식의 변화 내용, 현실과 트렌드를 읽는 눈, 직업의 변화에 대한 알아차림 등 현재와 미래를 넘나들며 통합적으로 커리어를 바라보는 시각을 가질 필요가 있다. 이 장에서는 변화하는 시대에 대처하는 커리어코칭의 역량, 모델, 영향요인에 대해 살펴보고자 한다.

1 커리어코칭 역량

(1) 역량이란

언제부턴가 '능력'이라는 말 대신 '역량'이라는 말이 더 자주 사용되는 것 같다. 심지어 능력이라는 말이 역량이라는 말로 대체되어 사용되기도 한다. 그러나 '무언가를 할 수 있는 힘'이라는 뜻을 갖고 있는 능력이라는 단어와는 구분되게 역량은 '성과'를 포함하는 말이다. 그렇기 때문에 기업에서 흔히 사용되며, 직무수행과 관련하여 언급되는 단어이다. 역량에 대한 정의는 학자들마다 다양하지만, 스펜서는 역량에 대해 다음과 같이 제시하고 있다.

> "역량이란 특정한 직무 혹은 상황에서 탁월한 성과로 연결되는 한 개인의 동기와 특질, 지식, 스킬, 태도, 가치 등의 내적인 특성이다."(Spencer & Spencer, 1993)

또한 그들은 역량의 구성요소를 동기, 특질, 자아개념, 지식, 스킬의 다섯 가지로 제시했다. 이 다섯 가지 요소는 '드러난 부분'과 '감춰진 부분'으로 나눌 수 있는데, 스킬과 지식은 드러난 부분으로, 자아개념과 특질, 동기는 감춰진 부분으로 분류할 수 있다.

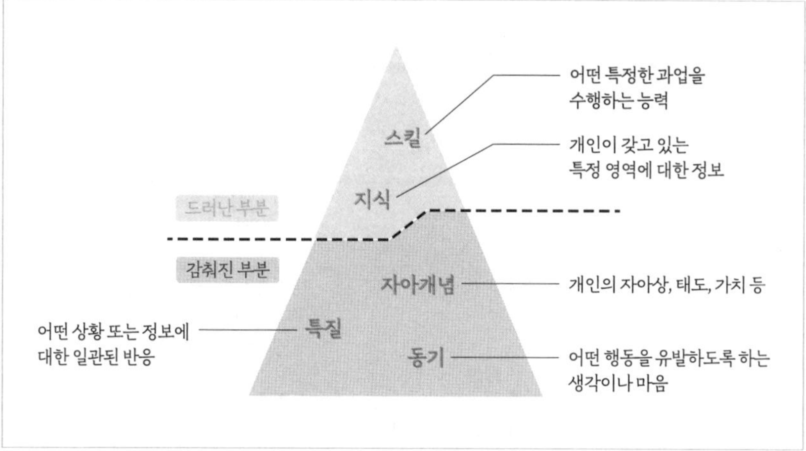

〈그림 3.1〉 역량의 구조와 정의

(2) 코칭 역량이란

역량의 맥락에서 볼 때, 코치의 코칭 역량이란 "코칭 상황에서 탁월한 성과로 연결되는 개인의 동기와 특질, 지식, 스킬, 태도, 가치 등의 내적인 특성"이라고 정의해볼 수 있다. 좀 더 단순하게 정의하면, "코칭을 잘하는 탁월한 코치가 활용하는 지식, 기술, 태도, 가치 등의 내적인 특성"이라고 할 수 있다. 코칭 역량에 대해서는 한국코치협회, 국제코치연맹, 코칭역량협회 등 다양한 기관에서 〈그림 3.2〉와 같이 제시하고 있다.

한국코치협회

코치다움
- 철학구현
- 알아차림
- 자기관리
- 전문성

코칭다움
- 함께하기
- 의식 확대
- 의사소통
- 절차관리

국제코치연맹

기반 다지기
- 윤리지침과 전문성
- 코칭 합의하기

관계를 함께 만들어가기
- 신뢰와 친밀감 쌓기
- 코칭 프레즌스

효과적으로 소통하기
- 적극적 경청
- 강력한 질문하기
- 직접적 커뮤니케이션

학습과 결과 촉진하기
- 일깨우기
- 행동 설계하기
- 계획 수립과 목표 설정
- 진행 및 책무관리

코칭역량협회

기본 역량
- 도덕적 · 법적 · 직업적 가이드라인 준수
- 코칭 합의 및 결과 선정
- 대상자와 신뢰 기반의 관계 세우기
- 셀프코칭 및 코칭 프레즌스 관리
- 효과적인 의사소통
- 알아차림과 통찰 함양
- 전략과 행동 구상
- 포워드 모멘텀과 평가 유지
- 지속적인 코칭 개발 약속

임원 코치용 추가 역량
- 조직의 맥락에서 코칭
- 리더십 이슈 이해
- 조직과 파트너십

〈그림 3.2〉 코칭 역량

(3) 커리어코칭 역량이란

① 커리어코치의 역할

코치들은 다양한 영역에서 각자의 역량을 발휘하여 코칭을 진행한다. 궁극적으로는 코치로서의 역량을 활용하여 대상자의 목표 달성이나 성과 향상을 돕는 것이 코치의 존재 이유가 될 것이다. 그렇다면 커리어코치의 존재 이유는 무엇일까? 커리어코치들은 대상자로 하여금 자기탐색과 관계탐색, 시장탐색 등을 통합하여 이를 행동 전략으로 전환시킴으로써 그 가치를 증명한다. 커리어코치가 필요한 지점은 직업 정체성의 개발, 승진이나 이직, 전직 등 커리어 개발 전략, 직업 및 진로 선택, 은퇴 준비, 창업 등의 이슈가 있을 때다.

커리어코치는 다양한 커리어 이슈 앞에서 대상자의 직업과 커리어에 대해 성격, 역량, 가치, 경험 등과 관련된 부분에서 현재의 발달단계에서 이루어야 할 과업을 성취할 수 있도록 도와주는 역할을 하게 된다. 그와 동시에 현 상태와 상황에 대해 자극하고 도전함으로써 현재를 개선하고 다음 발달단계에서 실현되어야 할 발달과업을 개발하는 데 필요한 실험을 설계하고 안내하는 역할을 하게 된다.

② 커리어코칭 역량

다양한 커리어 이슈와 커리어코치의 역할을 고려할 때 커리어코칭에 필요한 코치의 역량은 다른 영역의 코칭에서 필요한 역량과는 비교되는 부분이 있다. 바로 일반적인 코칭 역량에 커리어관리 역량을 포함하는 것이다. 커리어코치의 역량은 크게 전문코치로서의 역량과 관리자로서의 역량으로 구분할 수 있는데, 다양한 연구자들에 의해 제시된 커리어코칭 역량은 〈표 3.1〉과 같다.

③ VUCA 시대의 커리어코칭 역량

과거에는 '평생직장'이라는 개념이 커리어를 설명하는 주요한 개념이었으므로 안정적인 직업을 선호하며 변화를 기피했으나, 현대에 올수록 직업세계가 변화무쌍해지면서 개인은 그 변화에 적응할 필요가 생겼다. 4차 산업혁명 시대를 맞이하여 직업세계는 더욱 급변할 것으로 보인다. 커리어 주체로서의 개인에 주목하면서 가치와 소신에 따라 자신이 원하는 방향으로

〈표 3.1〉 커리어코칭 역량

연구자	연구대상	커리어코칭 역량	
김소윤 (2016)	기업 중간 관리자	가치이해	인간의 성장에 대한 믿음, 코칭 유용성 확신, 사명감, 다양성 존중, 자신감
		관계관리	공감, 경청, 친밀성, 질문, 진정성, 유연성, 조절과 균형, 코칭 윤리 준수
		성과관리	시간관리, 커리어 성찰 촉진, 커리어 목표설정 촉진, 커리어 변화관리, 통찰력, 시스템적 사고, 일과 삶의 균형, 커리어 개발 정보력, 멘토링
Maltbia & Power (2005)	기업 임원	개인특성	공감, 유연, 경청, 실용, 학습지향, 세심, 자기관리
		행동특성	피드백, 판단 중지, 동기, 목표설정, 관계수립, 책임, 공정, 고객지향, 자원의 지원
		조직적 관점	일에 대한 경험, 개인과 조직 사이 균형, 청사진, 통합
		결과지향	책임유지, 바람직한 결과를 위한 계획수립, 고객의 행동변화관리, 피드백 수용
박윤희 (2010)	전문 코치	지식 관련	업무 관련 지식, 전문지식
		코칭 진행	분석적 사고, 개념적 사고, 경청, 질문, 피드백, 도구 활용 능력, 적용성, 정보제공 능력, 촉진, 영향력, 컨설팅, 지원
		코치 경험	경험적 사고, 경험적 업무수행 능력, 자기조절
		관계형성	고객지향성, 대인이해, 친밀성, 신뢰성
		사명감	직업지향성, 책무성, 자기관리, 반성 및 자기성찰
Hatala (2011)	전문 코치	고객탐색기술: 고객과의 관계 개발, 고객 인지	
		조직에 대한 지식: 조직의 역학, 문화, 연결성 이해	
		경력개발 관련 지식: 경력개발의 프레임 워크를 이해	
		개인적 통찰력: 다양한 자원의 수집, 통합, 활용	
		업무 조직력: 직무책임, 조직요구에 대한 통합적 활용	
		정신적 예민함: 자신과 고객의 사고과정 식별	
		평가기술: 평가 프로세스의 활용 및 해석, 예측	
		네트워크 활용 기술: 사회적 · 인적 자원 활용	

자료: 한현우(2020), 129쪽; Hatala(2011).

커리어를 이끌어간다는 '프로티언 경력', 개인의 조직 간 이동이 자유로운 '무경계 경력' 등도 이제는 특별한 커리어가 아닐 수 있다. 어쩌면 프로티언이나 무경계보다 더욱 변화무쌍한 경력이 등장할 수도 있다. 게다가 1990년대 미 육군 등에서 "상황이 제대로 파악되지 않아 즉각적이고 유동적인 대응 태세와 경각심이 요구되는 상황"을 일컫는 군사용어였던 VUCA는 최근 그 의미가 확장되어 변덕스럽고(volatile), 불확실하며(uncertain), 복잡하고(complex), 애매모호한(ambiguous) 사회 · 경제적 상황을 묘사하는 말로 사용되기 시작했다(Parker, Hall, Kram, & Wasserman, 2018).

따라서 VUCA 시대의 커리어코치에게는 기존의 커리어코칭 역량뿐만 아니라 창의성과 혁신성 또한 필수적으로 요구될 것이다. 기존의 조직 체계와 더불어 스타트업 기업의 조직 체계와 운용 방식에 대한 이해가 필요하며, 양방향 소통 및 스마트 커뮤니케이션 역량을 체질화할 필요도 제기된다.

2 커리어코칭의 모델

최근 커리어의 변화무쌍함과 더불어 커리어에 대한 관심이 높아지면서 커리어코칭의 절차와 모델에 대한 연구들도 다양하게 이루어지고 있다. 커리어코칭의 모델은 커리어코칭이 어떻게 시행되어야 하는지에 대한 윤곽을 그리는 것이 목적이다. 이 윤곽은 프로세스와 대화 모델, 대화 기술 등으로 그려진다.

(1) 커리어코칭은 어떤 프로세스로 진행되는가

커리어코칭은 크게 도입 및 관계형성, 이슈탐색, 이슈해결 및 종료 과정으로 구조화된다. 이를 좀 더 세분화하면 계약 및 진단(도입 및 관계형성) → 목표설정 → 행동계획 → 시장탐색(이슈탐색) → 반응 및 진입계획 → 실행 및 점검(이슈해결) → 종료/해제의 절차로 나타낼 수 있다.

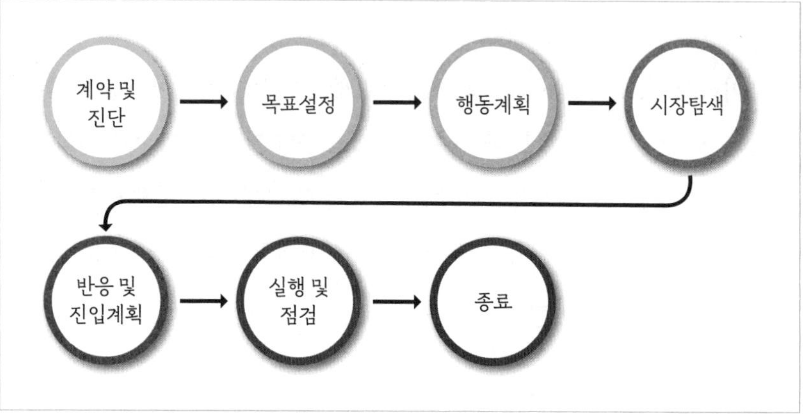

〈그림 3.3〉 커리어코칭 프로세스

① 도입 및 관계형성

도입단계에서는 친밀감과 신뢰감을 확보하여 코칭관계를 형성하며, 대상자가 그리는 꿈과 열망에 대해 자세히 이야기한다. 이때 커리어코치는 다양한 기법을 활용하여 대상자가 탐색하고자 하는 영역, 현재의 모습과 바라는 모습 사이의 차이와 불일치를 찾을 수 있도록 도와야 한다. 도입 과정에서는 커리어와 관련하여 다양한 검사도구를 활용한 진단이 이루어질 수 있으며, 코치는 진단결과에 대한 해석을 제공하고, 이에 대한 대상자의 생각,

감정, 느낌 등을 표현할 수 있도록 도와야 한다.

② 이슈탐색

대상자의 커리어 이슈를 탐색하는 과정에서 코치는 대상자의 변화를 촉진하고 통찰을 증진시킬 수 있다. 대상자는 커리어 선택, 커리어 갈등, 커리어 이동 등의 이슈를 가지고 있을 수 있는데, 다양한 이슈에 따라 적절한 목표설정을 할 수 있도록 도와야 한다. 예를 들어, 커리어 선택의 이슈가 있다면 적절한 진단을 실시하고, 일에 대한 대상자의 과거 경험, 지식, 기술, 태도 등의 정보를 수집하여 대상자와 함께 행동 계획 및 진입 계획을 세울 수 있다. 만약 대상자가 승진의 이슈를 가지고 있다면 개발 계획, 현재 상태와 바라는 상태를 진단하고 평가 · 측정하여 그 차이를 줄일 수 있도록 도움을 제공할 수 있다. 필요한 학습을 함께 설계할 수도 있고, 후원자나 지원 환경을 탐색할 수도 있다. 퇴직의 이슈가 있는 대상자라면 업무 또는 조직에서 적절한 시기에 적절한 방식으로 퇴사하여 구직 또는 창업 방법을 탐색하도록 도울 수 있다.

③ 이슈해결 및 종료

커리어코칭의 마지막 단계는 실행과 점검을 포함한다. 대상자는 실행하기를 통해 커리어 문제를 해결하고 진로를 선택 및 결정한다. 이때 커리어 코치는 대상자가 자신의 목표에 적절한 행동을 할 수 있도록 강화 및 지지할 수 있으며, 대상자가 자신이 가진 내 · 외적 자원들을 잘 활용할 수 있도록 도울 수 있다.

(2) 커리어코칭의 대화기술에는 무엇이 있는가

코칭은 코치와 대상자 간의 대화로 진행된다. 그러나 일반적으로 생각하는 대화가 아닌 코칭대화로 진행된다고 할 수 있다. 그렇다면 일반대화와 코칭대화는 어떻게 다를까? 커리어코치는 무엇보다 코칭의 철학을 기반으로 한 코칭대화기술을 알고 익힐 필요가 있다. 〈그림 3.4〉에서 제시되는 라포 형성, 경청, 질문, 반영, 요약, 공감, 지지, 직면, 도구 활용, 정보제공 등의 10가지가 커리어코칭을 위한 대화에서 주로 활용되는 기술이라고 할 수 있다. 대화기술은 커리어코치의 역량이 되기도 한다.

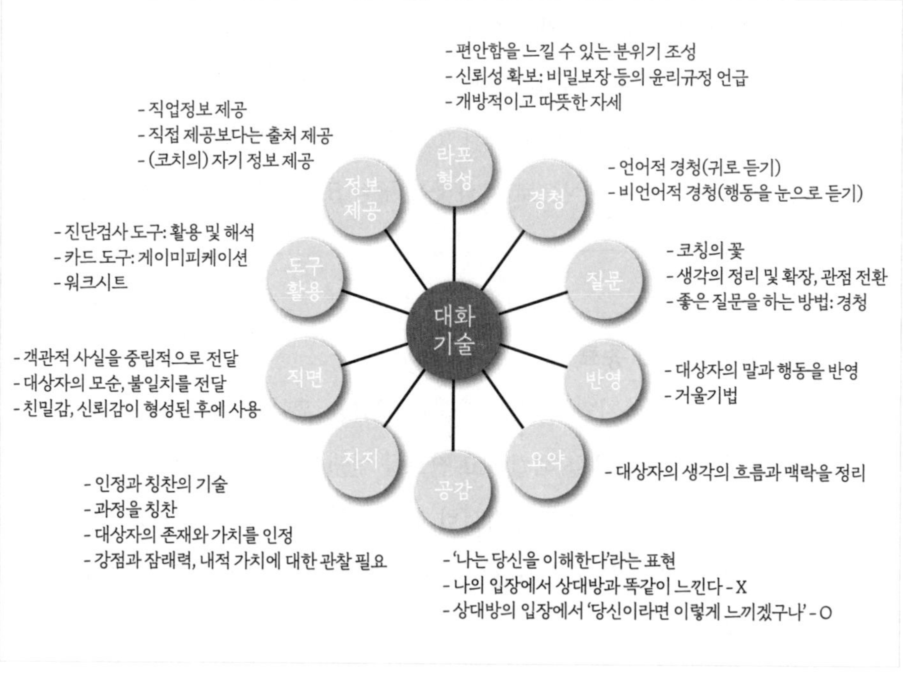

〈그림 3.4〉 커리어코칭의 대화기술

(3) 커리어코칭의 대화 모델은 무엇인가

① 다양한 대화 모델

코칭대화는 대화 기술과 대화 모델을 활용한다는 점에서 일반대화와 비교된다. 흔히 코칭대화에서는 휘트모어(Whitmore, 2002)가 소개한 GROW(G: Goal, R: Reality, O: Options, W: Will) 모델을 자주 사용하는데, 코칭에 대한 연구가 많아질수록 대상자의 변화와 촉진을 위한 다양한 대화 모델이 등장하고 있다. CCU(Corporate Ooach U)의 코칭대화 모델, COACH 모델, ACTIVE 모델, 5A 모델 등이 그것이다. 〈표 3.2〉에서는 다양한 대화 모델의 대화 과정에 대해 설명하고 있다.

〈표 3.2〉 다양한 대화 모델

모델명	대화 과정
GROW	목표설정(Goal) – 현재 상태 파악(Reality) – 대안탐색(Options) – 실행의지(Will)
코칭대화 모델	초점 맞추기 – 가능성 발견 – 실행계획 수립 – 장애요소 제거 – 마무리
COACH	주제 찾기(Call) – 가능성 열기(Open) – 목표 정하기(Aim) – 해결책 찾기(Choose) – 응원하기(Hearten)
ACTIVE	마음 맞추기(Adjust) – 주제 세우기(Concept) – 강점 높이기(Talent) – 목표 세우기(Initiative) – 목표 다지기(Verify) – 힘 북돋우기(Encourage)
5A	관계형성(About You & I) – 원하는 것, 성취하고 싶은 것, 목표상태(Achievement) – 해결하고 나아가야 할 현실적 문제(go Ahead) – 구체적인 방법(Alignment) – 책임 및 후원체계(Accountability)

② R-GROWS

다양한 대화 모델 중 커리어코칭을 위한 대화 모델인 R-GROWS 모델에 대해 자세하게 설명하고자 한다. R-GROWS 대화 모델은 코칭대화 모델인 GROW 모델과 비교해볼 때 '라포 형성'의 중요성과 '성공지원'이라는 커리어코칭의 전략적 요소에 대한 중요성을 강조하고 있다. 〈그림 3.5〉에서 보는 바와 같이 R-GROWS 모델은 라포 형성(Rapport) – 목표설정(Goal) – 현실 파악(Reality) – 대안탐색(Options) – 실행계획 수립(Will) – 성공지원(Support)의 6단계 대화 과정으로 진행되는 모델이다.

R-GROWS에 의한 대화 과정은 선형적인 과정일 수도 있지만 비선형

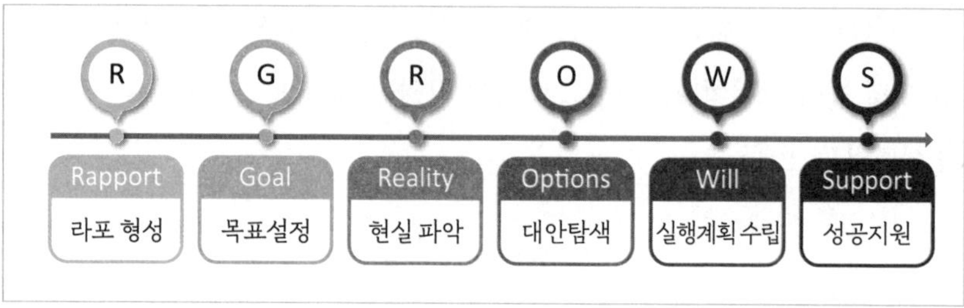

〈그림 3.5〉 R-GROWS 대화 모델

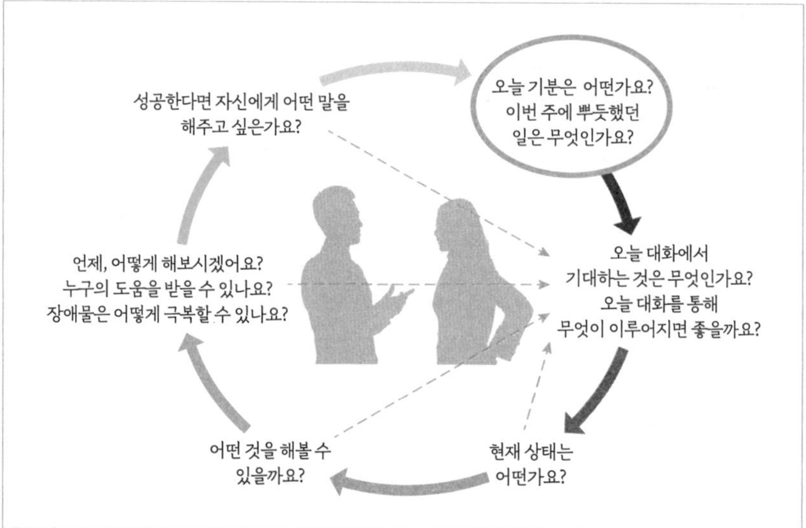

〈그림 3.6〉 대화 예시

적인 과정이 될 수도 있다. 예를 들어 목표를 설정하고 현재 상태를 점검하면서 목표가 바뀌는 경우 코칭대화는 다시 목표설정 단계로 되돌아갈 수 있다.

코칭대화는 목적과 목표가 있는 대화다. 커리어 선택의 이슈로 코칭을 시작했다고 가정하고 대화를 간단히 정리해보면 〈그림 3.6〉과 같다.

3
커리어코칭의 영향요인

커리어코칭에 대한 연구가 많아질수록 코칭에 미치는 다양한 변인 사이의 영향관계를 검증하는 연구들도 늘어나고 있다. 영향을 미친다는 것은 커리어코칭의 성패와 관련되어 있다는 것을 뜻한다. 앞서 효과적인 코칭을 위한 코치의 역량에 대해 살펴본 바 있다. 성공적인 코칭이 되기 위해서는 코치의 역량 등 코치를 통한 영향요인뿐만 아니라 대상자를 통한 영향요인도 고려할 필요가 있다. 코치의 코칭 역량 외에 커리어코칭과 영향관계에 있

〈표 3.3〉 커리어코칭의 영향요인

영향요인	하위요소	내용
대상자 개인적 특성	자아개념	자기효능감, 자아존중감, 회복탄력성, 자아정체감
	인지적 · 정서적 상태	정서상태(우울감, 의존성 또는 만족감), 자기인식 수준, 동기, 사전 경험, 코칭에 대한 이해도
코칭의 환경적 특성	물적 환경	코칭 비용, 코칭 장소, 시간, 분위기
	인적 환경	지원자 및 부정적 관계의 존재 여부, 코치와의 관계, 코치에 대한 선호도 및 신뢰도

는 요소들을 살펴보면 크게 대상자의 개인적 특성과 환경적 특성으로 나눠 볼 수 있고, 이들은 다시 자아개념과 인지적 · 정서적 상태, 물적 환경과 인적 환경으로 나눌 수 있다.

① 자아개념

대상자의 자아개념 상태가 높으면 코칭 상황에서 좀 더 능동적이고 적극적으로 실행환경을 설계할 수 있으며, 실행 가능성도 높게 나타난다. 특히 자기효능감이나 자아존중감은 코칭에 영향을 미치기도 하며, 코칭으로 인해 영향을 받기도 하는 요인들이다. 커리어코칭을 통해 진로결정 자기효능감이나 진로정체감이 발달한다는 연구는 쉽게 찾아볼 수 있다.

② 인지적 · 정서적 상태

반면 우울감이나 스트레스가 높은 경우 코칭에 부정적인 영향을 미칠 수 있다. 대상자가 정서적으로 스트레스가 많을 경우, 이를 먼저 해결하는 것이 코칭에 도움이 될 수 있다. 만약 대상자가 코칭에 대해 잘못 인지하고 있는 경우 진행이 어려울 수 있다. 따라서 코칭 계약서와 동의서를 작성할 때 대상자가 코칭에 대해 어떻게 인식하고 있는지 조사해야 하며, 만약 상담이나 컨설팅, 티칭 등의 유사 영역과 동일하게 생각하고 있다면 코칭의 영역에 대해 설명하는 것이 선행되어야 한다. 또한 대상자가 자신에 대해 부정적으로 인식하고 있는 경우나 동기가 명확하지 않은 경우에는 성공적인 커리어코칭이 되기 어려우므로 코치는 이 같은 대상자의 개인적 특성을 잘 고려할 필요가 있다.

③ 물적 환경

코칭에서의 물적 환경이란 코칭이 진행되는 시간과 공간을 의미한다. 코치는 적절한 시간과 몰입할 수 있는 공간을 고려해야 하고, 신뢰가 있고 친밀한 분위기가 형성될 수 있도록 도와야 한다. 더불어 코칭 비용이 너무 높거나 낮은 경우에도 대상자의 부담과 신뢰의 문제가 예상되므로 적절한 비용으로 설정되어야 한다.

④ 인적 환경

대상자의 인적 환경은 코칭 목표 실행에 영향을 미치는 사람과 관련된 것이다. 이는 코치와의 관계, 코치에 대한 신뢰도 및 선호도 등까지 포함한다. 대상자에게 목표달성을 위한 지원 환경이나 네트워크가 풍부하고 코치에 대한 신뢰도가 높다면 성공적인 코칭이 될 가능성이 높다. 그러나 부정적 요인으로 작용하는 인간관계를 가지고 있거나 코치와의 친밀감 혹은 신뢰감이 조성되지 못한 경우 대상자는 코칭환경에 몰입하지 못할 수도 있으므로 코치는 대상자의 인적 환경을 고려해야 한다.

성찰질문

아래의 다섯 가지 질문에 스스로 답해보시기 바랍니다.

1. 커리어코치의 역량에는 어떤 것이 있을까?
2. 커리어코칭은 어떤 프로세스로 진행되는가?
3. 커리어코칭의 대화기술에는 무엇이 있는가?
4. 커리어코칭의 대화 모델은 어떠한가?
5. 커리어코칭의 영향요인에는 무엇이 있을까?

참고문헌

김봉환 외(2013), 『진로상담』, 학지사.

박윤희(2015), 『커리어코칭의 이론과 실제』, 시그마프레스.

이관춘 · 김은경(2012), 『기업교육론』, 학지사.

이소희 외(2014), 『코칭학 개론』, 신정.

존 휘트모어(2012), 『성과향상을 위한 코칭 리더십』, 김영순 역, 김영사.

한현우(2020), 「여대생커리어개발센터 커리어코치 역량 측정도구 개발」, 『기업교육과 인재연구』 22(1), 125-143쪽.

Hatala (2011), Toward the Development and Validation of a Career Coach Competency Model. *Performance Improvement Quarterly*, 24(3), pp. 101-122.

Maltbia T. E. & Power, A. (2005), Diversity's impact on the executive coaching process,

Soderlund Associates, pp. 221-228.

Parker, P., Hall, D. T., Kram, K. E., & Wasserman, I. C. (2018), *Peer coaching at work*, Stanford, California: Stanford University Press.

Spencer, L. M. & Spencer, S. M. (1993), *Competence at work: Models for superior performance*, New York, NY: John Wiley & Sons, Inc.

윤영돈

4. 자기이해를 위한 성격심리검사

❶ 성격심리검사에 따른 커리어코칭

(1) 성격이란

"저는 도대체 어떤 성격을 갖고 있는지 모르겠어요."

코치가 대상자의 성격을 스스로 이해하도록 돕는 것은 매우 중요한 기술이다. '나는 누구인가?', 즉 정체성을 탐구하는 것은 자기를 이해하고 진로 탐색이나 직업 선택에서 기초적 작업이다. 커리어코칭을 할 때 자기이해를 돕고 정체성을 탐구하는 데 도움이 되는 것이 바로 성격심리검사다. 세상에는 다양한 성격이 있고, 다양한 성격검사가 있다. 어떤 검사는 내면의 심리적 특성을 측정하고, 어떤 검사는 행동특성을 측정하고, 어떤 검사는 정신병리를 측정한다. 이 장에서는 우리나라에서 많이 쓰이고 있는 성격심리검사 중 DISC, MBTI, 에니어그램, Big Five 등을 살펴볼 것이다.

성격이란 사전적 정의로는 "어떤 사람을 다른 사람과 구분되는 독특한 존재로 변별해주는 여러 특성의 총합"을 말한다. 성격은 유전, 환경, 상황 등 다양한 요소에 의해 만들어질 수 있으며 좀처럼 변하기 어렵다.

① 성격과 기질의 차이

"나는 왜 어떤 사람은 꼴도 보기 싫고 엇나가기만 할까?"

성격과 혼동되는 것이 기질, 인격 등이다. 기질(氣質, temperament)은 선천적으로 결정된 유전적 영향으로 만들어진 성질을 말한다. 성격(性格, character)은 발달적 경험에서 유래한 고유한 행동을 의미한다. 인격(人格, personality)은 사람으로서 지켜야 할 됨됨이, 품격을 말한다. 성격은 크게 안정성, 일관성, 독특성 등 세 가지 특징을 지닌다. 첫 번째는 안정성(Stability)이다. 성격은 관찰되기보다는 오랫동안 관찰된 행동으로부터 추론된다. 두 번째는 일관성(Consistency)이다. 성격은 시간, 상황이 변해도 달라지지 않는 행동양식으로, 항상 일관성을 유지한다. 세 번째는 독특성(Uniqueness)이다. 다른 사람들과 구별되는 사고와 행동양식으로 개인마다 독특성을 가진다.

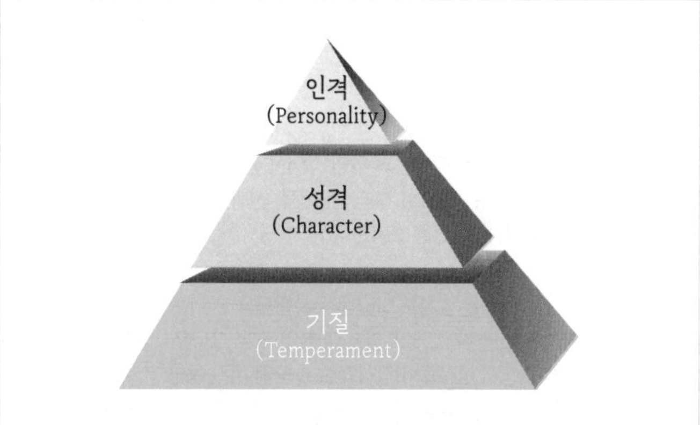

〈그림 4.1〉 성격의 구조

② 동서양의 다섯 가지 성격 특성 요소

성격을 이해할 때는 동서양의 통합이 필요하다. 서양이 사물 중심으로 사실적 사고를 해왔다면, 동양은 관계 중심으로 맥락적 사고를 해왔다. 흔히 'Big Five'라고 한번쯤 들어보았을 것이다. 전 세계의 심리학자들에게 신뢰받고 있는 검증된 이론으로, 다섯 가지 성격 특성 요소(Big Five personality traits)를

〈표 4.1〉 Big Five와 음양오행의 특징 비교

	Big Five 주요 특징	음양오행 특징
1. 경험적 개방성 (Openness to experience)	호기심이 있어서 감정에 개방적이며, 아름다움에 민감하고 새로운 것을 시도한다. 개인의 심리 및 경험의 다양성과 관련된 것으로, 지능, 상상력, 고정관념의 타파, 심미에 대한 관심, 다양성에 대한 욕구, 품위 등과 관련된 특질을 포함한다.	경험적 개방성은 흘러내리는 물[水]이기 때문에 상상력, 호기심, 모험심, 예술적 감각 등으로 보수주의에 반대하는 성향이다.
2. 성실성 (Conscientiousness)	사회 규칙, 규범, 원칙 등을 기꺼이 지키려는 정도를 나타낸다. 과제 및 목적 지향성을 촉진하는 속성과 관련된 것으로, 심사숙고, 규준이나 규칙의 준수, 계획 세우기, 조직화, 과제 준비 등과 같은 특질을 포함한다.	성실성은 빛을 내는 쇠[金]이기 때문에 목표를 성취하기 위해 성실하게 노력하는 성향이다.
3. 외향성 (Extraversion)	사회와 현실 세계에 대해 의욕적으로 접근하는 속성과 관련된 것으로, 사회성, 활동성, 적극성 같은 특질을 포함한다.	외향성은 자라나는 나무[木]이기 때문에 다른 사람과의 사교, 자극과 활력을 추구하는 성향이다.
4. 친화성 (Agreeableness)	타인과 편안하고 조화로운 관계를 유지하는 정도를 나타낸다. 사회적 적응성과 타인에 대한 공동체적 속성을 나타내는 것으로, 이타심, 애정, 신뢰, 배려, 겸손 등과 같은 특질을 포함한다.	친화성은 모든 것을 받아들이는 흙[土]이기 때문에 타인에게 반항적이지 않은 협조적인 태도를 보이는 성향이다.
5. 신경성 (Neuroticism)	신경성에서 높은 수치를 나타내는 사람들은 감정적으로 반응하고 스트레스에 취약하다. 그들은 부정적인 정서 반응을 비정상적으로 오랜 기간 동안 지속하는 경향이 있다. 정서적 안정성은 정서적 불안정성과 반대되는 특징이다.	신경성은 자신을 태우는 불[火]이기 때문에 분노, 우울함, 불안감 같은 불쾌한 정서를 쉽게 느끼는 성향이다.

파악하여 각각의 성격 점수를 측정하는 심리측정 테스트다. 'Big Five'는 경험적 조사를 통해 발견된 성격 특성의 다섯 가지 광대한 요소를 말하는 것이지 성격 이론이 아니다. 워크넷(http://www.work.go.kr)의 직업선호도검사 L형으로 검사해도 'Big Five'로 추정되는 성격검사 결과가 나오므로 참고해서 커리어코칭을 하면 좋다. 경험적 개방성(물, 水), 성실성(쇠, 金), 외향성(나무, 木), 신경성(불, 火), 친화성(흙, 土) 등 다섯 가지 성격 특성을 자세하게 들여다보면 동양의 음양오행(陰陽五行)과 관련성이 있다. 당신은 다섯 가지 성격 중 어디에 속하는가?

(2) 다섯 가지 성격 요소의 활용

"과연 성격을 바꿀 수 있을까?"

일단 Big Five 성격 특성 수치는 크게 변하지 않는다. 가장 외향적인 십대가 가장 외향적인 성인이 된다. 그러나 성격 수치상 개인 간의 서열은 그대로 유지되면서도 전체적 분포는 나이에 따라 다소 변화한다고 한다. 대체로 성인이 될수록 성실성은 높아지고 외향성, 개방성, 신경성은 낮아진다. 하지만 성격은 유지하더라도 문제가 덜 되는 대안적인 행동을 선택할 수 있다. 예를 들어 신경성이 높은 사람이 걷기 운동, 요가, 명상을 즐기는 것이다.

"어떤 일이 나에게 맞으며, 어떤 삶을 살아야 하는 것일까?"

원래 더 좋거나 더 나쁜 성격이란 세상에 없다. Big Five 성격 특성은 모두 그 수치에 따라 장단점이 있다. 문제는 자신이 물려받은 성격의 장점을 극대화하고 단점을 최소화하는 행동 패턴을 찾는 것이다. 성격은 '버려야 할 성질'이 아니라 '인정해야 할 자원'이다. 직업을 선택할 때는 자신에게 '맞지 않는 일'에 억지로 '버티기 위해 사는 삶'이 아니라 자신에게 맞는 일을 찾고 스스로 '행복하기 위해 사는 삶'을 선택해야 한다. 경력을 쌓는다는 것(Career Building)은 단지 경력을 만드는 것(Career Making)이 아니다. 자신의 성격에 맞는 방향성을 갖고 자신을 알아가는 여정이 되어야 한다.

2 행동유형(DISC)에 따른 커리어코칭

(1) 유형과 특성의 차이

사람들의 지속적인 개성을 표현하는 데 사용하는 가장 일반적인 용어는 '유형(type)'이나 '특성(trait)'이다. 서양에서는 히포크라테스의 4대 체액론에 근거한 '다혈질(多血質, sanguine temperament)', '점액질(粘液質, phlegmatic temperament)', '담즙질(膽汁質, choleric temperament)', '우울질(憂鬱質, melancholic temperament)' 등이 유형론의 대표적 예다. 동양에서는 이제마의 사상의학(四象醫學)에서 사람들을 체질 유형으로 나누어 '태양(太陽)', '태음(太陰)', '소양(少陽)', '소음(少陰)'으로 구분했다. 유형론이 사람들을 질적으로 구분되는 비연속적인 범주들의 집합으로 구분하려는 데 반해, 특성론에서는 특성들의 연속선상의 어느 한 지점에 개인을 위치시킬 수 있다고 본다. 유형론 접근에서 사람들은 특정한 유형에 속하지만, 특성론 접근에서는 어떤 특성을 얼마만

〈그림 4.2〉 기질의 구조

큼 지닌다고 표현할 수 있다.

(3) DISC 행동유형이란

사람들은 태어나서부터 성장하여 현재에 이르기까지 자기 나름대로의 독특한 동기요인에 의해 선택적 또는 일정한 방식으로 행동하게 된다. 그러한 행동이 하나둘 반복되면서 하나의 경향성을 이루게 된다. 그에 따라 자신이 일하거나 생활하는 환경에서 매우 편안한 상태로 자연스럽게 그러한 행동을 하게 되는데, 우리는 이를 '행동 패턴(Behavior Pattern)' 또는 '행동 스타일(Behavior Style)'이라고 부른다. 미국 컬럼비아대학 심리학 교수 마스턴(William Mouston Marston) 박사는 이러한 인식을 축으로 한 인간의 행동을 주도형(Dominance), 사교형(Influence), 안정형(Steadiness), 신중형(Conscientiousness)의 네 가지로 분류했다. 네 가지 행동유형의 머리글자를 딴 것이 DISC 행동유형이다.

〈표 4.2〉 DISC의 특징

유형		행동 특성	세부 행동	커리어코칭 포인트
D형	주도형	경쟁과 도전을 즐긴다. 자신의 의견을 주장한다. 결단력과 추진력이 좋다. 개척자 경향이 강하다.	리더로 서두르는 편이며, 많은 프로젝트를 수행한다. 전화 통화를 하는 동시에 다른 사람의 말이나 행동을 종종 가로막는 행동을 할 수 있다. 다른 사람에게 항상 예의 바른 태도를 보이지는 않는다. 남에게 이용당하기 쉽다.	What: 미래의 큰 그림을 떠올리는 질문으로 시작하면 좋다. 링컨처럼 구체적인 롤모델을 찾도록 도와준다. 무슨 일을 통해 인정받거나 존경받고 싶은지 질문한다.
I형	사교형	여러 사람과 상호작용하기를 좋아한다. 말이 많으며, 의사소통에 능하다.	분위기 메이커로 유머감각이 풍부하며, 활기 있고 개방적이며 친절하다. 상대방에게 동의할 때 그 표현을 적극적으로 하며, 사물이나 주제의 긍정적인 측면을 강조한다. 사회적 왕따를 당할까 봐 두려워한다.	Who: 누구에게 가장 인정받고 싶은지 질문하라. 나중에 그 사람 앞에서 서게 될 때 어떤 모습이었으면 좋은지 물어보자. 가시적인 인정과 보상을 받고 싶은 욕구가 무엇인지 묻는다.
S형	안정형	예측 가능하고 안정적인 환경을 좋아한다. 다른 사람의 아이디어를 수용하거나 의견에 협력을 잘하는 편이다.	편안한 태도로 안전을 추구하고 안정을 유지하면서 조심성 있게 추진한다. 변화는 점진적으로 진행한다. 타인을 부러워하지 않으며, 복지부동하는 경향이 있다. 불안한 것을 가장 싫어한다.	How: 처음부터 높은 목표보다 달성 가능한 목표로 조율해보자. 안정과 안전을 위해 점진적 변화계획을 어떻게 추진할 것인지 묻는다.
C형	신중형	꼼꼼하고 위험요소를 잘 찾는다. 정확하게 분석을 잘하고 품질이 높은 것을 좋아한다.	세부사항에 정확성과 신중함이 있다. 질서정연하며, 세부사항에 초점을 둔다. 외교적인 방식으로 매우 예의를 갖춘다. 업무수행에 대해 비판받는 것을 가장 싫어한다.	Why: 본질을 파악할 수 있는 근원적 질문을 하는 것이 중요하다. 무조건적인 지시와 명령보다는 논리적으로 이유와 가치를 질문한다.

(3) 성격유형을 다룰 때 주의해야 할 점

흔히 성격유형론의 문제점은 사람의 다양한 성격을 소수의 범주들로 구분하므로 중간지대를 무시하게 된다. 커리어코치는 대상자의 성격을 분석해야 한다는 강박에서 벗어나야 한다. 코치는 굳이 해답을 제시해야 한다는 고정관념에서 벗어나 유연성을 가져야 한다. 가르쳐주지 않아도 스스로 대상자의 상황과 심정에 공감하는 것만으로도 상대방의 마음의 문이 열릴 수 있다. 때로는 사회적 · 문화적 환경 요인을 경시할 수 있다. 특성론에서는 그보다 많은 수의 특성 차원들에서 개인의 위치를 조합한 양상(pattern)으로 기술하려 한다. 성격유형검사가 여전히 인기가 있으나, 현대 심리학자들은 특성론적인 접근을 더 선호한다. 따라서 커리어코치는 성격유형을 다룰 때 단정적으로 무슨 유형이라고 하기보다는 행동 특성에 따른 코칭 방향을 정하고 질문하는 데 참조하면 좋다.

3 커리어코칭에서 MBTI를 사용할 때 주의할 점

(1) MBTI란

성격유형검사의 대표적인 것으로 MBTI검사가 있다. MBTI(Myers-Briggs Type Indicator)는 카를 융(C. G. Jung)의 심리유형론을 근거로 하여 캐서린 쿡 브릭스(Katharine Cook Briggs)와 그의 딸 이사벨 브릭스 마이어스(Isabel Briggs Myers)가 좀 더 쉽고 일상생활에 유용하게 활용할 수 있도록 고안한 자기보고식 성격유형지표다. 융은 "인간행동의 다양성은 개인이 인식(perception)하고 판단(judgement)하는 특징이 다르기 때문"이라고 보았다. MBTI검사는 사람들이 인식하고 판단할 때 각자 선호하는 경향을 찾고, 이러한 선호경향들이 하나하나 또는 여러 개가 합쳐져서 인간의 행동에 어떠한 영향을 미치는가를 파악하여 실생활에 응용할 수 있도록 제작된 심리검사다.

(2) MBTI를 사용할 때 주의할 점

MBTI는 비즈니스 업계에서 유명하지만 낮은 신뢰성, 낮은 유효성, 비독립적인 항목 측정 등으로 비판하는 사람들도 있다. 커리어코칭을 할 때는 이미 중 · 고등학교 때 MBTI검사를 받은 적이 있는지 확인할 필요가 있다. 중복된 검사는 시간 낭비일 뿐만 아니라 코치와의 관계에 대한 호감도 떨어질 가능성이 많다. 기존 자료가 있다면 그것을 활용하는 것도 코칭의 효과를 높일 수 있다.

같은 성격유형이라도 그 개인이 각각 다른 환경과 상호작용하므로 행동유형은 각기 다를 수 있다. 예를 들면 MBTI 유형이 같으면서도, 동일한 부모 아래서 자란 형제라 할지라도 행동이 다를 수 있다. 사람은 서로 이야기하는 방식이 다를 수 있다. 성격이 다르면 서로가 가진 이해 방식과 삶의 태도가 다를 수 있어 질문의 방식도 달라져야 한다. 질문 하나만 바꿔도 다른 성격의 사람들과 소통하는 하나의 첫걸음이 될 수 있다.

〈표 4.3〉 MBTI의 특징

ISTJ 세상의 소금형 한번 시작한 일은 끝까지 해내는 사람들 회계사, 재무, 웹 개발자	ISFJ 임금 뒤편의 권력형 성실하고 온화하며 협조를 잘하는 사람들 치과의사, 사서, 교사	INFJ 예언자형 사람과 관련된 뛰어난 통찰력을 가지고 있는 사람들 사회복지사, 치료사, CS관리자	INTJ 과학자형 전체적인 부분을 조합하여 비전을 제시하는 사람들 투자 은행원, 재무상담가, SW 개발자
당신의 직업에 만족하나요? 이유는 무엇입니까?	당신의 친구를 가장 아끼는 이유는 무엇입니까?	심리상담을 받아본 적이 있나요? 좋아하셨는지요?	재테크에 대해 어떻게 생각하십니까?
ISTP 백과사전형 논리적이고 뛰어난 상황적응력을 가진 사람들 토목기사, 경제학자, 데이터분석가	ISFP 성인군자형 따뜻한 감성을 가진 겸손한 사람들 패션디자이너, 물리치료사, 조경설계사	INFP 잔다르크형 이상적인 세상을 만들어가는 사람들 그래픽디자이너, 심리학자, 작가	INTP 아이디어 뱅크형 비평적인 관점을 가진 뛰어난 전략가들 프로그래머, 재무분석가, 교수
싫어하는 사람을 어떻게 대하십니까?	지금 무엇을 하고 싶은가요?	평소에 무엇을 하고 지내십니까?	두려움을 어떻게 사라지게 하나요? 왜 그렇게 하십니까?
ESTP 수완 좋은 활동가형 친구, 운동, 음식 등 다양한 활동을 선호하는 사람들 탐정, 은행원, 스포츠 코치	ESFP 사교적인 유형 분위기를 고조시키는 우호적인 사람들 배우, 디자이너, 환경과학자	ENFP 스파크형 열정적으로 새로운 관계를 만드는 사람들 저널리스트, 요식업 경영자, 파티플래너	ENTP 발명가형 풍부한 상상력을 가지고 새로운 것에 도전하는 사람들 기업가, 정치가, 마케팅 디렉터
누가 당신을 괴롭힌 적이 있나요? 그렇다면 이유가 무엇입니까?	술 취했을 때 어떤 모습인가요?	스킨십을 좋아하십니까? 아니라면 왜 좋아하지 않나요?	금방 싫증내는 편입니까? 가장 오래한 것은 무엇입니까?
ESTJ 사업가형 사무적, 실용적, 현실적으로 일을 많이 하는 사람들 보험 세일즈맨, 변호사, 프로젝트 매니저	ESFJ 친선 도모형 친절과 현실감을 바탕으로 타인에게 봉사하는 사람들 판매대표자, 간호사, 헬스케어 종사자	ENFJ 언변 능숙형 타인의 성장을 도모하고 협동하는 사람들 PR전문가, 세일즈 매니저, HR전문가	ENTJ 지도자형 비전을 가지고 사람들을 활력적으로 이끌어가는 사람들 기업 임원, 변호사, 경영컨설턴트
운전을 빠르게 하십니까? 아니면 느리게 하나요?	낯선 음식을 먹는 것을 좋아하나요?	어디서 만나는 것을 좋아하십니까?	인생에서 가장 큰 목표는 무엇입니까?

4
고대의 지혜와 현대의 심리학 에니어그램

커리어코칭은 비즈니스코칭이나 라이프코칭과 달리 커리어를 쌓기 위해서는 먼저 자기이해(self-understanding)가 필수과정이다. 이 세상에는 똑같은 사람이 단 한 사람도 없어 커리어를 쌓고 인생을 살아가는 방식도 하나만을 고집할 수 없다. 인간은 누구나 고유한 존재이며, 자아성찰(self-reflection)을 하는 데 많이 쓰이는 것이 에니어그램이다.

(1) 에니어그램이란

에니어그램(Enneagram)은 그리스어에서 9를 뜻하는 'ennear'와 도형을 뜻하는 'grammos'의 합성어로, 사람을 아홉 가지 성격으로 분류하는 인간 이해의 틀이다. 에니어그램의 아홉 가지 성격유형 특성에 맞게 제작된 에니어그램 코칭카드를 통해서도 검사가 진행되고 있다. 기존 심리검사와 달리 교육카드를 활용하면서 재미와 의미, 흥미 등을 파악할 수 있어서 좋다. 에니어그램의 아홉 가지 성격유형 특징과 세부 행동, 코칭 질문을 살펴보면 표 〈4.4〉와 같다.

〈표 4.4〉 에니어그램의 특징

구분	성격 특징	세부 행동	코칭 질문
1번 유형 '개혁가'	원리원칙적이고 이상적이며 완벽을 추구하는 성격	모든 일을 자신이 세운 원칙과 옳은 기준에 맞춰 정확하게 처리하고 자신만의 강한 의무감, 책임감으로 세상을 개혁하려고 한다. 세상을 공정하고 올바르게 변화시키고 부패를 없애고자 하는 열의에 동기부여가 된다. 도덕주의자로 질서가 중요하고, 정리정돈을 잘한다.	당신이 올바른 사람이 되려고 노력했던 방법에는 어떤 것들이 있나요?
2번 유형 '봉사자'	친절하고 따뜻한 마음으로 타인을 도와주는 성격	다른 사람들의 필요를 알아차려 도움을 주고, 타인을 위해 일하거나 도와줌으로써 행복해한다. 사랑받고 사랑하고 싶은 성격으로 상냥하고 친절하며 타인들과 좋은 관계를 유지한다. 상대에게 칭찬과 지지를 아끼지 않으며, 자신의 능력을 넘어서까지 도와주려 한다.	당신에게 자신을 사랑하고 돌보는 것은 어떤 의미인가요?
3번 유형 '성취자'	목표달성을 통해 성공 지향적인 성격	목표 지향적이며 끊임없이 경쟁과 노력으로 성공을 추구하는 매우 활동적이며 유능한 사람이다. 사회가 원하는 롤모델로 존경과 인정을 받는다. 실용적이고 효율적으로 일에 매진하며 타인에게 성공한 멋진 이미지를 보여주기 위해 많은 에너지를 쓴다.	당신에게 성취하는 것은 어떤 의미인가요?
4번 유형 '예술가'	감수성이 예민하고 독특함을 추구하는 창조적인 성격	자신의 감정에 몰입하며, 자신만의 고유하고 특별한 개성을 추구하는 창의적이고 독창적인 사람이다. 고통, 우울함 등 자신의 감정을 솔직하게 표현하고 그것을 상대가 이해해주기를 원한다. 자기에게 없는 특별한 것을 외부나 상상 속에서 찾으려 한다.	당신은 남과 다른 정체성을 갖기 위해 어떻게 노력하나요?
5번 유형 '탐구자'	지적 호기심이 강하고 분석적이고 이성적인 성격	지적 호기심으로 세상의 모든 이치를 알고 싶고 이해하고 싶은 논리적이고 이성적인 성격이다. 객관적인 사실이나 정보를 책이나 인터넷에서 수집하기를 좋아하고, 차분하고 내성적이다. 혼자만의 공간에서 자신이 관심 있는 분야에 대해 관찰, 비교, 분석하며 깊이 집중한다.	당신은 어떤 지혜를 통해 세상 사람들과 공유하고 싶나요?
6번 유형 '협동가'	성실하고 책임감이 강한 노력파 성격	세상은 위험하고 불안하므로 자신을 안전하게 지켜줄 확실한 것을 추구하는 사람이다. 예측 가능한 확실한 것과 질서를 원하기에 불안정한 미래에 대비해서 항상 그에 알맞은 적절한 대비책을 준비한다. 조직에 충실하고 성실하며 책임감이 강한 사람이다.	당신은 어떤 사람에게 충성을 다하나요?

구분	성격 특징	세부 행동	코칭 질문
7번 유형 '열정가'	유쾌하고 다재다능하며 늘 재미를 추구하는 성격	호기심이 많아 늘 재미있는 것을 추구하고, 새로운 것에 도전하기를 좋아하는 성격으로 기발한 아이디어가 풍부하다. 금방 싫증을 느끼기도 하며, 곧바로 다음 활동 계획을 세우고 바로 실행한다. 밝고 명랑하며 유머 감각도 풍부해 늘 주변에 친구들이 많다.	당신은 언제 깊은 충족감을 느끼나요?
8번 유형 '도전자'	진취적이고 자기주장이 강한 지도자형 성격	무슨 일이든 '하면 된다'는 자신감으로 자신의 생각이나 느낌을 거침없이 주장하고, 힘 있게 배짱으로 밀어붙이는 대담한 성격이다. 지배욕구가 있어 주변을 통제하려고 한다. 약한 사람을 보호하고 방어해주는 의리가 있고, 부당한 일은 참지 못하는 정의감이 강하다.	당신의 영향력을 확대하기 위해 어떤 일들을 합니까?
9번 유형 '중재자'	느긋하고 온순하며 안정된 평화주의자형 성격	사람들과 갈등이나 충돌 없이 평화롭게 지내기를 원하는 원만하고 편안한 성격이다. 어려운 상황에 처해도 꾹 참아내거나 매사에 신경을 쓰지 않는 스타일로 자신의 욕구를 주장하지 않는다. 상대의 입장을 이해하고 수용하며, 마음에 들지 않아도 무조건 "예"라고 대답한다.	당신은 사람들과의 갈등 발생 시 어떻게 대처하나요?

날개(wing)와 화살(arrow), 본능(intinct) 등과 같은 코칭과 밀접하게 관련된 핵심개념들을 알아야 한다.

(2) 에니어그램의 날개

에니어그램에서 날개(wing)란 자신의 에니어그램 유형의 양옆에 있는 유형들을 일컫는다. 8번 유형이라면 7번과 9번이 날개다. 7번과 9번 중에 9번이 강하면 '8w9'로 표시한다. 코칭을 하다 보면 경우에 따라 한쪽 날개를 취할 수도 있고, 양날개 모두를 취할 수도 있다. 그렇지 않으면 양쪽 날개 모두를 취하지 않을 수도 있다. 20대 후반 젊을 때는 한쪽 날개가 더 강했다가 중년이 되면서 반대쪽 날개 특성이 발달하여 균형을 잡는 경우가 흔히 나타난다. 날개가 주어진 환경에 적응하여 내면의 다양한 에너지를 활용하는 자기인식(self awareness)이라면, 화살표 방향은 집착을 극복하고 내면을 통합하는 자기성숙도(self-maturity)라고 할 수 있다.

(3) 에니어그램의 화살

역동성을 나타내는 화살(arrow)은 순방향으로 갈 때, 의식을 돌보지 않을 때 집착으로 성격의 틀이 강화되고 자신과 타인에게 부정적이며 편협해진다. 반면, 역방향으로 가면 내면의식의 통합지점으로 의식성찰과 자아반성으로 비롯된다. 예를 들어 8번 유형은 스트레스 포인트(stress point)가 증가하면 자신에게 익숙한 특정 방법만 밀고 나간다. 결국 이들의 자기주장과 대결하려는 태도는 사람들과 충돌을 일으킨다. 자신이 감당할 수 있는 것 이상으로 스트레스를 받을 때 이들은 전략을 짜고 움츠러드는 5번 유형으로 갈 수 있다. 반대로 8번 유형은 시큐리티 포인트(security point)가 증가하면 오히려 자신이 얼마나 사람들을 아끼고 있는지 스스로의 가슴과 연결하여 살펴보게 된다. 아이들의 순수함을 아끼고 동물을 존중하며 보호해주므로 내면의 부드러움이 표면으로 올라오도록 허용한다. 연약함이 표면으로 올라오도록 허용하는 2번의 방식으로 다른 사람들에게 자신을 드러내는 법을 배움으로써 자신을 실현하고 건강해질 수 있다. 스트레스 상태에서 퇴화 방향으로 가게 되며, 의식적으로 자기발전을 추구하면 성장 방향으로 가게 되어 성장과 발전이 일어나게 된다. 자신의 유형에서 통합 및 분열 방향 정도는 현재의 내가 성장하고 있는지 아니면 퇴화하고 있는지를 알 수 있는 객관적인 지표가 될 수 있다. 어떤 사람이든 편안하고 안전한 느낌을 가질 때 자신의 장점이 두드러지게 발휘될 수 있다.

(4) 에니어그램 하위 유형

에니어그램 하위 유형(subtypes)이란 인간을 구분하는 세 가지 분류법을 말한다. 아홉 가지 기본 유형은 날개 분류와 서로 연관되어 있다. 하지만 기본 유형과 하위 유형은 직접적 관계가 없는 것으로 알려졌다. 하위 유형은 '본능 유형(Instinctual Types)'으로도 불린다. 본능(intinct)이라는 단어의 뉘앙스에서 알 수 있듯 어떤 생물학적 욕구를 행동 동기로 설명하는 이론이다. 모든 유형은 자기보호 · 성적 · 사회적 본능이라는 세 가지 하위 유형을 갖는다. 따라서 8유형이라고 다 같은 8유형이 아니다. 하위 유형은 기본 유형보다 더 깊은 곳에서 에너지의 사용 방향을 결정한다. 날개 유형만큼 중요한 것이 본능적 변형인데, 자기보호(SP, Self Preservation) 본능, 사회적(SO, Social) 본능, 성적(SX, Sexual) 본능으로 나누어지며, 자기보호 본능은 자기 자신과 주변의 환경에, 사회적 본능은 넓고 사회적인 관계에, 성적 본능은 가깝고 친밀한 관계에 집중한다. 자기보호 본능은 자신의 에너지를 주로 자신과 가족 등을 보호하는 방향으로 사용한다. 사회적 본능은 자신과 가족을 넘어서 더 많은 사람들에게 에너지가 향한다. 성적 본능은 일대일 관계를 맺는 데 많은 에너지를 쓴다. 우리는 이 세 가지 하위 본능을 모두 갖고 있지만, 세 가지 중 어느 하나가 더 강한 경향이 있다. 그런데 하나만 쓰고 다른 것을 쓰지 않는 경우도 있고, 세 가지를 조화롭게 쓸 수도 있다. 예를 들면 8유형은 세 가지로 분화

〈표 4.5〉 에니어그램 하위 유형(본능 유형) - 8유형의 특징

구분	8유형	성장 포인트
자기 보호 (SP) 본능	욕구 만족(Desire Satisfaction) 삶에 필요한 돈, 집 등 물질적 필요를 적시에 충족하는 것에 초점을 두며 욕구 좌절을 견디지 못한다. 자신의 필요를 충족시키는 과장된 능력이 있다. 불필요한 말을 하지 않으며 다소 내성적인 편이다. 비즈니스하는 법을 알고 있어 흥정에 능하여 일을 잘 성사시킨다. 가족과 가까운 사람들을 보호한다. 강한 성격으로 감정적이지 않으며, 스스로 능력이 있다고 생각한다.	긍정적 상호작용을 위한 의사소통 방법을 배운다. 타인에게 도움 청하기, 의지하기, 방어를 줄여보는 작업을 한다. 물질적 만족감, 안정감을 충분히 느낄 때를 의식하고 이완시킨다.
사회적 (SO) 본능	연대적 보호(Chronological Protection) 연약한 아이나 사람, 동물들을 보호하고 권력자들이 갖고 있는 힘을 남용하지 않도록 주의나 초점을 두며, 자기 사람들을 괴롭히거나 해치려 들면 적극적으로 공격한다. 자신이 관심을 가지고 있는 사람들과는 따뜻하고 친근하게 관계를 맺으며, 도량이 넓고 적극적으로 타인을 지지하고 지원한다. 감정적이거나 약한 모습을 보이지 않으며, 도움을 주면서도 사회 관습에 맞서는 반사회적인 사람이다.	타인을 보호하듯 자신에게 충실하고 스스로 보호한다. 타인의 지지, 인정, 돌봄, 애정을 적극적으로 받아들인다. 도움을 주면서도 관습에 맞서는 행동의 동기를 알아차린다.
성적 (SX) 본능	통제적 소유(Controlled Ownership) 영향력을 발휘하는 일에 최우선적으로 집중하기 위해 열정적으로 일함으로써 힘의 기반을 구축한다. 강렬하고 카리스마가 있으며 도발적으로 관계를 맺는다. 법과 규칙을 잘 지키지 않으며, 자신이 나쁘게 보이는 것에 크게 신경 쓰지 않고, 탐욕스럽게 삶의 쾌락을 추구한다. 사람들의 주의를 사로잡거나 물건 등 전체 환경을 적극적으로 장악하고 지배함으로써 힘을 느끼고자 한다. 자신의 가치가 규범과 반대되면 노골적으로 반항한다.	영향력 행사, 상황을 장악하려는 경향을 관찰한 후 자제하는 작업을 한다. 다른 사람들이 자신에게 영향을 미치도록 허용한다. 차분하게 생각도 하고, 마음을 열고 연약한 감정들을 느껴본다.

한다. 마틴 루터 킹 목사는 이렇게 말했다. "우리는 복수와 공격, 보복을 그만 두어야 한다. 사랑이 바탕이 될 때 우리는 모든 것을 이룰 수 있다."

SP, SO, SX 등 8유형의 에너지가 밖으로 향하는 데 그 범위의 차이가

느껴지는가? 이렇게 되면 3(에너지의 중심)×3(에너지의 방향)×3(에너지의 범위) = 27가지 유형으로 나뉘게 된다. 자신의 성장과정과 관계에 있어서 본능 유형은 매우 중요하다. 같은 본능 유형에 있는 사람들은 같은 가치관을 갖고 있으며 서로를 잘 이해할 수 있는 반면, 다른 본능 유형에 있는 사람들은 기본적인 가치관이 달라서 많은 갈등을 겪게 된다. 에니어그램 코칭은 타인을 분석하는 데 쓰는 것이 아니라 자신이 누구인지, 어떤 위험과 가능성이 있는지 알아가는 데 유용하다. 커리어코칭에서는 위기와 스트레스가 다가오기 전에 스스로 먼저 변화를 시도하는 것이 바람직하다.

성찰질문

아래의 다섯 가지 질문에 스스로 답해보시기 바랍니다.

1. 내가 생각하는 '나'는 어떤 사람인가?
2. 당신의 성격을 설명해주는 다섯 가지 단어는 무엇인가?
3. 당신의 장점은 무엇이고, 어떻게 강점화하고 있는가?
4. 당신의 단점은 무엇이고, 어떻게 보완하고 있는가?
5. 다른 사람과 달리 '나답게' 하는 것은 무엇인가?

참고문헌

김영회 · 이건웅 · 이승철(2012), 『DiSC 누구도 피할 수 없는 우리 행동의 4가지 특성』, 학이시습.

박양근(2004), 『경력개발과 취업전략』, 무역경영사.

박윤희(2011), 『진로 탐색 및 직업 선택』, 시그마프레스.

Daniel Nettle(2019), 『성격의 탄생: 뇌과학, 진화심리학이 들려주는 성격의 모든 것』, 김상우 역, 와이즈북.

Don Richard Riso & Russ Hudson(2011), 『에니어그램의 지혜』, 주혜명 역, 한문화.

Isabe Briggs Myers & Mary H. McCaulley(2003), 『MBTI 개발과 활용』, 김정택 · 심혜숙 · 제석봉 역, 한국심리검사연구소.

Nicholas Lore(2010), 『살아갈 날을 위한 미래나침반: 일과 인생이 행복해지는 커리어 카운슬링』, 하영목 역, 흐름출판.

Richard Rohr & Andreas Ebert (2011), 『내 안에 접힌 날개』, 이화숙 역, 바오로딸.

최진희

5. 커리어로드맵

1 커리어로드맵이란

(1) 커리어로드맵이란 무엇인가

영어적 의미로 볼 때 로드맵(road map)은 크게 두 가지로 볼 수 있다. 첫 번째는 안내서나 길잡이처럼 "운전자들이 길을 찾아갈 때 간단하게 볼 수 있는 지도"를 뜻하는 말이고, 두 번째는 "어떤 보고서나 설명서를 사용자로 하여금 쉽게 이해할 수 있도록 도움을 주기 위해 좀 더 자세하게 작성해놓은 문서"를 말한다.

로드맵은 우리가 여행을 할 때 출발점에서 길을 헤매지 않고 목적지까지 도달할 수 있도록 안내판 같은 역할을 한다. 최근 사회 전 분야에서 '로드맵'이라는 단어를 흔히 볼 수 있으며 "앞으로의 계획이나 전략 등이 담긴 구상도 · 청사진" 등을 의미한다.

커리어로드맵(career road map)이란 "운전자가 목적지를 향해 길을 찾아갈 때 지도를 보면서 가는 것처럼 미래에 자신이 하고 싶은 업무에 성공적인 모습으로 살아가기 위해 자신의 강점과 약점을 분석하고, 직무에 대한 조사와 분석을 통해 자신에게 가장 적합한 직무를 올바르게 선택하게 해줌으로써 미래 성공한 자신의 모습, 즉, 비전달성을 위해 어떻게 커리어를 쌓아가야 할지에 대한 실천계획을 수립해주는 것"을 말한다. 즉, 비전, 목표달성전략, 강 · 약점, 경력개발전략 등을 한눈에 볼 수 있게 표시함으로써 자신이 목표하는 바를 효과적으로 달성할 수 있게 도와주는 도구다. 과거에는 로드맵(지도)이 목적지에 도달하도록 돕는 역할을 했다면, 요즘은 운전자들이 운전을 할 때 로드맵(지도)이 아닌 내비게이션으로 목적지를 찍고 내비게이션의 안내에 따라 운전한다. 그러다 보니 최근에는 커리어로드맵을 '커리어내비게이션'이라고도 부르며, 현재 커리어로드맵은 "자기분석(흥미, 적성, 성격, 가치관)과 직무분석을 바탕으로 정확한 취업목표를 설정한 후 SWOT 분석으로 자신의 위치를 파악하고 최종목표에 도달하기 위한 과정과 계획을 그린 그림"을 의미하기도 한다.

(2) 코칭에 커리어로드맵이 필요한 이유는 무엇인가

커리어로드맵은 여행을 갈 때 목적지를 정하고 여행계획을 짜는 것처럼 '취업'이라는 목표를 이루기 위해 자신이 가고자 하는 기업과 하고 싶은 업무에 대한 목표를 정하고 이를 달성하기 위해 취업계획서를 짜는 것을 말한다. 즉, 자신의 목표를 시각화하는 과정이라고 할 수 있다.

코칭에 있어서 커리어로드맵은 대상자의 목표를 시각화함으로써 대상자 스스로 커리어로드맵을 그리는 과정에서 자신의 강점뿐만 아니라 자신의 문제를 인식하고 이를 해결하고자 스스로 해결책을 찾아보면서 목적지에 도달하는 시간과 계획을 세울 수 있게 해준다.

코칭이 컨설팅과 다른 이유는 정답을 제공해주는 것이 아니라 대상자 스스로 정답을 찾게 해주는 과정이기 때문에 커리어코칭에서 코치의 역할은 취업전략을 제시해주기보다는 대상자 스스로 목적지에 도달할 수 있도록 이끌어주는 역할을 해야 한다. 그런 점에서 커리어로드맵은 코치에게 매우 유용한 커리어코칭의 도구라 할 수 있다.

국제코칭연맹(ICF, 1995)은 한때 코칭의 철학을 "Creative하고(창의적이고) Resourceful하고(해답을 내부에 가지고 있고) Holistic한(온전한) 존재"라고 했다. 한국코치협회(2003)도 코칭의 철학을 "모든 사람은 창의적(Creative)이고, 완전성을 추구하고자 하는 욕구가 있으며(Holistic), 누구나 내면에 자신의 문제를 스스로 해결할 수 있는 자원을 가지고 있다(Resourceful)"라고 밝히고 있다. 이처럼 커리어로드맵은 대상자 스스로 커리어와 관련된 문제를 스스로 해결하게 하여 코칭의 철학을 그대로 보여주는 커리어코칭 도구다.

2
코칭에서 커리어로드맵이 미치는 효과

커리어로드맵은 코치로 하여금 커리어코칭을 하는 과정에서 대상자에게 커리어로드맵을 그리게 함으로써 스스로 자신의 목표를 찾고 성공스토리를 찾아갈 수 있게 해준다. 성공한 사람들은 대부분 그들만의 성공스토리가 있다. 한 분야에서 성공한 사람들은 비전과 목표가 분명하고 비전을 달성하기 위해 미래에 대한 커리어로드맵을 가지고 있다. 성공한 사람들은 성공을 이루기 위해 한 번에 성취하지 않고 한 단계 한 단계 끊임없이 노력한다. 우리 인생은 산을 오르는 것과 같다고 한다. 아무리 산을 잘 타는 사람일지라도 단번에 정상까지 오를 수는 없다. 한발 한발 발걸음에 신경 쓰면서 올라가야 한다. 우리 주위에 보면 인생에서 한방에 승부를 보고자 하는 경우가 있다. 그러나 인생은 그렇게 간단한 것이 아니다. 설령 운이 좋아 한방에 많은 성공을 이루었다 하더라도 '사상누각'이라는 말처럼 금방 무너져 내리는 경우가 허다하다. 명확한 목표를 설정하고, 그 목표를 눈에 보이도록 관리하며, 한걸음씩 끊임없는 노력을 통해 나아갈 때 성공은 어느덧 내 눈앞에 와 있게 된다. 앞서가는 사람들은 그만큼 자신의 커리어로드맵을 만들어가며 자신의 가치를 상승시키고 성공의 길을 만들어간다.

커리어로드맵은 출발점에서 길을 헤매지 않고 정상까지 오를 수 있도록 표지판 같은 역할을 하므로 성공한 사람들은 커리어로드맵을 그리는 데 많은 시간을 투자한다. 커리어로드맵을 그려 이것을 보고 행동하게 되면 여러 가지 효과를 거둘 수 있다. 그 효과를 구체적으로 정리해보면 다음과 같다.

첫째, 커리어로드맵을 그림으로써 전략과 목표를 좀 더 명확히 할 수 있다. 현재 자신이 당면한 과제를 몰랐던 사람도 커리어로드맵을 정리해봄으로써 자신의 문제점을 인식하고 이를 해결하기 위해 자신이 해야 할 것들을 스스로 찾게 해준다. 이처럼 대상자 스스로 자신이 무엇을 해야 할지 명확히 정리할 수 있다는 것은 코칭을 하는 코치의 입장에서는 매우 중요하다.

둘째, 자신이 수행해야 할 일들을 시각화함으로써 한눈에 파악하고 효과적인 전략을 짤 수 있다. 자신의 목표와 해야 할 중요한 일들을 한눈에 볼 수 있으므로 조율과 조정 그리고 시간관리를 용이하게 할 수 있다. 그리고 우선순위도 자연스럽게 정할 수 있다. 이는 대단히 중요한 부분으로 전략을 효율적으로 수립하여 달성 가능성을 높여주게 된다.

셋째, R=VD[생생하게(Vivid) 꿈꾸면(Dream) 이루어진다(Realization)]라는 효과를 거둘 수 있다. 여성으로서 무에서 시작하여 엄청난 부를 축적한 20세기 가장 성공한 여성 중의 한 명인 에스테 로더는 이렇게 말했다. "성공을 시각화하면 반드시 현실이 된다. 당신의 꿈을 시각화하라. 만일 당신이 마음의 눈으로 이미 성공한 회사, 이미 성사된 거래, 이미 달성된 이윤 등을 볼 수 있다면, 실제로 그런 일이 일어날 것이다. 이미 성공한 모습을 마음속으로 생생하게 그리는 습관은 목표를 달성하는 가장 강력한 수단이다. 나는 백화점에 입점하기 전부터 에스테 로더사의 제품이 대형백화점에서 어마어마한 판매고를 달성하는 모습을 생생하게 꿈꾸곤 했다. 한두 번이 아니었다. 백화점에 입점할 때마다 수천 번씩 그렇게 했다. 그러면 내 마음속의 그림은 진짜로 현실이 되곤 했다." 이렇듯 커리어로드맵은 자신의 목표와 전략을 매우 효과적으로 시각화할 수 있는 방법이므로 생생하게 꿈꾸고 상상하기에 더없이 좋은 방법이다. 커리어로드맵을 그려 캡처하여 컴퓨터 바탕화면에 깔아놓는다든지, 책상 위에 붙여놓고 본다면 더 큰 효과를 거둘 수 있다.

커리어로드맵은 자신의 커리어개발을 위해 가장 빠르고 효과적으로 커리어를 쌓을 수 있도록 방법을 제시해주므로 이를 통해 취업준비를 하면 더욱 효율적으로 할 수 있다. 커리어로드맵은 취업준비생들에게 자신의 적성에 맞는 올바른 직업선택을 할 수 있게 해줄 뿐만 아니라 자신이 선택한 분야에서 커리어를 꾸준히 쌓아 미래에 성공한 인생을 살 수 있도록 해주므로 무조건적인 취업준비보다는 커리어로드맵 같은 체계적인 단계를 거치면 취업성공을 앞당길 수 있다.

3
커리어로드맵의 구성요소

(1) 나는 누구인가

자신이 지닌 소질, 적성, 흥미, 포부, 가치관, 환경 등을 이해하고 이제까지 알지 못했던 자신에 대한 탐구를 해야 한다. 자신에 대해서는 스스로 가장 잘 안다고 생각하지만 내가 알고 있는 나, 다른 사람이 알고 있는 나, 내가 모르는 나, 나도 모르고 다른 사람도 모르는 나, 즉 내가 아는 나는 겨우 25%에 불과하다. 따라서 좀 더 객관적이고 과학적으로 자신을 탐구하는 노력이 필요하다.

- 직업선호도검사, 직업적성검사, 스트롱검사
- 성격검사: MBTI검사, 에니어그램, DISC검사
- 직업가치관검사
- 주변 사람들에게 물어보기
- 지난 나의 경험들을 정리해보기

객관적으로 자신을 알아보기 위해서는 직업선호도검사는 물론 직업적성검사 및 MBTI검사 등을 통해 자신의 흥미와 성격에 대해 알아볼 필요가 있으며, 친구들에게 롤링페이퍼나 카톡을 보내서 자신의 장단점을 평가해달라고 하는 노력을 통해 남들이 보는 자신의 장단점을 파악하는 것도 필요하다. 의욕만 앞서기보다는 객관적으로 자신을 평가받아야 진로계획을 올바로 수립할 수 있기 때문이다.

(2) 나는 어떤 강점을 가지고 있는가?

사람마다 강점과 역량이 다르므로 현재 자신이 가지고 있는 강점과 역량을 잘 파악하고, 향후 어떤 부분을 추가로 준비해야 하는지에 대한 전략을 잘 수립하는 것이 중요하다.

강점을 찾는 방법은 여러 가지가 있지만, 우선 자신의 경험을 정리해 보면서 찾는 강점과 강점검사를 통해 몰랐던 강점에 대해 인식하는 방법이 있다.

먼저, 이제까지 활동했던 경험과 직장경험 등 직무와 관련된 활동들을 정리했다면 이외에도 직무와 직접적인 관련성은 없지만 간접적으로 도움이 되는 활동들, 직무와 무관하지만 열심히 살아왔던 증거들을 정리해볼 필요가 있다. 이런 부분도 본인의 주요한 강점이 될 수 있기 때문이다. 이러한 강점을 찾는 과정에서 "이게 바로 나지"라는 자신감을 얻을 수 있으며, 강점을 발휘하고 싶다거나 강점과 일치하는 방향으로 행동하고 싶은 열망을 가질 수 있다.

자신의 강점을 찾아내는 방법은 다양하지만 VIA 강점척도를 통한 성격 강점검사, 강점카드 등을 통해 자신의 대표 강점을 확인할 수 있다. 자신의 일상생활 중 직장, 학업, 관계, 여가활동 등의 상황에서 자신의 대표 강점들이 어떻게 발현되었는지에 대해 적어본다. 이러한 대표 강점을 활용해서 할 수 있는 일들은 무엇이 있는지 직무와 연관하여 탐색해볼 필요가 있다.

자신의 대표 강점 다섯 가지를 적어보자.

〈표 5.1〉 나의 대표 강점 정리

나의 대표 강점					
내가 생각하는 강점					
강점검사 결과에서 나온 강점					

〈표 5.2〉 나의 강점을 활용해서 하고 싶은 일

구분	강점명	강점별 추천 직무	강점 관련 하고 싶은 일
강점 1			
강점 2			
강점 3			
강점 4			
강점 5			

위의 결과를 참고하여 앞으로 이 강점을 활용해서 어떤 일을 하고 싶은지 기록해본다.

(3) 내가 원하는 목표는 무엇인가

자신이 원하는 일은 무엇인가? 어떤 일을 하는지 알고 있는가? 왜 그 직무를 선택했는지 확신이 있는가? 취업에 성공하기 위해서는 자신이 선택한 직무에서 요구하는 사항을 제대로 알고 그중 자신이 잘할 수 있는 능력을 찾아내어 강점화시켜야 한다. 그러기 위해서는 사전에 직무에 대한 올바른 이해가 필요하다. 이 직업이 전망도 좋고 보수도 좋다고 해서 자신의 적성과는 상관없이 무조건적으로 취업준비를 했다가는 자신의 적성에 맞지 않아서 곧 그만두는 경우가 매우 많다. 또한 남들보다 강점은 많지만 정작 지원직무에 필요한 지식과 경험이 부족하여 취업하지 못하는 경우도 생긴다. 따라서 직무분석 후 자기탐구 내용을 바탕으로 어떤 직무를 선택할 것인지 목표를 정해야 한다. 자신이 선택한 직무에 대해 좀 더 구체적으로 알아보기 위해서는 한국직업정보시스템(http://know.work.go.kr) 또는 국가직무능력표준(https://www.ncs.go.kr)을 검색해보자. 직무에 대한 올바른 분석과 실제 현장에서 근무하는 실무자들의 소리를 듣고 직무를 선택해야 후회가 없다.

직무분석 등을 통해 하고 싶은 직무가 결정되더라도 업종에 따라 수행직무가 바뀌므로 〈그림 5.1〉처럼 직무분석을 하여 직무목표가 정해졌다고 하더라도 전공과 관련된 업종 또는 평소 관심을 두고 있던 업종 중에서 취업하고 싶은 기업리스트를 작성하여 이 중에서 목표기업을 찾아야 한다. 자신의 전문성을 살리고 남들과 차별화된 취업전략을 수립하기 위해서는 직무분

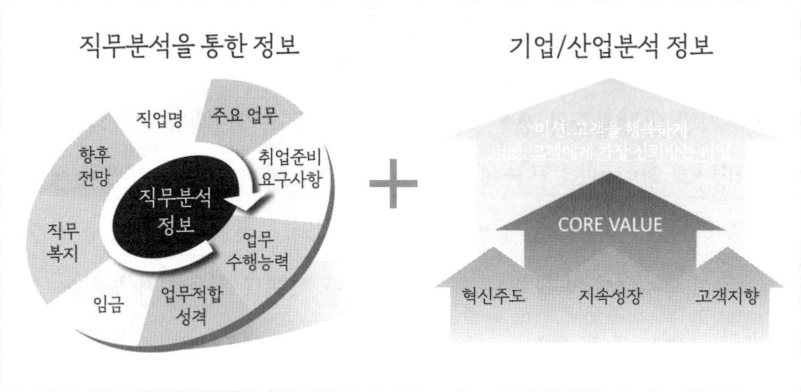

〈그림 5.1〉 직무분석 및 기업분석을 통한 목표설정 예시

석 및 기업분석이 반드시 필요하다. 자신이 하고 싶은 직무와 관련하여 실무 경험을 쌓으면 좋지만 직무에 도움이 되는 경험을 쌓을 수 없을 경우에는 관련 직무는 아니더라도 관련 업종에서 아르바이트 등을 통해 업종에 대해 이해하는 것도 큰 도움이 된다.

(4) 나는 어떤 환경에 놓여 있는가(SWOT 분석)

앞에서 나의 소중한 직무에 대해 직무가 가지고 있는 특성은 물론 그 직무를 잘 수행하기 위해 무엇을 준비해야 하는지 조사하고 파악했다. 어떤 부분이 중요한지도 나름대로 알게 되었다. 하지만 그렇다고 하더라도 모든 사람에게 동일하게 적용되는 전략이란 없다. 사람마다 현재 가지고 있는 역량과 경험, 그리고 희망하는 직무가 다르기 때문이다. 그러므로 현재 자신이 가지고 있는 역량을 잘 파악하고 향후 어떤 부분을 추가로 준비해야 하는지에 대한 전략을 잘 수립하는 것이 중요하다. 전략은 SWOT 분석을 통해 파악할 수 있다.

하지만 대학생들의 경우 SWOT 분석 전에 준비단계가 포함되는데, 흔히 준비단계 없이 바로 본론에 들어가다 보니 효과적인 전략 수립이 제대로 되지 못하는 경우가 많다. 일반기업체에서 널리 사용되는 분석도구를 경험이 적은 대학생들에게 그대로 사용하다 보니 제대로 활용하지 못하는 경우가 많다.

SWOT는 자신이 원하는 직무 또는 기업이 명확하게 정해져 있을 때 어떤 부분이 강점, 약점, 기회, 위협이 되는지를 판단할 수 있어 대학생들 중에서도 진로가 결정되지 못한 저학년보다는 직무와 기업에 대한 목표가 확실하게 정해져 있는 진로결정자들과 경력자들의 경우에 더 유용한 방법이다.

SWOT 분석이 중요한 이유는 향후 취업전략을 세우는 데 현재 자신의 상황과 능력을 제대로 아는 것이 출발점이 되기 때문이다. "다른 사람을 아는 자는 지혜로운 사람이다. 자신을 아는 자는 현명한 사람이다"라는 노자(老子)의 말처럼 SWOT 분석을 통해 나 자신을 올바로 알아야 현명하게 취업준비를 할 수 있다.

S(strength)는 자신의 강점이다. '취업을 하는 데 있어 지원하는 직무와 관련하여 자신이 가지고 있는 유리한 부분'이 강점이 될 수 있다. 아르바이트나 인턴십 등을 통해 직무경험이 풍부하다든지, 전공 관련 프로젝트 경험과 공모전에서 수상한 경험, 전 직장에서 우수사원으로 선정된 등의 내용은 자신의 강점으로 작용할 수 있다. 예를 들어 무역직의 경우 무역학을 전공한 것 외에도 다른 경쟁자들과 비교하여 외국 현지체류 경험이 있다거나, 무역 관련 회사에서 인턴십을 하며 무역업무를 현장에서 경험했다는 것은 큰 강

점이 될 수 있다.

W(weakness)는 약점으로, '취업을 하는 데 있어 불리하게 작용할 수 있는 부분'이다. 기술직 엔지니어인 경우 관련 자격증이 없으면 채용공고에서 관련전공자 및 관련자격증 소지자라는 지원 대상의 결격사유에 해당하므로 서류전형 시 바로 탈락하곤 한다. 이처럼 성적이 좋지 않거나, 관련 자격증이 없는 등 흔히 말하는 스펙과 연관이 있다. 취업을 위해 갖추어야 할 스펙 9종 세트에 학벌, 학점, 토익, 어학연수, 자격증, 공모전 입상, 인턴 경력, 사회봉사, 성형수술이 들어가는데 이러한 스펙은 약점과 연관이 있을 수 있다. 아무리 취업에 자신감이 있다고 하더라도 자신의 능력을 객관적으로 평가받을 수 있는 자료들이 없다면 바로 약점으로 작용할 수 있다.

O(opportunity)는 취업하는 과정에서 기회요인으로 작용할 수 있는 부분으로 주로 외부환경과 관련된다. '우리 지역에 혁신도시가 생겨 지역인재채용으로 다른 지역학생들보다 취업 기회가 풍부하다', '카타르발 액화천연가스(LNG) 운반선 100여 척 수주 등 조선산업이 조금씩 살아나면서 후판과 선박엔진, 페인트 등 후방산업도 활기를 되찾을 전망이다' 등은 기회요인이 될 수 있다. 이는 자신의 스펙보다는 외부환경과 관련이 있는 것으로 업종분석과 기업분석을 통해 기회요인을 찾아내야 한다.

T(threat) 역시 외부환경에서 오는 부분으로, 주변에 존재하는 위협요인을 말한다. '대기업들이 수시채용으로 전환', '내년에는 이공계 채용 감소', '나이 제한 기업 증가', '한일관계 악화로 인한 일본기업 해외인턴십 기회 감소' 등은 위협요인으로 분류할 수 있다. 세계 경제 추이, 환경변화, 고용동향, 기업환경, 경쟁사, 4차 산업혁명, 직업의 전망, 시대별 가치관의 변화 등 환경 요소가 위협요소로 작용할 수 있다. 따라서 최신 정책과 트렌드를 살펴 환경 요소에 따른 분석을 해야 한다.

커리어로드맵을 작성하려면 다음 〈표 5.3〉 SWOT 분석으로 강점, 약점, 기회, 위협요인을 정리해보자.

〈표 5.3〉 SWOT 분석표

강점/STRENGTH	약점/WEAKNESS
기회/OPPORTUNITY	**위협/THREAT**

〈표 5.4〉 SWOT 분석표 예시

강점/STRENGTH	약점/WEAKNESS
• 중국어(HSK 9급, 회화 중상) • 중국 교환학생 및 현지경험 • 중국 거래처 인맥 • 도전정신 · 창의력 · 추진력 • 제안서를 작성해본 기획력 • 낙관적인 태도	• 환경 영역 비전공자임 • 전문지식, 화학 등 이과 쪽 지식 없음 • 관련 인맥이 적음 • 정확한 방향 못 잡고 있음 • 나만의 독특하고 특별한 무기가 적음 • 하고 싶은 걸 다 할 만큼 집에서 지원 어려움
기회/OPPORTUNITY	**위협/THREAT**
• 중국 11.5 이후 환경규제 강화 • 중국 환경시장에 대한 기업과 정부의 관심 고조 • 중국 전문가에 대한 수요가 날로 많아짐 • 시장의 엄청난 잠재력	• 중국 환경시장에 뛰어든 한국 업체가 많음 • 환경에 대한 중국 정부의 정책 변수가 많음 • 중국 환경시장에 대한 체계적인 연구 부족 • 중국 인민의 환경에 대한 인식 부족

4

어떻게 커리어로드맵을 그릴 것인가?

(1) 커리어로드맵 작성방법

커리어로드맵은 마인드맵(mind-map)처럼 다양한 내용을 생각나는 대로 그리는 것보다 우선 가장 당면한 과제인 취업전략이 들어갈 수 있도록 작성하는 것이 좋다. 커리어로드맵을 너무 광범위하게 가져가면 마인드맵이 되어 집중성이 저하되므로 취업전략과 관련된 부분만을 커리어로드맵으로 작성한다.

커리어로드맵은 4단계에 걸쳐서 작성해야 한다.

① 1단계

커리어로드맵의 중심에는 자신의 최종 목표가 들어가도록 그린다. 자신이 가고자 하는 목적지를 정하는 것이 첫 번째 출발점이 되므로 자신이 하고자 하는 일, 즉 직무가 출발점이 된다. 신입이 아닌 경력직의 경우 이미 직무관련 경험이 있고 그 경험을 살려서 이직을 해야 하므로 중심에는 자신이 가고자 하는 기업명이 들어갈 수 있다. 간호사, 물리치료사, 약사 등과 같은 보건계열처럼 지원직무와 직접적으로 연관된 전공자들은 중심에 직무보다는 희망 기업명이 들어갈 수 있다.

② 2단계

원하는 기업에서 원하는 일을 하고 있는 모습을 상상해보고 그린다. 명

절에 고향에 내려갈 때 평소보다 두 배, 심지어 다섯 배 이상의 시간이 걸려도 내려가는 것은 왜일까? 그것은 목적지가 있고 그곳에 가면 나를 반기는 가족들이 있기 때문이다. 이처럼 자신이 미래에 성공한 모습을 그려보면 지금 당장 놀고 싶고 쉬고 싶어도 참고 취업준비를 할 수 있다.

③ 3단계

SWOT 분석 내용을 커리어로드맵 양식에 옮겨 적는다. 자기탐구, 직무분석, 기업분석, 산업분석 등을 통해 SWOT 분석 내용을 바탕으로 커리어로드맵에 좀 더 구체적인 내용이 들어갈 수 있도록 그린다. 위치는 크게 관련이 없지만 우측 상단이나 좌측 상단에 배치하면 전략을 수립한 내용을 연결해서 볼 수 있어 한눈에 들어온다. 취업전략이 강점과 기회를 살리고 약점과 위협을 보완하는 측면으로 이루어지므로 자신에 대한 강약점을 분석한 SWOT 분석 내용이 들어가는 것이 좋다. 시간이 부족하여 SWOT 분석을 하지 못할 경우 자신이 원하는 직무 및 기업을 분석한 내용을 적는다. 이 부분은 여행을 할 때 목적지를 정하고 목적지에 맞는 여행경비와 여행용품을 챙겨서 가방을 꾸리는 것과 같다. 1단계에서 중심에 자신이 하고자 하는 일이 들어간다면 하고자 하는 일은 어떤 일인지, 어떤 자격증과 어떤 직무관련 요건이 필요한지에 대해 조사한 내용이 들어가야 구체적인 취업전략을 수립할 수 있다.

④ 4단계

취업전략에 해당하는 부분으로, 중심에 그린 이미지를 달성하기 위한 구체적인 실행계획이 들어간다. 예를 들면, 지식 쌓기, 경험 쌓기, 인성 쌓기, 외국어 및 봉사활동 등의 분야로 구분하여 취업전략을 수립해나간다. 자신이 선택한 직무가 그저 막연한 꿈이 아닌 실현 가능한 비전처럼 보이기 위해서는 실행계획이 필요하다.

꿈과 비전은 비슷해 보이지만 엄연히 다르다. 꿈은 이룰 수 없는 막연한 이상에 가깝지만, 비전은 실제 행동으로 옮겨서 이룰 수 있는 것을 말한다. 그렇기 때문에 기업들도 '우리 기업의 꿈!'이라고 하지 않고 '우리 기업의 비전'이라는 단어를 사용한다.

기업도 발전을 위해 비전을 가지고 그것을 달성하기 위한 미션을 가지고 있는 것처럼 자신이 선택한 직무에 취업하기 위해서는 행동 미션이 필요하다. 그것이 바로 실행계획이다. 실행계획이 빠진 커리어로드맵은 비전이 아니라 이룰 수 없어도 좋은 하나의 꿈을 그려놓은 것과 같다. 따라서 실행계획은 실천이 가능하도록 짜야 행동으로 옮길 수 있으므로 구체적인 실행계획을 수립하는 것이 좋다. 실행계획을 수립했다면 비전선언서를 만들어 책상이나 지갑에 넣어두고 항상 자주 볼 수 있도록 하여 자신이 해야 할 일을 잊지 않도록 하자.

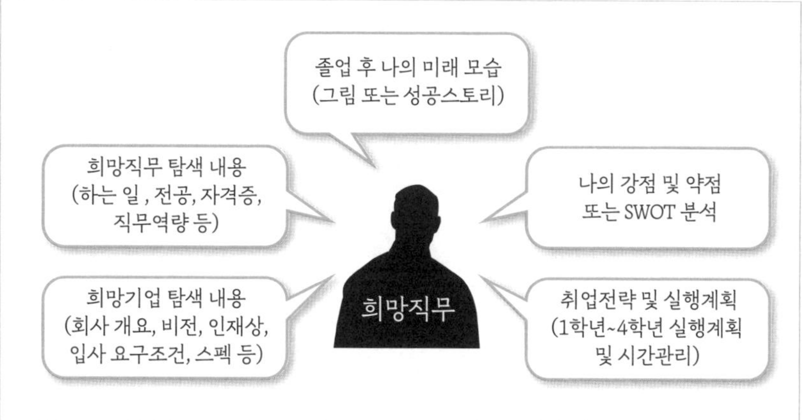

〈그림 5.2〉 커리어로드맵 구성내용

(2) 커리어로드맵 사례 보기

먼저 〈그림 5.3〉은 자유롭게 작성한 커리어로드맵으로 별도의 서식이나 작성방법에 구애받지 않고 자신이 생각나는 대로 작성한 예시다. 왼쪽의 사진은 마인드맵처럼 마음에 지도를 그리듯 작성한 것이다. 치위생사의 경우 자신의 전공이 졸업 후 해당 직무로 이미 정해져 있다 보니 커리어로드맵 중심에 직무보다는 자신이 가고 싶은 희망 기업명이 들어가 있다. 아쉬운 점은 내용은 많지만 구체적인 취업전략이 빠져 있다 보니 실행력이 부족할 수 있다. 오른쪽 사진은 커리어로드맵 2단계인 미래에 성공한 모습과 성공스토리가 잘 그려져 있다. 다만 직무관련 SWOT 분석 내용이 빠져 있어 실행계획을 세우지 못해 커리어로드맵을 그렸음에도 학년별 취업전략을 다시 짜야 하는 번거로움이 있다.

〈그림 5.4〉는 직무 및 기업분석을 바탕으로 SWOT 분석 내용이 들어가 있어 학년별 취업전략이 구체적으로 들어가도록 커리어로드맵을 그렸다.

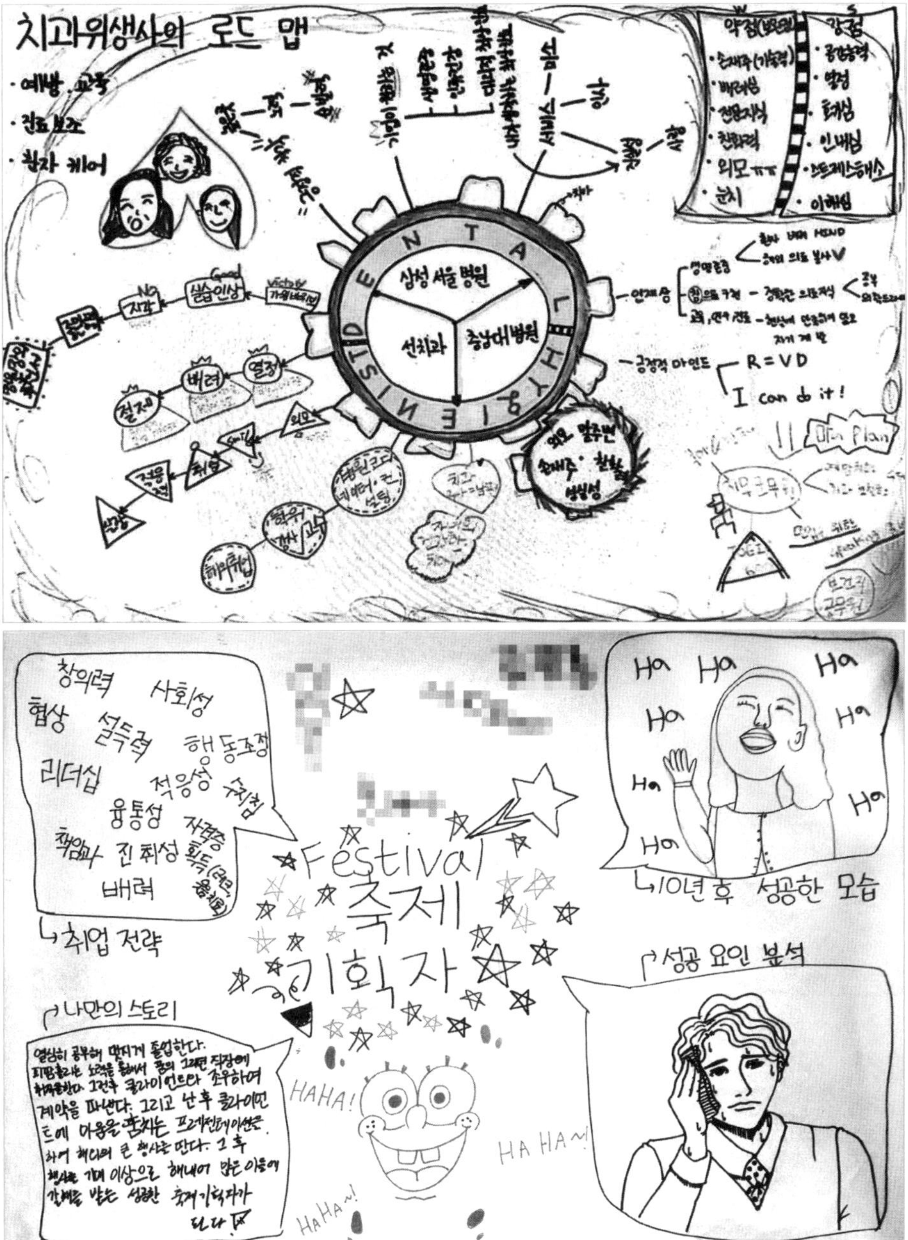

〈그림 5.3〉 자유형식 커리어로드맵 예시

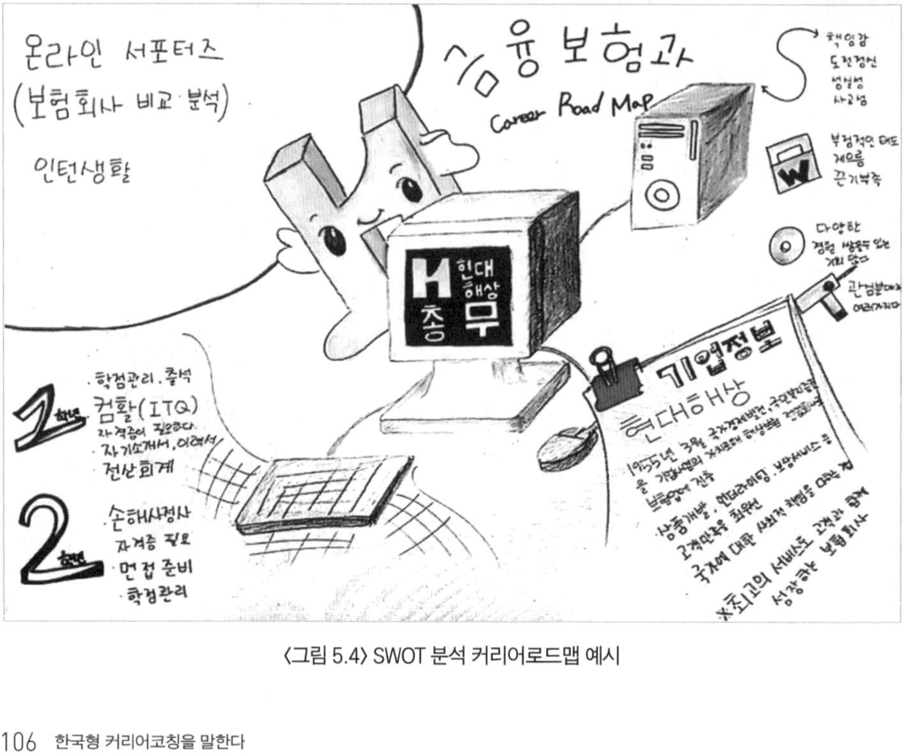

〈그림 5.4〉 SWOT 분석 커리어로드맵 예시

성찰질문

아래의 다섯 가지 질문에 스스로 답해보시기 바랍니다.

1. 커리어로드맵(Career Roadmap)이란 무엇인가?
2. 커리어로드맵을 그려야 하는 이유는 무엇인가?
3. 커리어로드맵을 통해 대상자에게 어떤 가치를 강화할 수 있는가?
4. 커리어로드맵을 그리는 과정은 구체적으로 어떻게 되는가?
5. 다른 사람들은 어떻게 커리어로드맵을 만들어왔는가?

참고문헌

강길훈(2011), 「청년층 직업지도 프로그램 참가자의 만족도와 효과성에 관한 연구」, 『인적자원개발연구』 제14권 제1호, 한국인적자원개발학회.

윤영돈(2020), 『너만의 커리어로드맵을 그려라』, 브런치.

최진희 · 윤찬진 · 강현규(2012), 『올댓취업』, 매일경제신문사.

폴정(2012), 『폴정의 코칭설명서』, 아시아코치센터.

Gillian Jones and Ro Gorell(2016), 『최고의 코칭스킬 50』(*Top Tools for Coaching*, 3rd edition), 이호재 · 김진욱 · 조한용 역, 좋은땅.

III
PART
커리어코칭의 핵심 기술

한혜정

6. 커리어코칭의 경청 기술

1 커리어코칭의 경청하기

(1) 경청 이해하기

코칭은 스스로 주인공임을 깨닫는 시간이다. 자신만의 퍼즐을 맞추어 가면서 미래를 그리되 무한한 가능성을 믿고 찾아가는 것이다. 코칭에서의 경청은 라포를 형성하고 소통의 길을 여는 중요한 요소다.

듣지 못하면 서로 이야기가 빗나가고, 들으면서도 집중하지 못하게 되며, 다른 소리를 하게 된다. 도아마 시게히코는 “귀 기울여 경청하는 일은 사람의 마음을 얻는 최고의 지혜다”라고 하며 듣기가 총명함의 시작이라고 했다.

의사는 경청하는 사람이다. 아파서 온 환자는 의사한테 어디가 아픈지, 어디가 안 좋은지, 언제부터 그랬는지 줄줄이 말한다. 그것을 듣고 의사는 진단을 시작한다. 필요한 경우에는 검사도 하지만, 대부분 환자의 말을 통해 정보를 얻는다. 의사는 경청이 필요한 사람이다. 아픈 사람의 말을 듣고 육체의 아픈 것을 치료하는 것에 앞서 마음의 어려움을 시원하게 풀어줄 때 단골이 되기도 하고 다시는 찾지 않기도 한다. 경청은 단순히 듣는 것이 아니라 상대방에게 공감하고 그 마음과 감정으로 의도를 들어주는 것이다. 우리는 관계의 존재임에도 자신의 해석으로 들으면서 경청을 잘하고 있는 것으로 착각한다.

군대를 갔다 온 사람들은 이야기할 때 신이 난다. 서로 공유하는 부분이 있어서인지 라포 형성도 빠르고 언제, 어디에 배속되었는지를 이야기하면 바로 선 · 후배가 되기도 하고 말도 바로 놓고 오랜 친구처럼 터놓고 이야기한다. 그 세계를 알지 못하는 사람의 입장에서 바라보면 그 정도의 공감을 형성하는 '군대'는 그들만의 마음을 울리는 공감공간임에 틀림이 없다. 군인들이 복창하는 모습을 보면 왜 그렇게 하는 줄 몰랐을 때는 군인만의 방법인가 했다. 명령을 자신의 생각으로 받아들여 엉뚱한 사태가 벌어지지 않도록 명령받은 것을 그대로 복창하고 실시하는 것은 경청의 기본이다. 자신의 해석으로 전달하고 상대방은 다른 생각으로 받아들여 엉뚱한 결과를 낳는 것을 보면 군인의 복창은 실수하지 않는 방법이다. 잘 전달하고 바르게 인식했는지를 확인하는 것이 중요한 것임을 군대에서 배우는데, 사회나 가정으로 돌아오면 그 습관은 원래대로 복귀된다.

경청은 사전적 의미로 '듣다', '귀를 기울여서 듣다', '집중하다', '주의하다', '관찰하다', '초점을 맞추다'라는 의미를 모두 포함하는 것으로 의사소통은 경청에서 시작된다. 잘 들어야 통한다.

경은 기울 경(傾)으로 사람 인(人) + 잠깐 경(頃),
청은 들을 청(聽)으로 귀 이(耳) + 천간 임(壬)+덕 덕(悳)
따라서 경청은 '보고 듣고 느끼는 것'

경청에는 '사람에게 귀를 기울여서 듣고 용서하고 살피다'라는 뜻도 포함되어 있다. 소통에 필요한 듣기, 말하기, 읽기, 쓰기 중에서 듣기가 잘 되어야 관계를 잘 유지하게 되고 말도 잘하게 된다. 그래야 정확한 의도를 알고 소통의 시간이 될 수 있기 때문이다. 사람을 귀히 여기는 마음인 '인애(仁愛)'가 바탕이 될 때 상대방을 존중하고 자신도 존중받는 시간이 될 수 있다.

(2) 듣기와 경청 이해하기

사람이 태어날 때 가장 먼저 열리는 것이 귀라고 한다. 귀는 가장 먼저 발달하고 가장 늦게까지 남아 있는 기관이다. 엄마 배 속에 있을 때 가장 먼저 발달하는 감각기관은 청각으로, 가족들 말소리도 듣고 주변 소리도 다 듣는다고 한다.

태아가 본능으로 반응할 때도 엄마는 전신으로 아이의 반응에 따라 움직인다. 귀는 관심을 갖고 집중하는 것에는 매우 작은 소리여도 들을 수 있다. 사적인 경험 하나를 소개한다. 아들이 태어나서 6개월까지 낮과 밤이 바뀌고 새로운 생활에 적응하느라 늘 피곤한 상태였다. 남편도 힘들기는 마찬가지였는데, 아이로 인해 행복하지만 피곤한 시간을 보내고 있었다. 어느 날 남편이 몸살로 끙끙 앓는 소리를 냈지만 몸이 움직여지지 않았다. 그런데 아들의 끙 하는 소리에는 자동으로 일어나서 안고 있는 나를 보면서 남편은 자기도 아픈데 아는 체 안 하고 아이의 소리는 들리냐고 했다. 그러고 보니 아이의 소리는 작았는데도 크게 들렸고, 남편의 소리는 들리지 않은 것이다. 즉, 집중하고 관심을 갖고 있으면 그 소리가 더 잘 들린다. 이러한 귀의 기능과 더불어 상대방에 대한 관심이 경청을 하게 되고 소통이 된다. 무의식중에 의식의 초점을 상대방에게 맞추는 것이다.

대화 중에는 집중하지 않으면 듣다가 말다가 한다. 다른 생각으로 가득하면 더 들리지 않는다. 충격을 받았을 때도 잘 들리지 않을 뿐 아니라 자신의 생각에 빠지게 된다. 따라서 마음이 복잡할 때는 대화를 멈추는 것이 좋다.

스스로의 생각을 들어보는 것도 좋은 경청 훈련이 될 수 있을 뿐 아니라 방해되는 것을 없앨 수 있는 좋은 방법이다. 사람은 들리는 대로 이해하고 받아들인다. 수업을 하고 나서 들은 것을 다시 이야기하도록 해보면 다르게 받아들여 이해한 것을 보게 된다. 즉, 듣는 방식이 제각기 다르다는 것을 알게 된다.

커뮤니케이션은 주고받는 것이다. 말을 할 때는 상대방의 입장에서 생각하고, 말을 들을 때는 귀 기울여 들어주는 태도가 필요하다.

(3) 커리어코칭의 경청

듣는 것에서 시작하여 상대방의 마음을 열어서 대화를 하게 되는 경청은 관찰(觀察)로부터 시작된다. 관찰은 보고 살펴야 하는데, 이것은 관심으로부터 시작된다. 상대방을 존중하는 마음을 배경으로 하지 않으면 있는 그대로 수용하고 살펴보기 어렵다. 관찰은 눈으로 보고 발견하는 데서 깨달음을 얻어서 개선하는 것이라고 할 수 있다.

보통 사람들은 자신의 경험에 따라 생각하게 마련이다. 아는 만큼 보이는 것이다. 이러한 경향은 일상생활뿐만 아니라 업무를 할 때도 영향을 미친다. 그래서 제대로 경청을 하기 위해서는 어떤 만남의 처음 시작부터 끝까지 선입관을 가지지 않으려고 노력하는 것이 중요하다. 당연한 것일수록 호기심을 가지고 '다시 보기'를 해야 한다는 말이다.

코칭에서는 자신의 관점을 관철하고 싶은 유혹을 버려야 한다. 다년간의 경험에서 비롯된 정보라 할지라도 경청을 통해 더 많은 정보와 아이디어를 수용하려는 열린 마음을 가져야 새롭게 볼 수 있는 눈이 생긴다.

커리어코칭에서 코치는 상대방의 거울로 스스로 맑고 깨끗함을 유지할 때 서로 에너지 넘치는 시간을 갖게 된다. 그러기 위해 경청의 다섯 가지 요소를 살펴보고자 한다.

첫째, 사실을 듣는 것이다. 사실을 있는 그대로 인정하는 것이다.

둘째, 감정을 듣는 것이다. 감정은 상대방의 느낌을 함께 공유하고 공감하는 것이다.

셋째, 내면의 흐름을 듣는 것이다. 이런저런 이야기를 해도 맥락이 무엇인지 파악하면서 듣는 것이다.

넷째, 헤아려 듣는 것이다. 사람은 자신을 드러내는 데 시간이 필요하다. 신뢰가 쌓인 상태여도 같은 마음과 생각으로 들으려는 의지가 필요하다.

다섯째, 숨은 의도를 듣는 것이다. 스스로도 모르는 채 이야기할 수 있다. 그와 함께 무의식중에 자신이 원하는 의도가 발견되도록 듣는 것을 말한다.

사람은 자신의 이야기를 하려고 하지 다른 사람의 이야기를 듣는 것이 쉽지 않다. 스스로는 경청을 잘한다고 생각하지만, 실제로 상대방의 이야기를 들어보면 자신들의 말을 들어주지 않는다고 답한다. 공감으로 하나가 될 때 서로 성장하는 좋은 에너지를 공유하게 된다.

(4) 커리어코칭에서의 경청 방법, 태도와 수준

① 5F로 듣기

경청 시 마음을 다해서 상대방과 하나가 될 때 진정한 코칭이 될 수 있

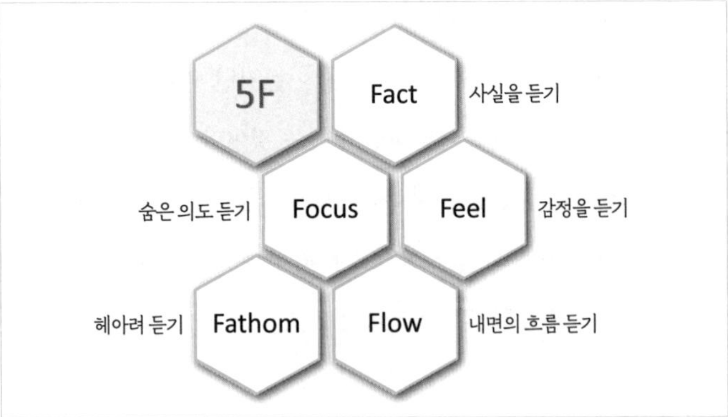

〈그림 6.1〉 5F로 듣기

다. 경청은 사실을 듣고, 감정을 들어보아야 하며, 내면의 흐름과 숨은 의도를 듣되 헤아려 들어야 한다. 이름하여 5F로 들어야 한다.

② 경청 방법

사람은 살아오면서 자신의 경험을 바탕으로 상대방을 해석하는 습관이 있다. 그래서 코치는 상대방이 스스로 발견하도록 깨끗한 거울이 되어주어야 한다. 그러기 위해서는 경청 시 해석이나 비판하지 말고 눈을 마주친다. 호기심을 갖고 관찰하면서 상대방의 말을 따라 한다. 상대방의 끝말을 따라 하면서 내용을 요약해서 이야기한 것이 맞는지 확인한다.

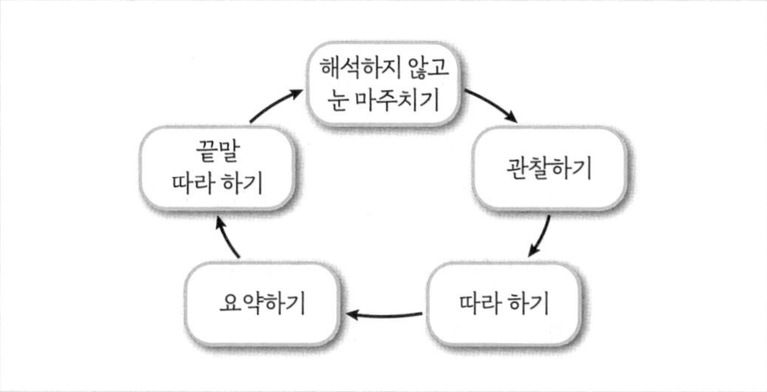

〈그림 6.2〉 경청 방법

③ 경청 태도

경청은 상대방을 향한 관심과 집중이 필요하다. 먼저 귀로 들어야 하고, 대화 중에도 입으로 들어야 한다. 더 중요한 것은 마음으로 듣는 것이다. 사람은 자신의 마음을 알아주는 사람과 더 이야기하고 싶어 한다. 그렇게 하나가 되는 마음으로 전달되고 몸으로 듣게 될 때 비로소 함께 성장한다.

〈그림 6.3〉 경청 태도

④ 경청의 수준

경청의 수준은 성향과 습관에 따라 다르지만 훈련을 통해 달라질 수 있다. "타인을 만족시키는 가장 탁월한 방법은 그들의 말을 경청하는 것이다. 말하고 명령하는 것이 지난 세기의 방법이었다면, 귀 기울여 경청하는 것은 21세기의 방법이라 할 수 있다"라고 한 톰 피터스의 말을 보더라도 현대에는 경청이 중요할 뿐 아니라 상대방을 이해하고 대상자를 돌아오게 하는 것이 경청에 있다고 보아야 한다. 최고의 듣기는 최고의 팔로우를 갖게 한다.

2

경청을 방해하는 요소

모더니즘으로 20세기의 객관적인 지식관을 갖게 되면서 우리의 경험과 합해져서 있는 대로 보는 잣대가 생기기 시작했다. 포스트모더니즘 시대로 접어들면서는 사람들 간의 합의로 지식이 구성되어 절대적 지식은 존재하지 않는다고 간주하면서 이성적 · 합리적 판단력을 강조하고 독특한 느낌, 감정, 상상력 등 인간이 고유하게 갖고 있는 것들과 균형을 이루는 것을 방해하게 되었다. 인간은 신이 아니므로 오류가 있을 수밖에 없다. 따라서 균형을 갖고 다양성을 인정해야 한다. 우리의 성향과 성격에 맞추어 맞다거나 맞지 않는다고 판단할 수 없다. 그 이유는 단점이라고 생각하는 이면에는 장점이 있기도 하기 때문이다. 경청을 할 때는 판단을 지양해야 하지만, 함께 코칭 과정을 진행할 때는 무엇보다 '옳고 그름'에 대한 경계를 갖는 것이 필요하다. 코치의 경험이 개입되기보다는 대상자의 잠재력을 깨우는 개입이 필요하기 때문이다. 이때 발현되는 것이 판단이다. 복잡한 상황에서는 복잡성을 고려하여 현상에 자신을 맞추면서 맥락을 고려해야 한다. 이른바 통찰적 경청이 필요하다.

상대방에 대한 관심과 적극적으로 듣지 않으면 들리지 않는다. 경청을 방해하는 요소들을 살펴보자.

(1) 경청을 방해하는 반언어 · 비언어 이해하기

사람들은 의사소통 시 말과 음성, 표정, 눈빛, 자세, 몸짓 등을 통해 자신을 노출시킨다. 상대방은 말을 통해 전달되는 메시지보다 목소리, 억양, 표정, 몸짓, 말하는 자세, 억양, 어조 등과 같이 반언어적 표현과 비언어적 표현에 의해 의미를 파악하게 된다.

반언어적 표현의 특성으로는 첫째, 강세에 따라 의미의 차이가 있다. 예를 들어 엄마가 아들에게 심부름을 시켰을 때 "싫어"라고 말한다면 고함을

〈표 6.1〉 반언어적 · 비언어적 표현의 유형

인물	반언어적 표현	비언어적 표현
권대호 (2011)	• 부차언어 (발화 속도, 강세, 억양, 목소리 크기, 휴지, 담화 표지)	• 신체언어 (시선, 표정, 제스처, 자세, 신체적 특징, 신체접촉) • 상황언어 (공간, 시간, 감각 요소)

자료: 권대호(2011), 「발표 활동의 비언어적 표현 특징과 교육방법」, 한양대학교 석사학위논문.

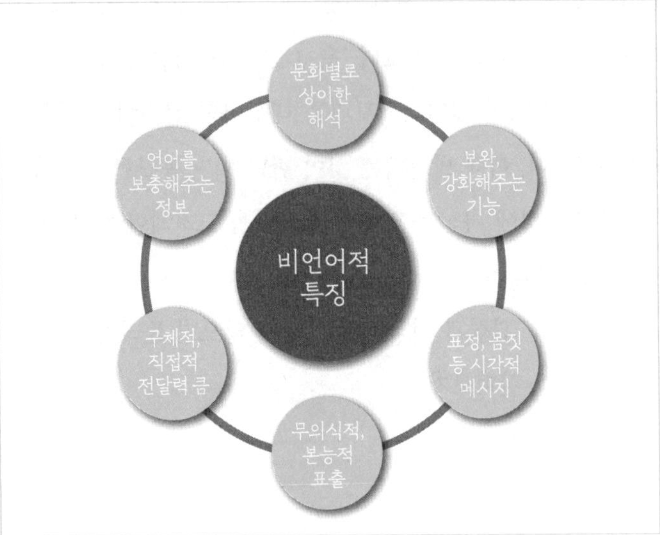

〈그림 6.4〉 비언어적 표현의 특징

지르듯 큰 소리로 말할 때와 가볍고 명랑한 목소리로 말할 때 의미가 서로 다르다. 또 다른 단어를 사용할 때도 어느 낱말에 강세를 주느냐에 따라 그 의미가 완전히 다르게 들릴 수도 있다. 둘째, 사람의 감정 상태가 목소리에 들어 있다. 화가 났거나, 기운이 없거나 등에 따라 다르게 말하게 된다.

몸짓과 자세, 신체접촉에 담긴 의미, 표정이나 눈빛으로 전달되는 비언어적 표현은 시대와 공간, 나라에 따라 다를 수 있다. 말의 느낌, 즉 목소리의 크기, 빠르기, 높낮이, 말투 등을 조절하여 말만으로 부족했던 반쪽을 채워주는 것으로 기쁨, 즐거움, 화남, 반가움 등 다양한 감정을 말과 함께 더 자연스럽고 효과적으로 나타낼 수 있다.

(2) 경청을 방해하는 아홉 가지 요소

커리어코칭에서의 경청을 방해하는 아홉 가지 요소를 살펴본다.

충고하기	자신의 지식이나 관점에 따라 조언하거나 충고하게 되면 상대방은 자신의 생각과 달라 갈등이 생기고, 권위에 따라 할 수 없이 따르게 되면 진정한 코칭이 되지 않는다.
해석하기	마음을 읽어야 하는데 자신의 방식으로 해석하게 되면 메시지에 집중할 수 없다. 자신이 개입되기 때문이다.
단정하기	대상자의 말이 끝나기 전에 자신의 생각으로 결정을 내리면 본인의 의도와 다르게 반응할 뿐 아니라 순수하게 자신을 드러내지 못하고 생각에 방해를 받게 된다.
판단하기	코치가 순수한 마음으로 대상자와 하나가 되는 것을 방해한다. 습관적으로 듣고자 하는 내용을 들으려 하는 것에서 벗어나야 경청이 올바로 된다.
선입견 가지기	코치의 고정관념이 표면에 드러나지 않지만 새로 만난 사람으로 인식해야 판단하지 않는다. 몇 마디 나누어보고 섣불리 판단하지 않도록 주의해야 한다.
다른 생각하기	코치가 개인 사정으로 복잡한 경우나 개인적인 상상을 하는 경우 제대로 들을 수 없게 된다. 코칭시간이 되기 전에 머리를 맑게 하는 것이 필요하다.
끼어들기	말이 끝나기 전에 코치가 말을 자르는 것은 피해야 한다. 또 주제에서 벗어나는 말은 하지 않는 것이 좋다.
비교하기	메시지와 무관한 내용이나 상황, 사항 등을 비교하지 말아야 한다. 순수한 것이 좋은 코칭이 된다.
자기주장하기	우리는 누구나 자신의 의견을 관철하려는 경향이 있다. 대상자가 잘못 가고 있다고 생각할 때 더욱 자신의 주장을 하게 된다. 주인공은 대상자라는 사실을 잊지 말아야 한다.

3

커리어 코칭에서 경청과 대화 모델의 관계

코칭은 대화 모델을 통해서 질문하고 경청하고 피드백을 하게 된다. 그 관계를 살펴보도록 한다. 코칭은 질문을 하기 전부터 라포 형성이 시작된다. 경청은 언어적 비언어적 표현을 다 포함하지만 먼저 대상자의 잠재력을 깨우는 데서 일조한다.

(1) 경청은 '있는 그대로'에서 잠재력 깨우기

대상자의 경험, 상황, 독특함, 복합적인 면을 고려하고 스스로 바라볼 수 있는 통찰력이 필요한데, 이렇게 할 수 있는 근거는 '진정성'이라고 볼 수 있다. 스스로에 대한 신뢰를 회복하고 판단하기보다는 자신의 입장을 투사해서 "내가 이 말을 하면 다른 사람은 어떻게 느낄까?" 등 나의 생각을 다른 사람의 입장에서 점검해보는 것도 필요하다. 이때 구체적 상상력은 왜곡된 부분도 다시 보게 하고 통찰력이 생기는 기회를 준다.

대화 중에 공평성을 유지하기 위해서는 편견을 제거해야 하는데, 성향에 따라 외부적인 영향을 받을 수도 있으므로 자율성이 포함된 현상을 바라보는 다양성을 인정하는 것이 중요하다. 잘 듣기 위해서는 명확하게 질문하는 것이 필요하다. 다른 사람과 진실하게 의사소통을 하려면 '내 주장이 진리가 아니다'라는 것을 깨달아야 한다. 그렇지만 자신의 생각은 정확하게 표시해야 한다. 이야기가 부분적으로는 맞고 부분적으로는 틀리다는 것은 결국 '불완전하다'는 것이다.

인간은 완전할 수 없지만 온전할 수는 있다. 완전하려고 하면 비교의 대상을 갖게 되고 경쟁하게 된다. 온전한 것은 비교가 아니라 내 안에서 최선을 다하는 것이다. 코칭은 대상자 안에 있는 잠재적인 가능성을 발견하도록 돕는 것이다. 있는 그대로 수용하고 확장할 수 있도록 긍정적 자극으로 불가능하다고 생각했던 것들을 이루어내는 가능성의 세계로 진입이 가능하며 자신의 성장도 이루어진다.

(2) 경청과 코칭대화 모델 관계

코칭은 대상자의 가능성을 믿고 시작한다. 코칭대화 모델을 통한 코칭 과정은 질문으로 시작하지만 경청이 코칭 과정을 이끌어간다. 경청이 잘 되어야 질문을 잘할 수 있기 때문이다. 코칭대화 모델 프로세스를 잘 인식하고 질문하면서 경청이 이루어져야 함께 성장하는 코칭이 된다. 예를 들면 R-GROWS 코칭대화 모델에서 경청은 라포가 형성되기 전부터 시작되는 것이다.

〈그림 6.5〉 경청과 R-GROWS 코칭대화 모델의 관계

대화 모델에서는 단계별 질문을 통한 경청을 하게 되는데, 질문에 대한 내용은 7장에서 자세히 살펴보도록 한다.

성찰질문

아래의 다섯 가지 질문에 스스로 답해보시기 바랍니다.

1. 커리어코칭에서 경청은 어떤 의미인가?
2. 경청을 하는 코치는 어떤 자세로 임하는 것이 좋은가?
3. 코칭 시 경청을 잘하기 위한 향상기술에는 어떤 것이 있는가?
4. 어떤 경청 자세로 임할 때 좋은 코칭이라고 생각되는가?
5. 다른 코치에게 추천하고 싶은 경청 방법이 있다면?

참고문헌

김현정(2011), 「도덕적 판단력 향상을 위한 문화비평 수업모형」, 이화여자대학교 석사학위논문.

도야마 시게히코(2019), 『경청의 인문학』, 신희원 역, 황소부스.

래리 바커, 키디 왓슨(2019), 『경청의 힘』, 윤정숙 역, 이아소.

서유미(2016), 「초등 저학년생의 공감 능력향상을 위한 드라마 프로그램 개발 연구: 경청교육을 중심으로」 서울교육대학교 교육전문대학원 석사학위논문.

신동윤 한자로드, 네이버 한자사전.

이기종(2005), 「반언어적 표현과 비언어적 표현에 대한 교육방법 연구」, 국민대학교 교육대학원 석사학위논문.

이승주(2009), 「도덕적 실천을 위한 도덕 판단력 교육 연구」, 경상대학교 석사학위논문.

정명희(2014), 「유아의 경청 성품 교육프로그램이 또래 상호작용에 미치는 효과」, 한국외국어대학교 교육대학원 석사학위논문.
폴정, 「마음과 의식을 움직이는 3F 경청기법」, 『월간 HRD』 2009년 7월호.

최성남

7. 커리어코칭의 질문 기술

1 커리어코칭에서 사용하는 질문의 힘

(1) 질문의 초점

『마법의 코칭』 저자인 에노모토 히데타케 코치는 코칭을 "질문형 커뮤니케이션"이라고 했다. 코칭 과정에서 질문은 대상자의 목적을 확인하고 목적달성을 위한 목표설정과 실행계획을 수립하게 해준다. 실행 과정에서는 수립한 계획대로 진행하고 있는지, 그렇지 않다면 무엇이 문제인지, 다시 방향을 잡기 위해서는 무엇이 필요한지 대상자 스스로 찾을 수 있도록 도와주기도 한다.

국어사전에서는 질문을 "의문이나 이유를 물음"으로 정의하고 있다. 이는 궁금한 것에 대한 답을 원할 때 하는 행위라고 할 수 있는데, 좀 더 깊이 있는 질문의 의미는 각 한자어의 뜻을 살펴보면 알 수 있다. 질문(質問)에서

질(質)은 '본질(本質)', '바탕'이라는 뜻을 품고 있고, 문(問)은 '묻다', '찾다'라는 뜻을 품고 있다. 각 한자어의 뜻을 통해 질문은 "본질이나 근본적 바탕을 묻고 찾는 행위"라고 정의할 수 있다. "사람은 질문하는 것으로 무엇을 알게 된다"라는 영국 속담을 통해서도 질문의 의미를 알 수 있다.

그렇다면 질문을 통해 '무엇이 본질이고 근본적 바탕이며, 무엇을 찾아 어떻게 실행할 수 있게 하는가?'라는 물음에 대해 생각해보자.

질문은 'Who(자아성찰)'와 'What(정보탐색), How(방법 찾기)' 사이의 어느 지점에서인가 답을 이끌어낸다. 대상자가 내면의 자아와 만나게 하고 자아성찰을 하게 하는 질문의 초점은 'Who(자아성찰)'에 위치하고, 무엇을 실행할 것인지와 구체적인 실행방법 찾기는 각각 'What(정보탐색)'과 'How(방법 찾기)'의 초점에 위치한다.

모든 질문은 이 초점들의 어딘가에 위치하게 된다. 정보를 얻거나 숙고를 통한 자아성찰을 위해 어떤 사람에게 말하는 의문형의 문장으로 된 커뮤니케이션 방법이 질문이다. 이러한 질문은 대상자와의 상호작용으로 이루어지는데, 대상자의 자아성찰을 촉진하기 위해서는 코치의 깊이 있는 질문 기술이 필요하다.

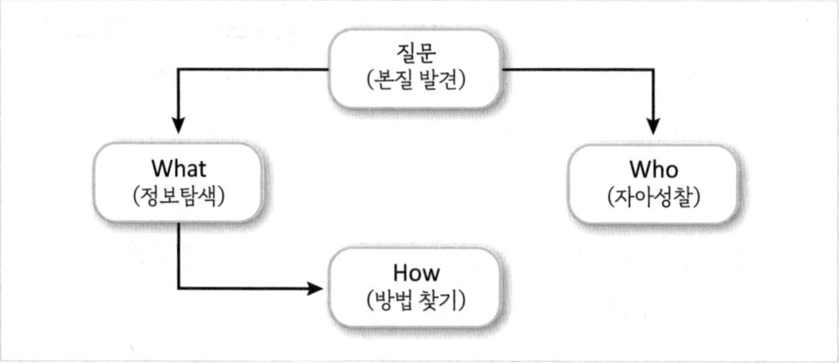

〈그림 7.1〉 질문의 초점

깊이 있고 수준 높은 코치의 질문은 코칭 과정에서 초점과 방향을 유지하고, 질문을 통해 대상자는 대부분의 사실을 발견하고 성찰 과정을 거치며 변화와 성장을 경험하게 된다. 코치마다 질문의 유형, 전달 방법, 표현 방식이 다르지만 모든 코칭 질문은 대상자가 결과를 도출하도록 안내한다. 그러므로 코치는 꾸준히 질문 기술을 향상시키기 위해 노력해야 한다.

"커리어코치의 질문 초점은 어디에 위치하는가?"

(2) 질문의 촉진

효과적인 질문은 대상자가 원하는 목표를 성공적으로 달성할 수 있도록 하는 코칭을 가능하게 한다. 이렇게 효과적인 질문은 대상자에게 다음과 같은 긍정적인 변화를 일으킨다.

- 대상자의 기존 사고와 행동 패턴이 바뀐다.
- 대상자 스스로 동기가 강화되었다고 느낀다.
- 대상자 스스로 문제를 분명하게 인식하고 탐구한다.
- 대상자 자신의 역량을 발견하고 도전에 대한 답을 찾는다.
- 대상자가 도전을 주저하지 않고 적극적으로 더 많은 답을 찾는다.
- 대상자가 창조적으로 사고한다.
- 대상자가 자신의 현실을 객관적으로 인식한다.
- 대상자가 감정적으로 반응하는 일이 줄어든다.

〈표 7.1〉 효과적인 질문을 위한 코치의 촉진 행동 vs. 방해 행동

촉진 행동	방해 행동
대상자가 답을 찾을 수 있도록 질문한다.	대상자에게 질문의 답을 제공한다.
대상자가 지금, 여기에 머물게 한다.	대상자가 과거나 알지 못하는 곳으로 빠지게 한다.
대상자가 답을 갖고 있다는 것을 안다.	코치만이 답을 갖고 있다고 가정한다.
대상자의 이익을 위해 의도적으로 질문한다.	질문을 위한 질문을 한다.
대상자가 쉽게 이해할 수 있도록 대상자의 상황에 맞춰 분명하고 직접적인 질문을 한다.	대상자의 상황과 상태에 상관없이 코치만이 알고 있는 언어로 질문한다.
대상자의 말에 맞고 틀림이 없음을 안다.	코치의 판단에 따라 틀린 답이라고 생각되면 대상자를 꾸짖는다.
대상자의 상태를 살피며 적절한 때에 질문한다.	대상자의 상태와 상관없이 코치가 궁금하면 언제든 질문한다.
대상자의 자아발견을 위한 질문을 한다.	꼬리에 꼬리를 무는 질문으로 심문하듯 대상자에게 질문한다.

이렇게 효과적인 질문은 대상자의 변화를 촉진하지만, 대상자의 변화를 방해하는 질문도 있다. 즉, 코치의 질문 태도에 따라 대상자의 변화에 영향을 미치게 된다. 효과적인 질문을 위한 코치의 촉진 행동과 방해 행동은 〈표 7.1〉과 같다.

질문할 때 갖추어야 하는 코치의 촉진 행동은 코칭 사례 분석과 코칭 슈퍼비전 등을 통해 인식하고, 반복적인 연습을 통해 향상될 수 있다. 다음 절에서 촉진 행동을 기반으로 한 코칭 질문의 종류를 자세히 알아보자.

"커리어코치의 질문은 대상자의 변화를 어떻게 돕는가?"

(3) 질문의 효과

앞에서 질문은 대상자의 자아성찰을 촉진해 변화와 성장을 돕는 중요한 코칭 기술이라고 설명했다. 코칭 과정에서 효율적으로 의사소통을 하고, 코치와 대상자 모두 코칭에 집중할 수 있도록 하는 가장 중요한 기술이 질문 기술이다.

일상대화나 코칭대화에서 질문 없이 일방적인 설명이나 방향 제시만으로 대화가 진행된다면, 서로 자기 말만 하다가 의미 없이 시간만 낭비하게 될 것이다. 문제해결을 원하거나 자아성찰을 통한 변화와 성장을 원하는 사람에게 하는 효율적인 질문은 스스로 답을 찾고 실행을 위한 계획을 수립할 수 있도록 안내한다. 더불어 실행 과정에서는 그 방향을 유지하게 하고 추진력 또한 더할 수 있게 하는 것이 질문의 힘이다. 그렇다면 이렇게 중요한 질문이 가지고 있는 특별한 힘 여덟 가지를 자세히 알아보자.

① 질문은 답을 찾게 한다

누구나 질문을 받으면 긍정적이든 부정적이든 답을 생각하게 된다. 자극에 대한 타고난 본능적인 반응인 '무조건반사(無條件反射)'처럼 사람은 질문을 받으면 답을 하지 않을 수 없다.

② 질문은 뇌를 깨워 생각을 하게 한다

질문을 하는 사람은 의미 있고 좋은 질문을 위해 생각하고, 질문을 받는 사람은 어떤 대답을 할 것인가에 대해 생각하게 한다.

③ 질문은 집중하게 한다

질문을 하는 사람과 질문을 받는 사람 모두 상대방의 말에 귀를 기울이고 주의 깊게 듣도록 한다.

④ 질문을 하면 원하는 정보를 얻을 수 있다

적절한 질문을 하면 질문을 하는 사람은 원하는 정보를 얻을 수 있고, 질문을 받는 사람은 자신에게 필요한 정보를 얻을 수 있다.

⑤ 질문은 내면의 답을 이끌어내어 문제해결 가능성을 높여준다

내면을 탐색하는 질문은 단순한 표면적인 해결책보다 문제발생의 원인과 근본적이고 영구적인 해결책을 내면 깊숙한 자아로부터 이끌어낸다.

⑥ 질문은 상황을 통제할 수 있게 한다

불안은 자신이 상황을 통제하지 못하고 있다고 느낄 때 찾아온다. 상황을 객관적으로 볼 수 있도록 하는 질문에 답을 찾다 보면, 자신이 상황을 통제하고 있다고 느끼게 해 편안한 상태를 유지할 수 있게 된다.

⑦ 질문은 마음을 통하게 한다

사람은 누구나 자신의 상황, 일, 취미, 의견 등에 관심을 보이는 사람을 호의적으로 대한다. 이러한 관심을 표현하고 상대방에게 이야기를 하게 하는 것이 바로 질문이다.

⑧ 질문에 답을 하면서 스스로 방향을 설정한다

사람은 타인의 말보다 자신이 하는 말을 더 믿는다. 효과적인 질문은 스

스로 답을 찾고 특정한 방향으로 움직일 수 있게 한다.

"커리어코치의 질문은 어떤 힘을 발휘하는가?"

2 커리어코칭에서 사용하는 질문의 종류

(1) 닫힌 질문과 열린 질문

대상자가 닫힌 질문을 받게 되면, '그렇다', '아니다' 같은 '단답형의 대답'을 하게 된다. 이러한 닫힌 질문은 간단한 정보를 신속하게 듣고자 할 때는 유용하지만, 대상자의 사고를 자극하지 않으므로 대화를 지속하기 어렵다.

예 /// 코칭을 언제 시작할까요? / 회의는 끝나셨나요?
고향이 어디세요? / 무슨 일을 하세요?

코칭 과정에서 닫힌 질문은 대상자에게서 원하는 답을 신속하게 얻을 수 있어 대상자의 관점을 되돌릴 필요가 있을 때 사용한다.

예 /// 지금 말씀하신 내용은 코칭 주제와 관련이 있나요?
그 일을 언제부터 해보시겠어요?

열린 질문은 닫힌 질문과는 반대로 대상자의 사고를 자극해 의견을 교환하며 대화를 이어갈 수 있게 한다.

예 그 일에 대해 어떻게 생각하세요?
그런 결정을 하신 이유는 무엇인가요?
이직하고 싶은 회사에 대해 무엇을 알고 있나요?
이직을 위해 어떤 준비가 필요할까요?

열린 질문을 하면 대상자는 문제에 좀 더 깊이 있게 접근하게 되고, 대상자는 자신의 감정을 이야기하게 된다. 사람은 누구나 자신의 이야기를 하기 좋아하므로 열린 질문은 코치와 대상자의 관계를 가깝게 만들어주고, 코칭을 원활하게 진행할 수 있도록 해준다. 이러한 열린 질문을 잘 사용하기 위해서는 꾸준한 연습이 필요하다. 다음과 같이 어떻게, 무엇을, 언제, 누가 등과 같은 단어를 덧붙여 닫힌 질문을 열린 질문으로 바꾸어보자. 이렇게 한 단어만 추가해도 대상자의 답이 달라지는 것을 경험하게 될 것이다.

"어떤 질문이 대상자의 생각을 자극하는가?"

〈표 7.2〉 닫힌 질문을 열린 질문으로 바꾸기

닫힌 질문	열린 질문
그 일을 다 하셨네요?	그 일을 어떻게 다 하셨어요?
제가 도와드릴까요?	제가 무엇을 도와드릴까요?
그 일을 하지 않으셨네요?	그 일을 하지 않으신 이유는 무엇인가요?
그 일을 해보시겠어요?	그 일을 언제부터 시작해보시겠어요?
도움이 필요하세요?	누구의 도움이 필요하세요?

(2) 과거 질문과 미래 질문

코칭은 대상자의 변화와 성장을 위해 대상자를 앞으로 나아가게 한다. 그러므로 코치는 대상자가 과거나 현재의 문제에 머무르도록 하는 질문보다는 변화와 성장을 위한 미래를 만들어갈 수 있도록 돕는 질문을 해야 한다. 과거 질문은 대상자를 딜레마 상황에 머무르게 하여 대상자의 에너지 레벨을 낮추고 실천의지를 저하시킨다. 반면에 미래 질문에는 긍정적인 단어가 포함되어 대상자의 에너지 레벨을 높여주고, 실행의지를 강화하여 구체적인 행동으로 실천할 수 있도록 돕는다. 이러한 미래 질문 작성 연습은 대상자와 코치의 성장을 위한 디딤돌이 될 것이다.

"어떤 질문이 대상자의 변화와 성장을 돕는가?"

〈표 7.3〉 과거 질문을 미래 질문으로 바꾸기

문제에 머무르게 하는 과거 질문	변화와 성장을 위한 미래 질문
무엇이 문제인가요?	고객님께서 원하는 것은 무엇인가요?
그 일이 안 되는 이유가 무엇인가요?	그 일을 잘하기 위한 방법은 어떤 것들이 있나요?
왜 그 회사에 지원하지 못했나요?	그 회사에 지원하기 위해 어떤 준비가 필요한가요?
탈락할까 봐 지원하지 못하시나요?	그 회사에 합격한 고객님을 상상해본다면 어떤 모습인가요?
혼자 하기 힘들다는 말씀인가요?	누가 고객님을 도와줄 수 있나요?
공부를 하지 않는 이유가 무엇인가요?	무엇을 위해 공부를 하려고 하시나요?
그 일을 하고 싶지 않다는 말씀인가요?	고객님이 하고 싶은 일은 무엇인가요?

(3) 보편적 질문과 특수적 질문

코칭 과정에서 대상자의 광범위하고 일반적인 대답이 필요한 때가 있는데, 이럴 때 사용하는 질문을 '보편적 질문'이라고 한다. 그리고 일반적인 대답보다 좀 더 구체적인 대답이 필요할 때 사용하는 질문을 '특수적 질문'이라고 한다.

확대경을 사용하면 카펫의 겉면을 확대해서 편하게 관찰하겠지만, 현미경을 사용한다면 형태, 구조, 색상, 심지어 진드기까지도 자세히 관찰할 수 있다. 특수적 질문은 현미경으로 카펫을 보듯이 대상자 스스로 문제에 더욱 가깝게 접근하도록 도와서 문제의 원인과 해결 방안을 좀 더 구체적으로 찾을 수 있게 한다.

예 1 /// 보편적 질문: 고객님은 지금 하고 있는 일을 좋아하세요?
좀 더 특수적 질문: 고객님은 지금 하고 있는 일에 대해 어떻게 생각하세요?
가장 특수적 질문: 고객님이 지금 하고 있는 일을 좋아하는 세 가지 이유는 무엇인가요?

예 2 /// 보편적 질문: 고객님, 이직 준비는 잘 되시나요?
좀 더 특수적 질문: 고객님은 이직 준비를 어떻게 하고 계신가요?
가장 특수적 질문: 고객님의 이직 준비를 가장 어렵게 하는 세 가지는 무엇인가요?

"어떤 질문이 대상자의 생각을 구체화하게 하는가?"

3
커리어코칭에서 사용하는 질문의 활용

(1) R-GROWS 대화 모델의 단계별 질문 초점

신규입사나 이직을 꿈꾸는 사람들 각자가 나름대로의 방법으로 원하는 회사에 입사하기 위해 준비하고 있을 것이다. 회사의 재무정보, 사업정보, 비전과 미션 등의 정보들을 찾아보거나, 목표로 하는 회사에서 일하고 있는 선배를 찾아가 자문을 구하기도 한다. 어떤 이는 커리어 전문가를 찾아가 도움을 받기도 한다. 아마도 이러한 방법들을 총동원해서 준비한다면 원하는 회사에 입사가 가능할 수도 있을 것이다.

라면을 끓일 때도 저마다의 순서가 있다. 물이 끓기 전에 스프를 넣는 사람, 물이 끓고 난 후에 스프를 넣는 사람 등. 라면을 넣는 순서도 마찬가지다. 하지만 표준화된 조리법은 라면 포장지의 뒷면에 인쇄되어 있다. 이 조리법이 라면회사에서 수많은 실험을 거쳐 개발한 라면을 맛있게 끓이는 방법이다.

즉, 라면을 맛있게 끓이려면 라면회사에서 표준화한 '라면 끓이는 순서'를 지켜야 한다. 코칭대화도 마찬가지다. 좋은 코칭을 위해서는 코칭대화도 프로세스에 따라 진행되어야 한다. 에노모토 히데타케 코치는 "코칭은 질문형 커뮤니케이션"이라고 정의한 바 있다. 여기에 프로세스를 기반으로 한 코칭대화를 추가한다면 다음과 같이 재정의할 수 있다.

"코칭은 프로세스를 기반으로 한 질문형 커뮤니케이션이다."

그렇다면 프로세스화된 코칭대화에서는 단계별로 어떤 질문을 해야 할까?

코칭대화 모델은 여러 가지가 있지만, 여기서는 3장에서 소개한 'R-GROWS 대화 모델'의 각 단계별 질문을 소개하고자 한다. 코칭은 "프로세스를 기반으로 하는 질문형 커뮤니케이션"이라는 말처럼 코칭대화 모델의 프로세스는 매우 중요하므로 〈그림 7.2〉를 참조하여 R-GROWS 대화 모델의 단계별 질문초점을 알아보자.

〈그림 7.2〉 R-GROWS 코칭대화 모델의 단계별 질문초점

R-GROWS 대화 모델의 단계별 질문초점은 라포 형성(Rapport), 목표설정(Goal), 현실 파악(Reality), 대안탐색(Options), 실행계획 수립(Will), 성공지원(Support)이다. 여기서 효과적인 대안탐색(Options)을 위해 설정한 목표(Goal)와 현재 상태(Reality: 현실 파악)의 차이에 대한 문제인식 단계가 포함되어 있다. 이러한 문제인식은 대안탐색 단계에서 목표달성을 위한 다양하고 실현 가능한 대안들을 탐색할 수 있도록 안내한다. 또한 실제 코칭 과정은 비선형적일 수 있어 목표를 설정한 후 현재 상태(현실 파악)를 점검하면서 목표가 바뀌는 경우 코칭대화는 다시 목표설정 단계로 되돌아갈 수 있다. 즉, 질문초점이 코

칭대화 과정에 따라 바뀔 수 있다는 것이다.

"커리어코치가 사용하는 코칭대화 모델의 단계별 질문초점은 무엇인가?"

(2) R-GROWS 대화 모델의 단계별 질문 예시

이 장에서는 R-GROWS 대화 모델의 단계별 질문에 대해 알아보자. R-GROWS 대화 모델이 아닌 다양한 코칭대화 모델을 사용하더라도 실제 코칭에서 다음에 소개하는 질문들을 활용하여 연습하고, 실제 코칭에서 활용한다면 코칭의 방향을 유지하며 효과적인 코칭이 될 것이다.

"커리어코치가 사용하는 코칭대화 모델의 단계별 질문은 무엇인가?"

〈표 7.4〉 R-GROWS 대화 모델의 단계별 질문 예시

대화 단계 · 질문초점	목적
Rapport (라포 형성) → 대상자와 친밀감, 신뢰관계를 형성한다	• 이번 주에 행복했던(기분 좋았던) 일은 무엇인가요? • 최근에 뿌듯했던 일은 무엇인가요? • 오늘 하루는 어떠셨나요? • 코칭 내용은 코치 윤리규정 준수에 따라 비밀이 보장됩니다.
Goal (목표설정) → 대상자가 원하는 목표를 찾는다	• 오늘 어떤 주제로 코칭을 진행할까요? • 목표를 좀 더 구체적으로 말씀해주시겠어요? • 오늘 코칭에서 어떤 성과가 있었으면 좋겠어요? • 코칭이 끝났을 때 어떻게 되기를 원하나요? • 이루고 싶은 목표는 무엇인가요? • 이 목표는 고객님에게 어떤 의미가 있나요? • 이 목표가 이루어졌다는 것을 어떻게 알 수 있을까요? • 목표가 이루어졌을 때는 어떤 모습일까요? • 목표가 이루어지지 않는다면, 어떤 일이 일어날까요? • 목표를 달성한 당신에게 해주고 싶은 말은 무엇인가요?

Reality (현실 파악) → 대상자가 현실을 객관적으로 점검한다	• 목표가 달성된 상태와 비교한다면, 현재는 어떤 상태인가요? • 목표가 달성된 상태를 10점으로 본다면, 현재는 몇 점인가요? • 고객님이 가지고 있는 자원은 무엇인가요? • 목표달성을 위해 지금까지 시도했던 일은 무엇인가요? • 목표달성을 위해 지금까지 고민해본 일은 무엇이 있나요? • 목표달성에 장애물은 무엇인가요? • 목표달성이 수월해지려면 반드시 해결해야 할 것은 무엇인가요? • 마음처럼 되지 않는 것은 무엇인가요?
Options (대안탐색) → 대상자가 다양한 관점으로 대안을 찾는다	• 목표를 달성하기 위한 방법들은 무엇인가요? • 현재 상태가 6점이라면 7점 또는 8점 수준으로 올리기 위해 무엇을 해보시겠어요? • 과거의 유사한 사례에서 해본 방법은 무엇인가요? • 지금까지 시도해보지 않은 새로운 방법은 무엇이 있을까요? • 만약 절대자가 있다면, 어떤 방법을 제안했을까요? • 그 분야의 최고 전문가가 조언한다면, 어떤 조언을 할까요? • 꼭 시도해보고 싶은데, 망설이고 있는 것은 무엇인가요? • 도움을 요청한다면, 누가 있을까요? • 여러 대안 중에 가장 중요한 것은 무엇인가요?
Will (실행계획 수립) → 실행계획을 수립한다	• 여러 대안 중에 가장 먼저 무엇을 시도해보시겠어요? • 가장 먼저 실행할 대안은 언제부터 시작하시겠어요? • 실행을 위해 필요한 자원은 무엇인가요? • 실행에 방해가 되는 것은 무엇인가요? • 실행은 [언제부터/어디서/언제까지/어떻게] 하실 건가요?
Support (성공지원) → 실행의지를 다진다	• 계획을 실행하는 데 듣고 싶은 격려의 말은 무엇인가요? • 성공한다면 자신에게 어떤 말을 해주고 싶은가요? • 실행하고 계신 것을 코치인 제가 어떻게 알 수 있을까요? • 이번 코칭을 통해 새롭게 인식한 것이 있다면 무엇인가요? • 이번 코칭을 통해 도움이 된 것이 있다면 무엇인가요?

(3) 실제 코칭 시 질문할 때 유의할 점

코칭의 성과는 대상자가 얼마나 실행의지를 갖고 실행계획을 성실히 수행했느냐에 달려 있다. 그래서 코치는 대상자가 깊이 있는 성찰을 통해 자아성찰을 할 수 있도록 효과적인 질문을 사용해야 한다. 코치가 효과적인 질문을 사용하기 위해 노력해야 하는 이유이기도 하다. 또한 코치는 대상자에게 질문할 때 다음과 같은 사항들을 유의해야 한다.

- 대상자의 현실 인식을 돕기 위해 현실에 근거를 둔 질문을 한다.
- 대상자가 쉽게 이해할 수 있도록 간결한 질문을 한다.
- 대상자가 질문을 정확히 이해할 수 있게 투명한 질문을 한다.
- 대상자의 변화와 성장에 초점을 맞춘 질문을 한다.
- 대상자가 계속 생각할 수 있는 직접적인 질문을 한다.
- 대상자의 대답을 판단하여 비판하거나 깎아내리지 않는다.

R-GROWS 대화 모델의 단계별 질문 예시와 실제 코칭 시 질문할 때 유의할 점을 생각하면서, 실제 코칭은 어떻게 진행되는지 살펴보자. 다음 사례는 이직을 원하는 5년 차 직장인의 커리어코칭 사례다. (R-GROWS 대화 모델의 단계별 질문 사용에 초점을 맞춘 축어록으로 실제 코칭 내용을 압축함)

코치: 안녕하세요? 고객님. 지난 한 주 동안 기분 좋았던 일 한 가지만 소개해주시겠어요?(라포 형성)

대상자: 네. 한동안 연락이 없던 친구에게 전화가 왔는데, 정말 기분 좋

았어요. 그동안 건강이 나빠져서 병원에 있다가 퇴원했다고 하더라고요. 지금은 예전처럼 건강해졌다는 친구의 말에 정말 고맙기도 하고 기분도 좋았어요.

코치: 그러셨군요. 고객님의 목소리만으로도 고객님의 기쁨이 느껴지네요. 오늘은 어떤 주제로 코칭을 진행할까요?

대상자: 지금보다 좋은 회사로 이직하고 싶습니다.

코치: 좋은 회사라고 하셨는데, 좀 더 구체적으로 말씀해주시겠어요?(목표)

대상자: 월급도 더 많고, 복리후생도 좋은 회사였으면 좋겠어요.

코치: 월급과 복리후생 외에 다른 게 있다면 뭐가 있을까요?

대상자: 음… 제가 성장할 수 있는 회사였으면 좋겠어요. 좀 더 큰 곳에서 일해보고 싶어요. 국내뿐만 아니라 해외에서도 일해보고 싶어요. 그런 기회가 있는 회사에서 일해보고 싶습니다.

코치: 성장할 기회가 있는 회사라고 말씀하셨는데, 혹시 목표로 하는 회사가 있으신가요?(목표-구체화)

대상자: 네~~ 있습니다. A회사입니다.

코치: A회사로 이직하고 싶으시군요. 그렇다면 오늘 코칭 주제를 다시 한번 고객님께서 정리해서 말씀해주시겠어요?

대상자: 네. A회사로 옮기기 위해 제가 무엇을 해야 할지 알고 싶습니다.

코치: A회사에 고객님과 같은 직급의 사람들은 어떤 스펙을 가지고 있나요?

대상자: 일단 토익이 900점은 기본이고요. 자격증도 3개 이상은 되는 것 같더라고요. 참, 해외 유학파도 많은 것 같아요.

코치: A회사에 있는 고객님과 같은 직급의 사람들의 수준을 10점이

라고 한다면, 고객님의 현재 수준은 몇 점 정도인가요?(현재 상태-차이 인식)

대상자: 우선 토익은 700점대고요. 자격증은 1개입니다. 그리고 해외 어학연수는 다녀왔으니 6점 정도는 되는 것 같아요.

코치: 그럼 토익은 900점대, 자격증은 2개 더 취득하시기 위해 어떻게 해보시겠어요?(대안)

대상자: 우선 토익 점수부터 올리기 위해 회사에 1시간 일찍 출근해서 영어 공부를 해야겠어요. 그리고 자격증은 저녁이나 주말에 학원을 다니면서 준비하겠습니다.

코치: 혹시 고객님께서 공부에 장애가 되는 것은 무엇인가요?(현재 상태)

대상자: 제가 잠을 늦게 자서 아침에 일찍 일어나는 게 힘들어요.

코치: 잠을 늦게 자는 이유는 무엇인가요?(현재 상태)

대상자: 늦은 시간까지 게임을 하거든요.

코치: 그러면 일찍 일어나기 위한 방법은 무엇이 있을까요?(대안)

대상자: 게임은 10시까지만 하고 11시에는 무조건 잠자리에 들겠습니다.

코치: 언제부터 실행하시겠어요?(실행)

대상자: 당장 오늘부터 시작하겠습니다.

코치: 영어 공부와 자격증 공부는 언제부터 실행하시겠어요?(실행)

대상자: 영어 공부는 내일 아침부터 시작할 수 있을 것 같아요. 그리고 자격증은 학원을 좀 알아보고 시작하겠습니다.

코치: 계획을 실행하시는 데 힘이 되는 격려의 말을 누군가 해준다면, 어떤 말을 듣고 싶으세요?(성공지원)

대상자: "너니까 잘해낼 수 있을 거야. 너를 믿어"라는 말을 듣고 싶어요.

코치: 고객님은 반드시 목표를 이루시리라 믿습니다.

대상자: 코치님께서 격려의 말씀을 해주시니 힘이 나네요. 감사합니다.

코치: 고객님께서 실행하고 계신 내용을 코치인 제가 어떻게 알 수 있을까요?(성공지원)

대상자: 제가 매일 공부한 시간을 코치님께 문자로 보내겠습니다. 자격증 학원은 어디를 갈지 결정하면 그것도 문자로 알려드리겠습니다.

코치: 네, 고객님의 실행과 목표달성을 진심으로 응원하겠습니다. 오늘 코칭을 통해 도움이 된 것이 있다면 무엇인가요?

대상자: 막연하게 이직을 하고 싶다고 생각만 했지 구체적으로 무엇을 준비해야 하는지 생각하지 않고 있었다는 것을 알게 되었고요. 게임을 줄이고 공부를 시작하면 꼭 A회사가 아니더라도 지금보다는 성장 기회가 더 많은 회사로 이직할 수 있겠다는 자신감도 생겼습니다.

지금까지 커리어코칭에서 도구로 사용하는 '질문의 힘 · 종류 · 활용'에 대해 알아보았다. 코칭은 대상자와 코치가 함께 변화하고 성장하는 "프로세스를 기반으로 한 질문형 커뮤니케이션"이라고 정의한 바 있다. 대상자가 원하는 미래로의 변화와 성장의 문을 열고, 그 여정의 방향을 유지하며 목적과 목표달성을 견인하는 질문 기술이야말로 커리어코치들이 갖추어야 할 중요한 역량임은 아무리 강조해도 지나치지 않을 것이다. 또한 질문 기술은 커리어코치 자신이 직접 질문을 만들고 수정하는 과정을 꾸준히 반복해야 향상된다는 점도 더불어 강조한다.

"커리어코치가 실제 코칭에서 유의해야 하는 질문 태도는 무엇인가?"

성찰질문

아래의 다섯 가지 질문에 스스로 답해보시기 바랍니다.

1. 커리어코치에게 질문은 어떤 의미인가?
2. 커리어코칭을 받는 대상자에게 질문은 어떤 의미인가?
3. 어떤 질문이 대상자의 목표달성을 돕는 좋은 질문인가?
4. 좋은 질문을 할 수 있는 질문 기술 향상 방법 다섯 가지를 생각해본다면?
5. 현재의 자신이 미래에 좋은 질문으로 인정받는 커리어코치가 된 자신에게 한 가지 질문을 한다면, 어떤 질문을 하고 싶은가?

참고문헌

도로시 리즈(2002), 『질문의 7가지 힘』, 노혜숙 역, 더난출판.

에노모토 히데타케(2009), 『마법의 코칭』, 황소연 역, 새로운 제안.

존 휘트모어(2007), 『성과향상을 위한 코칭리더십』, 김영순 역, 김영사.

Corporate Coach U(2016), 『Core Essential Program』, 한국코칭센터.

허성희

8. 커리어코칭의 관점 전환 기술

1 커리어코칭에서의 관점이란

(1) 360°의 눈을 가진 관점

코칭에서의 관점은 360°의 눈을 갖는 변화의 시간이다. 질문과 경청을 통해 익숙함 속에서 새로운 길을 찾는 문을 열어주기 때문이다. 일반적인 관점에 대해 알아보고 이야기를 풀어가 보자. 사전에서는 관점(觀點)을 "사물이나 현상을 관찰할 때 바라보는 입장이나 생각"으로 정의하고 있다. 하나의 사물을 보고 생각한다는 것은 자신이 가진 세계관으로 관찰하고 인식하는 것을 말한다. 이는 사물이나 현상을 관찰할 때 자신만의 표준렌즈 틀을 사용하는 것과 같다. 다시 말해 보고 싶은 것만 보고, 듣고 싶은 것만 보는 것이다. 이러한 성향을 인간의 확증편향성이라 한다.

코칭 과정에서 대상자로부터 자주 듣는 이야기는 "왜 그런지 모르겠어

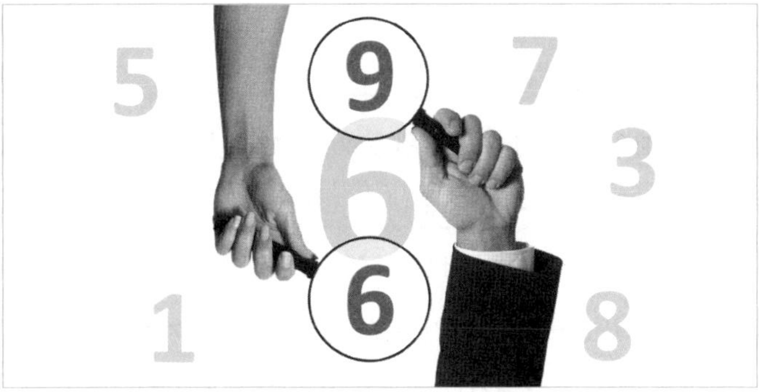

〈그림 8.1〉 숫자로 보는 관점

요", "꼭 그래야 했을까요?", "그 사람은 자기 생각만 해요" 등이다. 말의 의미를 잘 살펴보면 결국 본인도 자신의 입장에서만 생각하고 있다는 것을 알 수 있다. 이는 숲에서 한 그루의 나무만을 보고 생각하는 것으로, 숲은 아예 보지 못하거나 외면하고 싶어서 쏟아내는 이야기다.

사회가 변화하면서 여러 분야에서 관점의 다양성이 요구된다. 한 번 고착된 관점은 쉽게 변하지 않으며, 다름을 인정하기까지 마음이 불편한 상태로 오랜 시간을 기다려야 한다. 다름을 인정하지 못하는 것이 아니라 용납하지 못한다는 표현이 더 어울릴 것이다. 하지만 개인의 크고 작은 문제를 해결하기 위해서는 다르게 바라보는 '관점 전환'이 필요하다.

어느 시점에서 어떻게 바라보는가에 따라 세상은 달리 보이고, 그에 따르는 행동양식과 목표도 달라진다. 숫자의 예를 들어보자. 문제 해결 과정에서 제시된 조건에 따라 숫자를 선택할 때 가끔 착각하거나 실수하게 되는 숫자가 있다. 바로 '6'과 '9'이다. 이 두 숫자가 가지고 있는 각각의 맥락과 상황을 인지하지 못하면 목적과 전혀 다른 선택을 하게 된다. 그러므로 코칭에서는 360°로 다양하게 바라보는 관점의 지혜가 필요하다.

(2) 관점 전환도 훈련이 필요한가?

사람들은 다양한 성격과 가치관을 가지고 자신의 삶을 살아간다. 세상을 바라보는 관점이 다를 수밖에 없다. 그렇다고 내 입장과 비교해 생각하면 흔히 '다름'이 아닌 '틀림'으로 인식할 수 있다. 한 개인의 성장 과정에서 만들어지는 습관과 사고가 사회에 진출해서도 쉽게 바뀌지 않음은 "세 살 버릇 여든 간다"라는 속담을 통해서도 알 수 있다. 교육 현장이나 모임에서 필자가 가끔 하는 말이 있다. "100세 시대인 지금은 세 살 버릇이 여든을 가는 것이 아니라 100세를 간다." 그러므로 커리어코칭 과정에서는 대상자가 관점을 전환해야 하는 시점에서 코치의 관점 전환 역량이 중요한 역할을 한다.

절반의 물이 담긴 컵 이야기는 많은 사람들이 한 번쯤 들어봤을 것이다. 관점 전환에 대한 소재로 안성맞춤인 이 이야기는, 물이 반쯤 담겨 있는 컵을 보고 관점의 차이게 따라 어떻게 생각이 달라지는지를 보여준다.

『팩트풀니스』의 저자들(한스 로슬링, 올라 로슬링, 안나 로슬링 뢴룬드)은 실험 사례

〈그림 8.2〉 반 컵의 물로 보는 관점의 차이

를 설명한다. 좋은 것보다는 나쁜 것에 더 주목하는 '부정 본능'도 오해를 부른다. 30개 국가의 사람들한테 "세계가 점점 좋아진다고 생각하는가, 나빠진다고 생각하는가, 아니면 그대로라고 생각하는가?"라고 물었더니 모든 국가에서 절반 이상이 '점점 나빠진다'고 답했다. 한국은 그 비율이 네 번째로 높았다.

인간이 긍정적인 것보다 부정적인 것에 더 관심을 갖는 현상은 우리 생활 속에서도 찾아볼 수 있다. 어릴 적에 어른들이 "세상에서 가장 재미있는 것은 싸움구경하고 불구경"이라고 한 말이 떠오른다. 일상을 지배하는 미디어 역시 긍정적인 뉴스거리보다는 부정적인 뉴스거리를 더 많이 제공한다. 이는 미디어가 인간의 부정적 본능을 잘 파악하고 있기 때문이다.

관점 전환을 위한 인식은 당면한 문제 상황을 파악하는 것이 중요하다. 발생된 문제를 해결하기 위해서는 문제의 전후 상황과 원인 결과를 파악하는 역량이 필요하기 때문이다.

부정 본능에서 관점을 바꾸어 긍정적 삶을 만들기 위해서는 훈련이 필요하다. 생활 속에서 실천할 수 있는 훈련 중 하나가 감사함을 생각하는 것이다. 토크쇼의 여왕 오프라 윈프리는 자신이 성공한 요인 중 하나가 매일매일 쓴 '감사 일기'라고 말한다. 지독한 가난 속에서 강간과 학대로 얼룩졌던 오프라 윈프리의 유년 시절 이야기는 그녀의 진솔한 고백으로 세상에 널리 알려져 있다. 하지만 암울했던 과거의 부정적 상황에서 관점을 전환하지 않았다면 오늘날의 오프라 윈프리는 없었을 것이다. 이렇듯 감사 일기는 누군가를 의식하지 않고 오롯이 스스로를 훈련하는 관점 전환 셀프코칭이다.

많이 쓰지 않아도 좋으니 아래의 다섯 가지 감사 일기를 써보자.

2020년 월 일

1.

2.

3.

4.

5.

빈 공간이 낯설어 보인다면 다음과 같은 소소한 일상에서의 일들을 적어보자.

2020년 월 일

1. 오늘 미팅 시간에 늦지 않아서 감사합니다.
2. 오늘 점심시간에 맛난 음식을 먹어서 감사합니다.
3. 제안서 마무리가 잘 되어서 감사합니다.
4. 저녁 회의가 짧고 정리가 잘 되어 감사합니다.
5. 무사히 귀가하여 가족과 함께 하는 시간이 감사합니다.

감사 일기를 활용해보자. 부정적인 것들로부터 관점을 바꾸어 긍정적 사고를 하게 되면 업무 또는 일상에서도 불쾌 감정이 줄어들게 된다. 첫 걸음부터 급하게 마음이 앞설 것이 아니라 한 걸음부터 시작해보자.

관점을 전환하기 위한 또 하나의 훈련으로, 컵에 담긴 물의 양을 보고 '물이 반밖에 없다' vs. '물이 반이나 있다'라고 하는 이분법적 생각에서 벗어나보자. 또 다른 관점으로 전환시켜보는 것이다. 이분법적 사고를 들여다보면 관점의 전환이 보인다. 간극을 들여다보고 작은 것에서부터 관점을 전환하는 훈련을 해보자.

반 컵의 물을 이용하여 할 수 있는 것 10가지를 적어보자. 이는 관점 전환을 이용해 컵에 담긴 물의 가치를 높임으로써, 스스로에게 만족감을 느낄 수 있는 상황과 방법을 모색하는 것이다.

① 목이 마른 상황에서 목마름을 해결한다.

② 책상의 미니 화분이 바짝 말랐다면 식물에 생명수가 된다.

③ 물티슈가 없을 때 휴지에 묻혀 책상 위 얼룩을 지운다.

④ 진한 커피에 부어 연하게 마신다.

⑤ 급히 뛰어와 땀이 흐른다면 얼음을 넣어 마신다.

⑥ 약을 먹는다.

⑦ 물을 데워 믹스 커피 한 잔을 마신다.

⑧ 물을 데워 수프를 먹는다.

⑨ 물을 더 받아 양치질을 한다.

⑩ 손에 묻은 사탕의 끈적거림을 닦는다.

위 내용에 당신의 생각을 더해봐도 좋다. 꼭 10가지가 아니어도 좋으니 관점 전환을 위한 나의 생각을 적어보자. 당신의 관점 전환 능력에 변화가 오는 것을 느낄 수 있을 것이다.

(3) 커리어코칭에서의 관점 전환

① 고학력의 고용중단 여성이 직장을 그만두는 가장 큰 이유는 무엇일까?

2019년도 통계청 자료에 의하면 여성들이 직장을 그만두는 이유가 육아(38.2%), 결혼(30.7%), 임신·출산(22.6%) 등으로 조사되었다. 전년도에 비해 결혼보다 육아의 비중이 4.7% 늘었다고 한다. 영화「82년생 김지영」은 대한민국에서 고용중단 여성이 겪어야 하는 개인의 삶과 자아정체성에 대해 잘 말해주고 있다. 아이를 키우는 동안 생긴 시간의 공백을 극복하고 재취업하기란 쉽지 않다.

② 고용중단 여성이 재취업을 하기 위해 필요한 것은 무엇인가?

재취업은 시대 변화에 따른 사회적 환경, 가정에서의 환경, 자신의 심리적인 변화 등에 영향을 받는다. 고용중단 여성으로 아이까지 키우다 보면 에너지가 소진하고 만다. 초등학교에 입학하고 상급학교로 올라갈수록 자녀의 성적에 민감해지고 성적을 올리기 위해 몰입을 하게 되는데, 이렇게 온 열정을 쏟아 자녀를 키우다 보면 역량을 키우고 싶어도 어디서부터 시작해야 할지 몰라 헤매는 경우가 허다하다. 이때 필요한 것이 스스로 관점을 전환할 수 있는 기회를 주는 것이다.

여성들은 자녀에게 몰입하게 되면서 자연스럽게 직장을 그만둘 수밖에 없는 상황이 된다. 그런데 대부분의 고용중단 여성들이 '양육'이라는 울타리에서 한 발 빠져나와 자신을 돌아보고 제2의 직업생활을 시작하기란 상당히 어렵다.

고용중단 여성을 위한 학부모 교육 프로그램에서 자녀 교육에 몰입하고 있던 한 대상자를 만났다. 고학력의 고용중단 여성이자 학부모였던 대상자 역시 자녀의 교육과 진학에 대한 부담감으로 결국 직장을 포기하고 자녀에게 몰입하게 되었다고 했다. 두 해 연속 교육에 참여하면서 전화를 통한 지속적인 코칭이 이루어졌고 자녀상담을 통해 자연스럽게 라포가 형성되었다. 코칭 과정에서 자녀와의 관계가 개선되면서 코칭의 주제는 자신의 삶에 대한 고민으로 확대되었다. 대상자는 교육을 받는 것은 좋으나 '새로운 아이디어'를 내야 하는 창의적인 부분이 스트레스라고 했다. 스트레스가 아니라 작은 것부터 시작하여 관점을 전환해보도록 코칭하면서 가족과의 정신적인 분리가 이루어졌고, 자신의 삶에 대한 비전을 갖기 시작했다. 그러던 어느 날 다시 일을 시작하고 싶다는 용기를 냈다면서 연락이 왔다.

대상자: 선생님 말씀대로 저도 이제 일을 하고 싶어요.

코치: 축하합니다. 어떤 일을 하고 싶으신데요?

대상자: ○○에서 사서를 뽑는다는 공고를 봤는데 하고 싶어요.

코치: 좋은 기회네요. 사서를 하고 싶은 이유가 있나요?

대상자: 선생님 말씀대로 책을 가까이하면 아이들에게도 좋을 것 같아요.

코치: 저의 이야기와 사례보다는 선생님께서 사서 일을 통해 무엇을 얻고 싶으신가요?

대상자: 우선 저희 아이들과도 함께할 수 있고 선생님을 만나면서 책으로 배운다는 것에 매력을 느꼈어요. 그리고 선생님처럼 다른 사람들에게 나누어주고 싶어요.

코치: 아, 그러시군요. 축하합니다. 제가 도와드릴 일이 있을까요?

대상자: 선생님께서 서류 준비를 도와주시면 최선을 다해 지원하고 싶

어요.

그렇게 시작한 대상자는 현재 작은 도서관 관장으로 3년째 일하고 있다. 이제는 스스로 개척하고 자신의 삶과 주변에 선한 영향력을 펼치고 있으며, 다시 책과 관련한 공부를 시작했다. 그리고 자신과 가족의 삶을 구했다는 감사의 말을 전해왔다.

커리어코칭에서의 관점 전환 기술은 충분한 라포 형성이 된 후 '질문'과 '경청'을 통해 대상자 스스로 자신을 볼 수 있는 360°의 관점을 가질 수 있도록 돕는 것이다.

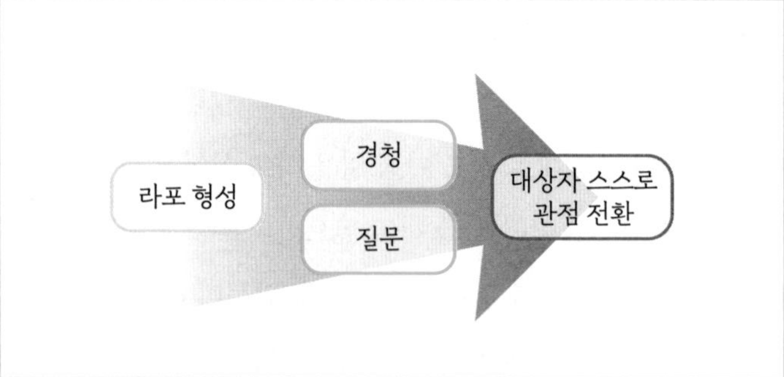

〈그림 8.3〉 관점 전환 과정

❷ 커리어코칭에서의 관점을 통한 직관 활용하기

(1) 직관의 개념

직관을 말로 표현하는 것은 쉽지 않으나 "강 과장은 직관력이 뛰어난 사람이야"라고 하면 그 의미가 이해될 것이다. 직관은 사물이나 사람 또는 사태를 사고하기도 전에 순간적으로 파악하고 깨닫는 능력이다. 직관적인 사람은 대상이나 상황을 전방위적으로 인식하는 능력이 탁월하며, 때에 따라 자신이 파악한 상황을 자세하게 설명하기란 쉽지 않은 경우도 있다.

일상에서 경험할 수 있는 직관 이야기를 해보자. 후각으로 느끼는 직관은 냄새만 맡고도 바로 어떤 음식인지 알 수 있다. 늘 다니는 곳이라면 냄새만으로도 어디를 지나고 있는지 주변을 안다. 직관이 뛰어난 사람은 소리만 듣고도 어떤 상황인지, 상대방이 현재 어떤 감정 상태인지를 안다. 특히 조직 내에서 직장 상사의 목소리나 표정만 보아도 상황을 알 수 있는 것이다.

코칭에서도 코치의 직관력은 중요하다. 직관력을 표현하는 수식어들을 생각해보면 '번개', '찰나', '순간', '번쩍', '광선' 등 다양하다. 그만큼 직관이란 해석, 판단, 추론 등 사고하기 전에 아는 것이다. 구체적으로 설명하라고 하면 쉽지 않은 부분이 바로 직관이다. 코치에게 직관력이 부족하다는 것은 대상자에게 가장 중요한 서비스를 제공하지 않게 되는 것일 수 있다. 그러므로 코치는 대상자에게 순간의 직관력을 발휘하여 말로써 표현해야 한다. 직관력을 발휘할 때는 대상자의 성격과 기질 등을 감안하여 전달하는 방법 또한 고려해야 한다.

현대인은 다양한 가면을 쓰고 살아간다. 가정, 온라인 세상인 SNS, 대상에 따른 대면, 직장에서 업무에 따라 다르다. 과거와 다르게 현대인을 코칭하기란 쉽지 않은 부분이 있다. 개인의 경험을 모든 사람에게 적용한다면 커다란 실수를 범하게 된다. 코치가 직관력을 발휘하기 위해서는 다양하고 많은 경험도 필요하지만, 상황을 잘 파악하고 해석하는 것도 상당히 중요하다.

의사와 선장의 예를 들어보자. 의사는 환자의 말만 듣고도 증상이나 병명을 유추해내어 조언하거나 판단한다. 또는 환자의 아픈 부분을 만져보고는 바로 알아차리기도 한다. 물론 추후에 정밀 검사 또는 진찰이 이루어진다. 코치에게도 의사 같은 감정적 · 합리적 직관력이 필요하다.

바다에서 선장은 긴급한 상황이 되었을 때 조타실에서 키를 어떤 방향으로 잡아야 하는지, 속도는 어느 정도로 운항해야 하는지 판단해야 한다. 긴급한 상황에서 선장의 직관력이 발휘되는 때다.

코칭은 대상자와의 첫 만남과 라포 형성에서부터 피드백까지 전 과정에 걸쳐 코치의 직관력이 중요한 역할을 하게 된다.

(2) 관점을 넘어 직관으로

직관은 어디에서 오는 것일까? 공장에서 기계를 작동할 때 나사 하나, 톱니바퀴 하나만 없어도 거대한 기계가 작동하지 못한다. 기계를 설계하고 만들고 작동하는 과정에서 특히 수리하는 사람은 어느 한 곳에 문제가 발생했을 때 그 부분만 보지 않는다. 연결되어 있거나 관계가 있을 만한 곳을 찾아낸다. 한 곳의 문제점만 보는 것이 아니라 관점을 전환하여 주변을 살피는 것이다. 관점 전환이란 현재 있는 것에서 없는 것을 찾아내는 것이 아니라

〈그림 8.4〉 나의 아내와 시어머니

보지 못했던 것을 찾아내는 것이다.

〈그림 8.4〉를 통해 관점을 전환해보자. 착시현상 그림으로 많이 알려진 '나의 아내와 시어머니'다.* 당신의 눈에는 무엇이 보이는가? 이미지의 제목을 알려주지 않고 이미지만으로 보이는 것을 말하라고 하면 사람마다 대답이 다를 것이다. 젊은 여인을 보는 사람, 나이든 노파의 모습이 보이는 사람도 있고, 두 가지 모두 보이는 사람도 있다. 보이는 것에도 사람마다의 시간차가 있다. 복잡한 그림도 자주 보거나 관점 포인트를 알려준다면 일부분의 이미지만을 보고도 알아차리게 된다.

코칭 과정에서도 한 단계 한 단계가 톱니바퀴와 같다. 대상자가 관점 전

---

* 착시 그림 '나의 아내와 시어머니'. 위키미디어 코먼스(한겨레, 미래&과학, 2018. 9. 21.)

환을 할 수 있도록 돕기 위해서는 코치의 관점 전환 역량이 중요한 역할을 하게 된다. 코치 스스로 만들어놓은 틀 안에서 산다면 관점을 넘어 직관으로 가는 길은 멀고도 먼 길이 될 것이다.

관점 전환을 가장 잘 활용한 분야가 이동통신과 미디어로, 세상의 많은 부문에서 개인의 의지와 무관하게 보고 듣게 되는 세상으로 바꾸어놓았다. 급변하는 세상을 바라보며 '지식기반의 AI시대에는 인간보다 탁월한 코치가 등장할까?'라는 질문을 해본다. 정보의 홍수로 인해 인간의 권한이었던 선택권을 기계가 선택하도록 권리를 이양해주는 모습을 본다. 이러한 대표적인 예는 고객센터로 전화를 걸었을 때다. 사람의 목소리를 듣기란 쉽지 않으며 'ARS 자동응답시스템'으로 진행하면 빠르다는 안내를 접하게 된다. 좀 더 구체적이거나 필요한 내용을 듣고 싶을 때면 상담원 연결 번호를 선택하기까지 한참을 기다려야 한다. 상담원이 연결되었다고 속 시원하게 문제가 해결되는 것도 아니다.

우리의 이야기로 돌아와 코치의 역할을 다시 한번 정리해보자. 대상자가 자아를 실현하고 스스로 삶의 주인이 될 수 있도록 지원하는 조력자의 역할을 하는 것이 코치다. 커리어코칭에서 관점을 넘어 직관이 반드시 필요한 요소가 되는 이유 역시 기본에서 출발한다.

(3) 커리어코칭에서의 관점을 통한 직관 활용

뛰어난 직관력을 가지고 있던 스티브 잡스는 에디슨만큼이나 창의적이고 아이디어가 탁월한 인물로 평가받으며 현대에 커다란 흔적을 남겼다. 그에게 그러한 직관력이 없었다면 PC나 스마트폰 등 우리 생활에 없어서는 안

될 존재가 되어버린 IT 상품들 역시 존재하지 않았을 것이다.

"천 리 길도 한 걸음부터"라는 속담에는 첫발을 떼는 행동의 중요성이 담겨 있다. 그 한 걸음의 시간 속에는 경험과 노력의 산물들이 담겨 있다. 그 경험은 앞으로 살아갈 삶의 목표와 방향을 찾아가는 힘이 된다. 오감을 깨우는 직접 경험은 수많은 정보를 수집하는 것보다 더욱 소중한 자산이다.

급변하는 사회에서 불안과 막막한 미래에 대한 부정적인 시각을 갖고 있는 사람들도 있다. 세상이 모두 긍정적이지만은 않음을 누구보다 잘 알고 있는 사람들이 코치다. 다양한 분야에서 일하는 사람들을 만나다 보면 이론만으로 문제해결을 이끌어내기가 쉽지 않음을 절감하게 된다.

대상자와의 대화에서 코치의 정리는 데이터를 담아두는 그릇이다. 기록은 코치를 관점을 통한 직관 활용으로 연결해주는 매개체다. 코치만의 빅데이터를 담아 효과적인 관리를 해야 한다. 그 과정에서 관점과 직관력을 자유롭게 활용하게 된다.

3
커리어코칭에서 역발상이 중요한 이유

(1) 역발상의 개념

삶에서 '역발상(逆發想)'의 경험은 얼마나 될까? '역발상'이라는 단어조차 생소하고 불편하게 느껴지는 사람들도 있을 것이다. '역(逆) + 발상(發想) =

역발상(逆發想)'은 사전에 "일반적인 생각과 반대가 되는 생각을 해냄. 또는 그 생각"이라고 정의되어 있다. 대부분 많은 사람이 생각하는 것과 반대되는 생각을 하는 것을 '역발상'이라고 한다. 역발상 역시 관점과 직관처럼 고정관념에서 벗어나 행동해야 한다. 생각만 하거나 마음속에 담아둔다면 의미없이 사라지고 만다. '발상(發想)'을 다시 풀어보면, 발(發)은 '필 발'로 동사형의 '피다', '쏘다', '일어나다', '나타나다' 등의 의미를 갖고 있다. 상(想)은 '생각하다', '사색하다', '상상하다', '원하다' 등의 의미가 있다.

역발상을 가장 많이 접하게 되는 것이 광고다. 기존에 있는 것에서 어떻게 방향을 바꾸어 새롭게 실현시키는가의 문제다. 비관적인 상황에서도 상상을 뛰어넘어 현실화가 되기도 한다. 과거 보리차는 집에서 누구나 끓여 먹는 것이었다. 생수를 사먹는 시대이기는 하지만 길거리에서 사람들에게 무료로 나누어주며 시음행사를 했다. 많은 사람이 '누가 보리차를 사먹을까?'라는 의구심을 가졌지만, 현재는 편의점과 마트에서 잘 팔리는 품목 중 하나라고 한다. 중국 사마광의 어린 시절 이야기도 유명하다. 후원에서 친구들과 놀다가 한 아이가 물 항아리 속으로 빠졌고 놀란 아이들은 당황하여 소리치고 난리가 났다. 이때 사마광은 돌을 던져 친구가 빠진 물 항아리를 깨뜨렸다. 사람을 구해야 한다는 생각은 같았으나 생각을 달리하여 사람을 건져내는 것이 아니라 항아리를 깨뜨려 물을 제거하여 친구를 구했다.

또 다른 역발상의 사례는 겨울의 나라 러시아에 에어컨을 판매하고 공장까지 세운 LG전자다. 추운 나라 사람들이 오히려 더위를 더욱 참지 못한다는 점에 착안하여 45일간의 여름에 사용할 에어컨을 판매하는 데 성공한 것이다.

우리 생활에서 없으면 안 되는 것 10가지 중 상위에 속하는 것이 SNS와 포털사이트일 것이다. 돈을 내지 않고도 문자를 주고받을 수 있고, 우체

국에 가지 않고도 빠른 시간에 지구 반대편으로 편지를 보낼 수 있다. 현대 사회를 살아가기 위해서는 SNS와 포털사이트를 벗어나서는 직장생활조차 어려운 세상이다. 누군가의 역발상이 많은 사람의 생활양식과 사회 구조도 변화시킨다.

일상에서의 작은 역발상을 위한 관점과 직관력을 동원해보자. 고정관념을 깨고 바라보면 또 다른 새로운 것이 보이는 역발상을 지금부터 시작해 보자.

(2) 역발상은 어떻게 할까

역발상은 우연하게 떠오르는 것이 아니라 오감과 생각이 항상 열려 있어야 우연이 현실이 된다. 아인슈타인은 "나는 한 번도 이성적인 생각을 하는 도중에 창의적인 발견을 한 적이 없다"라고 했다. 코치는 끊임없이 대상자의 말을 경청하고 질문하면서 관점과 직관을 통해 관찰하고 정리와 피드백을 통해 반추하는 과정을 거쳐야 한다.

역발상을 하기 위한 방법은 바로 '관점 전환'이다. 조금만 관점을 달리하면 생각이 달라지고, 생각이 달라지면 생활에도 영향을 미친다. 관점 전환을 하기 위해서는 다음과 같이 하면 된다.

- 긍정적인 생각과 태도로 행동하기
- 긍정적인 단어 사용하기
- 자신감 갖기

- 자존감 높이기
- 회복탄력성 높이기(자신의 감정을 잘 알아차리기) 등

자유로움과 긍정적인 긴장감 속에서 관점의 카메라눈을 열면 직관력과 역발상으로 이어지게 된다. 코치의 역발상을 키우기 위한 방법으로 두 가지를 제안한다.

첫 번째는 대상자와의 코칭 기록을 바탕으로 새로운 질문들을 만들어 적어보는 것이다. 두 번째는 일상에서 일어나는 일 또는 자연에서 일어나는 현상을 보고 자신만의 역발상적인 질문들을 자문자답해보는 것이다. 질문하는 사람은 질문이 일상적이지만 입장을 바꾸어 대상자의 입장이 되었을 때 어떠한지 느껴보는 것이다.

(3) 커리어코칭에서 중요한 역발상

커리어코칭에서 역발상은 코치의 주관적 입장이나 생각이 아닌 대상자 스스로 자신을 이해하고 인정하고 파악할 수 있도록 도와야 한다. 코치의 경험을 지나치게 많이 말하거나 강요하면 안 된다. 대상자 스스로 생각해낼 수 있도록 열린 질문을 통해 이끌어내야 하며, 코치가 대상자와의 지나친 공감으로 감정이입이 되어 본질을 잃어서도 안 된다.

예를 들어 코치가 "그렇게 하면 안 될 것 같아요", "그런 방법은 아닌 것 같아요"라고 하기보다는 "좋은 생각이네요. 그렇게 해서 원하는 것은 무엇인가요?", "그런 방법을 이용하여 얻을 수 있는 결과는 무엇인가요?"처럼 고

객이 자신의 문제에 동참하여 해결하도록 해야 한다.

질문에서도 'Who(자아성찰)-What(정보탐색)-How(방법 찾기)' 과정에서 코치의 역발상적인 질문이 필요하다. 코치의 질문 하나가 대상자의 삶에 많은 영향을 미치게 된다. 역발상은 관점 전환과 직관력을 통해 이루어지는 만큼 코치 스스로의 관점-직관-역발상 역량의 중요성을 강조한다.

성찰질문

아래의 다섯 가지 질문에 스스로 답해보시기 바랍니다.

1. 커리어코치로서 관점이란 무엇이라고 생각하는가?
2. 커리어코치로서 관점 전환을 위해 어떤 노력을 하는가?
3. 커리어코치로서 긍정적인 마인드를 높이기 위해 무엇을 하는가?
4. 커리어코치로서 관점과 직관의 관계를 어떻게 정의하고 있는가?
5. 커리어코치로서 대상자의 관점 전환을 위한 노하우가 있다면 무엇인가?

참고문헌

마샬 쿡(2003),『경청의 기술』, 서천석 역, 지식공작소.

박용후(2018),『관점을 디자인하라』, 쌤앤파커스.

엘프리다 뮐러 카인츠, 크리스티네 죄닝(2018),『직관력은 어떻게 발휘되는가』, 강희진 역, 타커스.

줄리아 예이츠(2017),『커리어코칭의 이론과 실제』, 전주성 · 오승국 · 하선영 역, 학지사.

한스 로슬링, 올라 로슬링, 안나 로슬링 뢴룬드(2019),『팩트풀니스』, 이창신 역, 김영사.

조경미

9. 커리어코칭의 피드백 기술

1 커리어코칭에서 피드백의 개념

(1) 커리어코칭에서 피드백의 의미

커리어코치는 언제, 어떤 내용으로, 얼마만큼의 강도로 피드백을 전해야 할지 신중하게 선택한다. 피드백에 따라 커리어코칭의 성패가 달라질 수 있음을 알기 때문이다. 피드백이 대상자의 자기효능감을 높이는 결과를 만들 수도 있고, 반대로 코칭 포기선언 같은 결과를 만들 수도 있다. 피드백은 경청, 질문과 함께 커리어코칭의 핵심 기술로 커리어코칭 전체를 좌우한다.

피드백의 사전적 정의는 "진행된 행동이나 반응의 결과를 본인에게 알려주는 일"(표준국어대사전)이다. 커리어코칭에서의 피드백은 "대상자의 커리어 목표를 세우고 실현을 도우며 동기를 부여하는 과정" 전반을 말한다. 피드백은 'feed'라고 불리는 신호가 시스템을 통과하며 발생하는 '지지직', '삑' 같은 소리를 지칭하는 단어였다. 실제로 사람들은 피드백 순간이 불편하거나 어렵다고 생각한다. 잘못된 전달로 불쾌함을 느끼거나 평가의 연장선으로 생각해 긴장하기 때문이다.

그렇다면, 커리어코칭의 피드백도 불편하고 부담스러울까? 커리어코칭의 피드백도 상황에 따라 민감할 수 있지만, 효과적인 피드백은 강력한 영향력을 갖는다. 피드백은 대상자의 마음을 바꾸기도 하고 역발상의 관점으로 커리어 설계의 확장을 돕는다. 나아가 대상자가 '나는 어떤 사람이며, 강점과 단점은 무엇이고, 더 잘해야 하는 것은 무엇인지'를 통찰하게 한다. GPS처럼 자신의 좌표를 확인하며, 최적의 길을 찾도록 안내하는 내비게이션이 된다. 커리어코칭은 코치와 대상자 쌍방이 피드백을 주고받는 과정이며, 피드백은 커리어코칭 전 과정에서 매 순간 영향력을 발휘한다. 커리어코칭에서 피드백의 영향력을 정리하면 〈그림 9.1〉과 같다.

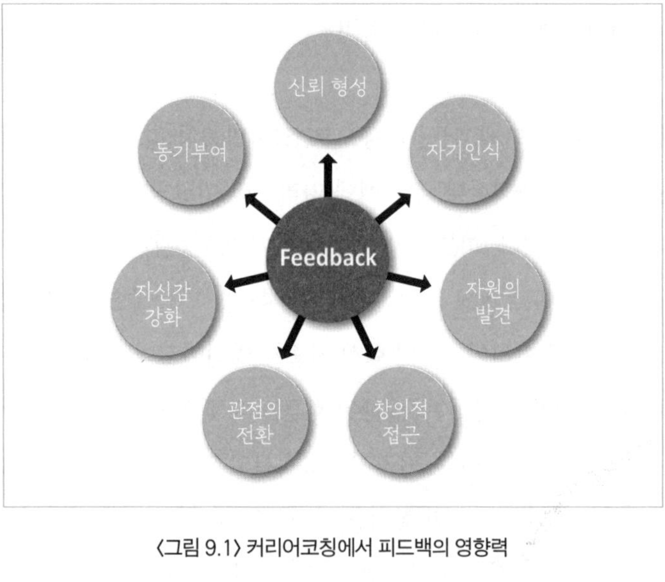

〈그림 9.1〉 커리어코칭에서 피드백의 영향력

(2) 커리어코칭에 적용할 수 있는 피드백의 유형

코칭에서의 피드백은 여러 유형으로 구분하고 있다. 윌리엄스(Williams)는 피드백을 네 가지 유형으로 정의했다. 긍정적 강화를 돕는 지지적 피드백, 기존의 것을 발전시키는 교정적 피드백, 부정적 영향을 주는 학대적 피드백, 역효과만 가져오는 무의미한 피드백이다. 랜드버그(Max Landsburg)는 긍정적 피드백, 부정적 피드백, 건설적(발전적) 피드백의 세 가지 유형으로 분류했다. 랜드버그의 피드백 유형이 커리어코칭 대상자의 동기부여, 문제 자각 및 대안 발견에 좀 더 적절하다. 따라서 여기서는 랜드버그의 피드백을 중심으로 살펴보고자 한다.

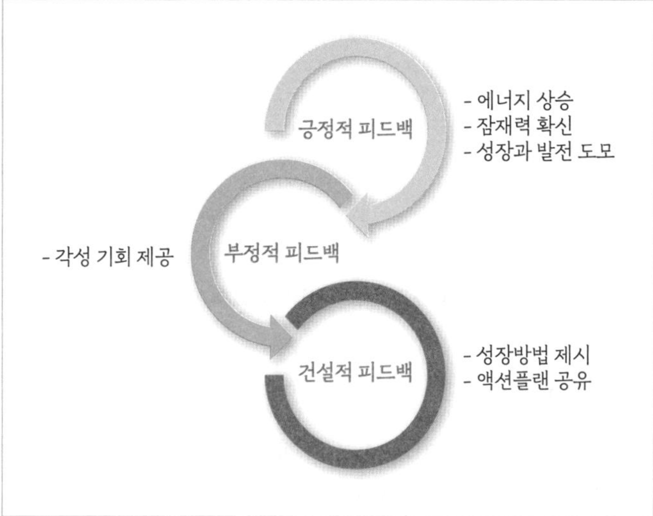

〈그림 9.2〉 랜드버그의 피드백 유형

① 긍정적 피드백

긍정적 피드백은 칭찬과 지지로 동기를 부여하며 자신감을 갖게 하는 최고의 피드백 방법이다. 긍정적인 피드백은 대상자가 자신의 장점에 집중하게 하고, 잠재된 가능성을 발견하도록 돕는다. 대상자의 선택, 판단, 행동을 격려하며 그 이유에 대해서도 구체적인 피드백을 제공해 확신과 의지를 갖게 한다. 긍정적 피드백은 강력한 에너지를 제공해 더 많은 것을 이끌어내는 상승작용을 도와 대인관계에서도 많이 사용하고 있다.

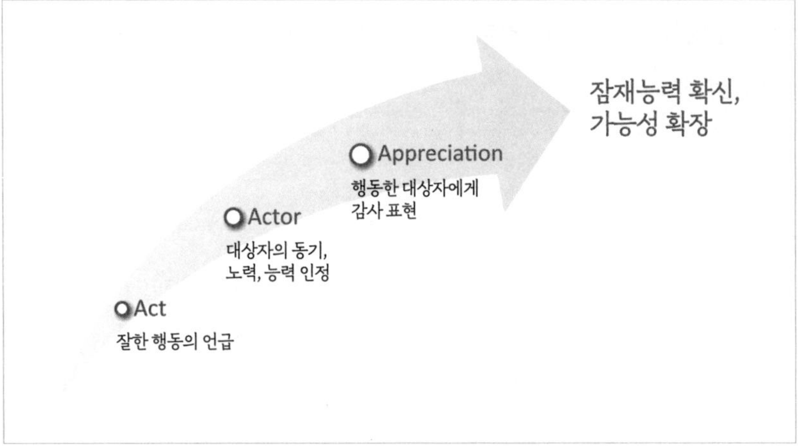

〈그림 9.3〉 긍정적 피드백 방법: AAA

② 부정적 피드백

부정적 피드백은 대상자의 잘못된 판단이나 행동의 본질을 깨닫도록 돕는다. 코치가 문제 상황을 냉철하게 인지하고 각성하도록 도울 때 활용할 수 있다. 부정적 피드백도 피드백의 한 형태이며 판단과 비난, 조소와는 구별해야 한다. 이때 패드백이 제대로 전달되기 위해서는 '정말 나를 위한 피드백이구나!'라는 믿음이 형성되어야 한다. 부정적 피드백은 준비된 대상자가 대상이어야 하며, 적절한 시기를 잘 선택해 사용할 경우 효과적이다.

③ 건설적 피드백

건설적(발전적) 피드백은 개선방향을 제시함으로써 대상자의 발전을 모색하는 피드백을 말한다. 성장을 목적으로 구체적 방법을 언급하고 액션 플랜을 세우는 피드백으로, 더 잘할 수 있는 에너지를 만들게 한다.

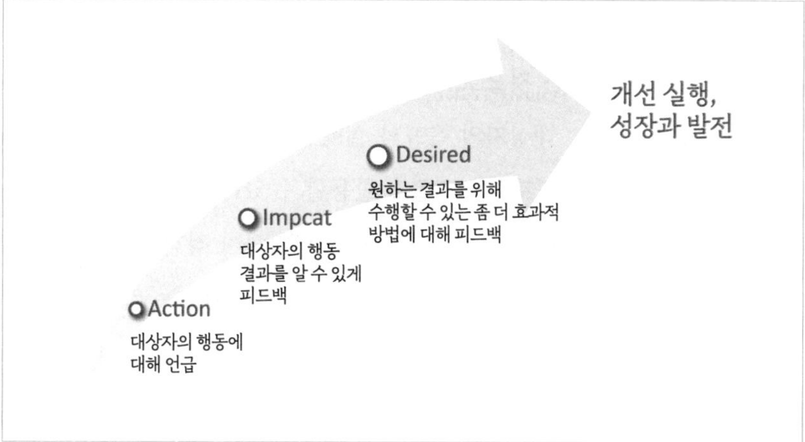

〈그림 9.4〉 건설적 피드백 방법: AID

(3) 커리어코칭의 피드백 프로세스

커리어코칭은 '진로탐색', '취업 및 이직', '경력전환' 등 대상자의 커리어 목표를 세우고 실행하도록 돕는 코칭이기에 피드백도 라이프코칭이나 비즈니스코칭과는 다를 수밖에 없다. '커리어코칭'은 대상자의 가치관, 성격,

가족 상황 및 경제적 여건, 개인의 역량과 실현의지, 심리적 안정성 등 다루어야 할 분야가 방대하다. 빠른 취업을 돕기 위해 취업역량 개발에 중점을 둘 수도 있고, 대인관계 속에서 갈등하다가 퇴사한 대상자의 심리코칭이 먼저인 경우도 있다. 이처럼 커리어코칭의 범위가 넓을수록 코칭 영역 및 단계별 피드백 프로세스를 적용해야겠지만, 안타깝게도 커리어코칭의 피드백에 대한 연구가 부족하다. 이 장에서는 커리어코칭의 피드백 프로세스를 3단계로 구분했으며, 단계별로 두 가지 핵심 기술로 다시 나누었다.

피드백 프로세스는 '있어주기'-'개입하기'-'지원하기'의 순서로 이루어지며, 단계별로 두 가지 핵심 기술을 사용한다. '있어주기(Being)'는 안전한 공간에 대상자를 수용하는 것으로, '인정하기'와 '칭찬하기' 기술이 사용된다. '개입하기(Intervening)'는 대상자의 목표와 실행전략에 적극적으로 도움을 주는 것으로, 피드백과 피드포워드 기술을 활용할 수 있다. 마지막으로 '지원하기(Supporting)'는 대상자의 성장을 지속적으로 확인하며 점검하는 과정으로, '요청하기'와 '팔로우업(Follow up)'이 있다. 피드백 프로세스는 커리어코칭의 목적이나 대상자에 따라 바뀌거나 생략될 수도 있고, 앞 단계에서 다시 시작될 수도 있다.

〈그림 9.5〉 커리어코칭 피드백 프로세스

2

커리어코칭의 피드백 프로세스 핵심 기술

(1) 있어주기(Being): 인정하기와 칭찬하기

커리어코칭은 대상자가 자신의 모습을 있는 그대로 바라보는 자기인식에서부터 출발한다.

있어주기는 커리어코칭에서 경청과 공감으로 대상자를 수용하며 지지하는 것을 말한다. 이를 통해 대상자는 자신을 긍정적으로 인식하며 미래의 방향성을 찾게 된다. 있어주기의 인정과 칭찬은 대상자의 자원을 발견하고 커리어 목표를 수립하며 실행할 수 있는 에너지원이다.

① 인정하기

커리어코치는 인정하기를 통해 대상자의 개성과 가치를 알아보게 된다. 대상자가 특별한 존재라는 것을 발견하는 것은 코치에게는 큰 즐거움이다. 인정(Acknowledge)은 고객의 현재 모습 그대로를 존중하는 것으로, 신뢰와 지지에서 출발한다. 말없이 고개를 끄덕거리는 동작으로 존재를 인정할 수도 있고, 구체적인 말로 영향력을 갖기도 한다. 대상자의 선택과 행동을 지켜보는 것도 인정하기의 하나다. 코치가 대상자의 사소한 변화를 알아주면 대상자는 안정감을 느끼며 에너지를 충전하게 된다. 인정하기는 대상자의 가치를 다시 한번 생각하게 만들어 내면을 돌아보고 책임감을 부여하는 촉매제가 된다.

커리어코칭에서 효과적인 인정하기는 다음과 같이 세 가지로 나누어볼 수 있다.

㉠ 공감

공감은 대상자의 감정이나 주장에 코치가 '그렇다' 혹은 '그럴 만하다'라고 느끼는 것을 말한다. 인정하기의 공감은 '코치가 공감하고 있다'라는 것이 대상자에게까지 전달되어야 의미가 있다. 코치가 공감하고 있다는 것을 고객이 인지할 경우, 대상자는 존중받는다고 느낀다.

㉡ 축하

성과의 완성도와는 별개로 대상자의 노력이나 상황의 변화를 발견해 함께 축하할 수 있다. 이때 대상자가 인지하지 못할 경우 코치가 이를 축하하며 과정이나 성과에 대해 함께 기쁨을 나눈다. 축하는 대상자가 현재의 상황을 긍정적으로 바라볼 수 있도록 돕는다.

㉢ 대상자의 자기인정

인정하기 기술은 코치의 인정뿐 아니라 대상자 스스로 자신을 인정할 때 효과적이다. 자신에게 인색한 대상자라면, 코치는 또 다른 인정하기를 통해 대상자의 관점 전환과 성장을 이끌어낼 수 있다.

대상자: 취업은 누구나 하는 거 아닌가요?

코치 1: 맞습니다. 그런데 저는 그동안의 실패에도 도전했던 노력이 합격을 만들었다고 생각합니다.

코치 2: 그럴 수 있겠네요. 그렇지만 합격이 쉽지는 않았을 것 같은데요? 고객님의 합격 이유는 무엇이라고 생각하는지요?

② 칭찬하기

칭찬받고 싶다는 욕구는 누구나 갖고 있다. 커리어코치가 대상자의 재능, 행동선택 및 결과에 대해 칭찬할 경우 대상자는 용기를 내어 새로운 것에 도전하는 등 바람직한 상황을 유발하는 정적 강화가 된다. 칭찬하기 기술은 구체적이어야 하며, 대상자가 만족할 만큼 충분해야 한다. 커리어코치는 칭찬에 인색해지지 않도록 칭찬거리를 찾고, 효과를 높일 수 있도록 칭찬 방법을 다양화하는 등 창의적인 접근이 필요하다.

커리어코치는 인정과 칭찬을 어떻게 활용해야 할까? 둘의 차이점을 확인해보자.

다음 두 문장을 비교해보자.

- 경험과 직무역량을 연결해 잘 작성하셨네요. 자기소개서 완성도가 높습니다.
- 자기소개서를 여러 번 수정하며 공들여 완성하셨죠? 역시, ○○님입니다.

첫 번째 문장은 드러난 결과에 대한 칭찬이고, 두 번째 문장은 가치와 노력 과정을 알아보고 인정한다. 이유가 있는 조건부 인정이 칭찬이라면, 인정은 대상자의 존재 자체에 관심을 갖고 존중하는 것이다. 인정은 존재 자체에 초점을 맞추는 것이라면 칭찬은 행동 자체에 초점을 맞추는 것이다. 커리어코칭에서는 이 둘을 구별해서 사용하기보다 동시에 이루어질 때가 많다.

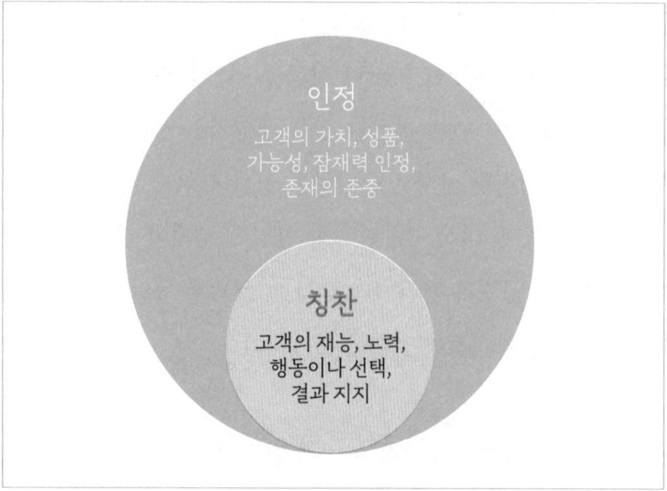

〈그림 9.6〉 인정과 칭찬

(2) 개입하기(Intervening): 피드백과 피드포워드

개입하기는 대상자가 목표를 수립하거나 실행하도록 커리어코치가 도움을 주는 단계다. 커리어코치는 문제 원인과 해결 방법을 찾도록 질문하며, 행동화 대안을 함께 찾는다. 피드백과 피드포워드라는 기술로 효과적인 개입하기를 적용할 수 있다.

그렇다면 피드포워드는 무엇이며, 피드백과는 어떤 차이가 있을까?

조 허시(Joe Hirsch)는 피드포워드(feedforward)를 '미래를 위한 조언'으로 설명한다. 피드백이 과거와 현재의 수정사항에 초점을 맞추고 있다면, 피드포워드는 미래 목표에 대한 아이디어에 초점을 맞추고 있다. 아직 일어나지 않은 상황을 상상하며 미래를 예측한다는 점에서 전통적인 피드백과 차이가 있다. 그렇기 때문에 피드백보다 감정적 에너지 소모가 적고, 코치의 말에 집중하게 하는 힘을 갖게 된다.

피드백의 목적은 개인의 성장에 있지만, 미래를 바꾸지 못하는 피드백이라면 불필요하다. 이 점에서 피드포워드는 대상자의 자율성과 창의성을 향상시켜 목표 달성을 돕는다.

아래의 질문을 살펴보자.

피드백	피드포워드
선택 분야는 ○○이라는 특성과 □□의 자격을 필요로 합니다. 현재까지 준비하고 있는 것은 무엇인가요?	선택한 일을 하게 된다면, 하루의 일과는 어떨까요? • 그 일을 하고 있는 나는 성향과 맞을까요? • 나는 높은 성과를 낼까요? 낮은 성과를 낼까요?
지금까지 입사지원서, 면접 준비 사항에서 잘된 점과 부족한 점은 무엇이라고 생각합니까?	만약 내가 고용주라면 어떤 사람을 채용할까요? • 지원서와 면접에서 꼭 확인할 사항은 무엇일까요? • 향후 어떤 것들을 보완할 수 있을까요?
이직을 선택하기에는 준비가 부족해 보입니다. 시기를 조금 늦추는 것은 어떤가요?	지금 이직을 고려하는 이유는 무엇인가요? • 그것을 위해 빠른 시일 내에 보완할 수 있는 것 한 가지를 선택하라면 무엇이 있을까요? • 구체적으로 어떻게 실행하면 될까요?

피드백의 장점은 객관적인 점검으로 문제점을 인식하게 하는 것이다. 피드포워드는 확산적 사고와 주도적인 실행을 이끌어내는 장점이 있다. 피드백이 자기평가와 한계점을 확인하게 한다면, 피드포워드는 선택과 개선에 초점을 맞추게 한다. 코치의 피드포워드 질문은 대상자를 전 생애적으로 확장된 시각으로 이끌 힘이 있다. 커리어코칭에서는 코칭 상황에 따라 피드백과 피드포워드를 선택적으로 사용하는 기술이 필요하다.

(3) 지원하기(Supporting): 요청하기와 팔로우업

지원하기는 코칭 과정에서 합의된 목표나 수행과제에 문제가 없는지 점검하고 수반되는 어려움을 극복할 수 있도록 돕는 단계다. 대상자가 수립한 커리어 목표에 다른 변수가 발생할 수도 있고, 호기롭게 약속한 행동화를 지키지 않기도 한다. 커리어코치는 대상자가 피드백을 어떻게 수용하고 실행하는지를 확인하고, 행동화를 점검하며, 필요에 따라 직접적으로 도움을 줄 수 있다.

① 요청하기

피드백 프로세스에서 '요청하기'는 두 가지로 구분할 수 있다.

㉠ 피드백에 대한 의견 요청하기

피드백을 통해 대상자 자신이 알고 싶지 않았던 모습을 발견했다면, 보통은 기피하고 싶은 마음이 먼저 든다. 이렇게 피드백 수용이 어려울 경우 고객의 생각을 묻는 질문을 사용한다면, 자연스럽게 피드백의 문제점을 발견해 새로운 합의를 도출할 수 있다.

- 지금 어떤 기분이 드나요?
- 특히 어떤 부분을 수용하기 어려운가요?
- 피드백 내용 중 수용할 수 있는 긍정적인 부분은 무엇인가요?

㉡ 대상자에게 행동 요청하기

피드백과 피드포워드를 통해 합의한 약속을 이행하지 않거나 행동화하지 않을 경우 대상자에게 실행을 요청할 수 있다. 코치는 대상자에게 행동화를 요청하기 전에 달성한 성과에 대해 솔직하게 느낌을 표현하는 것이 좋다. 이때 코치는 자신에게 요청하고 싶은 것이 있는지 대상자에게 질문해야 한다. 쌍방향의 피드백은 코치가 고객에게 좀 더 긴밀하게 반응할 수 있어 원하는 도움을 제공할 수 있다.

- 오늘은 고객님의 ○○에 대해 완성된 결과를 기대했는데, 이번에도 미완성이니 실망스럽습니다. 더 이상 미루면 고객님과의 커리어코칭이 어렵습니다.
- 이번 주까지 완성해서 ○○의 진행 여부를 메일로 알려주시기 바랍니다.
- ○○ 완성에 제가 더 도움을 드려야 할 부분이 있다면 알려주세요.

② 팔로우업(follow up)

마셜 골드스미스(Martial Goldsmith)는 변화가 지속되도록 만드는 핵심은 '팔로우업'에 있다고 했다. 실행 결과를 지속적으로 체크하는 것은 목표 성취에 대한 평가이자 향상의 정도에도 영향을 미친다. 팔로우업은 단순하고, 긍정적이며, 신속한 방식을 선택하는 것이 좋다. 커리어코칭에서는 팔로우업 단계에서 다음과 같은 질문을 사용할 수 있다.

- 지금까지 잘 되고 있는 것은 무엇인가요?
- 행동화로 달라진 것이 있나요?
- 보완이 필요하다면 어떻게 하는 것이 좋을까요?

3

피드백의 완성도 높이기

(1) 커리어코칭의 5단계 피드백 방법

대상자의 선택과 행동에 대해 반응하며 동기를 부여하는 피드백은 커리어코칭의 핵심 기술이다. 이제부터는 커리어코칭에 효과적인 5단계 피드백 방법을 알아보자.

① 피드백을 통해 달성하고자 하는 목표 결정하기

대상자 자신이 바라는 점과 포부를 분명하게 밝히게 한다. 이는 대상자의 적극적인 코칭 참여를 돕고 코치의 피드백 수용에도 긍정적이다. 이때 논의 대상에 대한 선택은 대상자가 결정하고 코치는 이를 존중하며 책임감을 갖고 행동화하도록 한다.

코치: 고객님의 커리어 목표가 있다면 어떤 것인가요?

대상자: 유치원 교사가 되고 싶어 준비를 해보려고 해요.

코치: 와~ 목표가 분명하시군요. 어떤 이유로 관심을 갖고 선택하게 되었나요?

코치: 평소 아이들을 무척 좋아해요. 그리고 오래 일할 수 있는 직업이라고 생각했어요. 결혼하고도 계속 할 수 있는 일을 찾고 싶었거든요.

코치: 그렇군요. 구체적으로 어떤 일을 하는지 알고 계시나요?

대상자: 아니요. 아직은 잘 모르겠어요.

코치: 그렇다면 좀 더 알아보면 좋겠네요. 자료를 찾아본다면 어떤 것들이 있을까요?

대상자: 음, 선배 유치원 교사가 쓴 책이 있지 않을까요?

코치: 네, 맞아요. 책이나 자료를 찾아 정리해보는 방법이 있겠네요. 고객님이 찾아서 정리해보는 것도 좋을 것 같아요.

대상자: 네, 도서관에서 정리해볼게요.

코치: 다음 주까지 조사한 내용을 제게 알려주시겠어요? 조사한 내용을 바탕으로 앞으로 목표설정과 실행에 대해 이야기를 나누도록 해요.

② 관찰에 기초한 피드백

코치가 대상자를 관찰한 내용을 진술하는 것으로, 대상자의 행동 및 태도 특성을 확인하고 그 영향에 대해 알도록 하는 것이다. 이때 대상자가 자각하며 스스로 대안을 탐구할 수 있는 질문형 피드백도 긍정적이다. 또한 코치의 바람을 언급하는 개입으로 대상자의 행동을 발전적으로 이끌 수도 있다. 피드백의 타이밍은 코치의 관찰이나 정보수집 후 성과를 조정할 수 있을 때 제공하는 것이 좋다. 코치가 상황을 통제할 수 있고 대상자가 피드백을 원할 경우가 최적 타이밍이다.

코치: 이번 주에 3개의 기업에 서류를 제출하기로 했는데, 진행상황은 어떤가요?

대상자: 오늘 A기업에 서류를 제출했어요.

코치: 기한 내에 제출하셨다니 대단하세요. 그런데 나머지 2개 기업도 꼭 지원해보고 싶다고 말씀하셨는데 어떻게 하셨어요?

대상자: 확인해보니 B기업의 연봉이 생각보다 낮은 편이었어요. 그래서 고민하다가 시기를 놓쳤어요.

코치: 직장선택 기준이 업무내용과 출퇴근 거리가 우선이라고 말씀하셨는데, 다른 것들도 중요한가요?

대상자: 네, 전직장보다는 월급이 높았으면 좋겠어요.

코치: 그렇다면 고객님은 업무내용, 거리, 급여가 직장선택의 기준이 되겠네요. C기업은 어떤가요?

대상자: C기업은 근로조건이 나쁘진 않아요. 다만 규모가 작아서 아직 생각 중이에요.

코치: 취업이 급하다고 하셨는데, C기업 외에 채용하는 곳이 더 있나요?

대상자: 아니요. 최근에는 찾아보지 않았어요.

코치: 업무내용, 거리, 급여와 회사규모 등 직장선택 조건이 다양해지면서 취업을 미루고 계신 느낌이 듭니다. 그런 마음도 있으신가요?

대상자: 네, 맞는 것 같아요. 취업이 급하긴 하지만, 직장선택은 매우 중

요한 문제라서 좀 더 신중해야 할 것 같아요.

코치: 네, 고객님의 말씀이 맞아요. 하지만 서류지원이 입사 결정은 아니라고 생각합니다. 면접에서 기업을 세밀하게 살펴보고 선택할 수 있어요.

대상자: 음… 면접에서 기업을 살펴보며 취업을 할 것인지 그때 선택할 수 있군요. 그렇게 생각하니 서류를 더 많이 제출해도 되겠는데요?

③ 명확하고 구체적인 피드백

숫자는 마술적이라고 한다. 코칭 피드백이 숫자나 고유명사처럼 구체적일 때 피드백이 좀 더 쉽게 와 닿는다. 피드백이 대상자의 행동화를 높이기 위해서는 달성 가능하고 측정 가능해야 한다. 너무 많은 피드백은 대상자가 갈피를 잡지 못하고 포기할 가능성이 높아서 한 번에 1~3개의 피드백이 적절하다.

코치: 고객님이 희망하는 커리어 목표가 있으신가요?

대상자: 해외영업 직무를 알아보고 싶어요.

코치: 취업준비 기간을 고려하면 언제쯤 취업하면 좋을까요?

대상자: 아직 생각해보지는 않았는데, 졸업 후 6개월은 넘기고 싶지 않아요.

코치: 네, 구체적으로 목표기간을 설정했으니 꼭 원하는 분야에서 일할 수 있으리라 기대됩니다. 최종적으로 일하고 싶은 업종이나 기업도 선택하셨나요?

대상자: 아니요. 거기까진 생각해보지 않았어요. 원한다고 입사할 수 있

는 것도 아니니까요.

코치: 네, 맞습니다. 하지만 업종별 · 기업규모별 해외영업의 업무내용도 다르고 채용 기준도 다르니까 그 부분을 고려해서 준비해야 하거든요.

대상자: 그 부분은 생각해보지 못했어요. 조금 시간을 갖고 찾아볼게요.

코치: 네, 업종 및 기업 선택은 저와 다음 주에 이야기를 나눠보기로 해요. 해외영업 직무에 필요한 준비는 어떻게 하고 있나요?

대상자: 영어와 중국어 인증시험을 준비 중이에요.

코치: 인증시험의 목표가 있다면 효과적일 것 같은데요?

대상자: 음… 영어는 오픽 IH, 중국어는 HSK 6급이 목표예요.

코치: 그렇다면, 인증시험의 준비기간은 얼마나 걸릴까요?

대상자: 두 달 뒤 영어 시험이 있어요. 그 시험에 통과하고, 이후부터 중국어 준비를 해서 연말까지 합격을 목표로 하고 있어요.

④ 각성을 이끌어내는 피드백

때로는 자극적인 메시지가 필요하다. 코치의 강력한 표현이 대상자의 변화를 향한 에너지를 이끌어내는 데 도움이 될 수 있다. 우유부단한 태도, 코치와의 약속 불이행, 현실 회피 등의 상황에서 대상자의 각성을 이끌어내는 피드백으로 변화를 촉진할 수 있다.

대상자 1: 저는 하고 싶은 일이 없고, 빨리 취업준비를 하고 싶은 마음도 없어요.

코치: 앞으로도 부모님께 용돈을 받아 생활할 계획인가요? 몇 달 후, 몇 년 후에도 같은 모습이라면 가족에게 미안하고, 친구들 만

나기도 어렵지 않을까요?

대상자 2: 저는 당장 회사를 그만두고 싶어요. 적성에 안 맞는 것 같아요.

코치: 그렇다면, 이직을 위해 무엇을 하면 좋을까요?

대상자 2: 글쎄요. 아직 아무 생각도 안 해봤어요. 기회가 있겠죠.

코치: 직업경험도 짧고 구체적 목표나 준비도 없는 상황이네요. 그렇다면 고객님이 원할 때 좋은 곳에 바로 취업할 수 있을까요?

⑤ 코치의 피드백 기술 성찰

커리어코칭은 대상자뿐 아니라 코치도 성장하게 한다. 코치의 철저한 사전준비에도 불구하고 예상 밖의 결과를 만날 때가 허다하다. 흥분, 좌절, 불안 등 대상자의 감정변화가 다양해 코치가 당황할 수도 있다. 설령 성공적인 세션이었다 하더라도 새롭게 만날 대상자를 위해 피드백 역량을 개발해야 한다. 어떤 점이 잘되었고, 무엇이 바뀌어야 하는지, 앞으로 어떤 전략을 도입할 것인지 평가하며 보완하는 시간이 필요하다. 커리어코치는 세션마다 코치의 성찰이 뒤따라야 하며 배움의 자세로 깨어 있어야 한다.

(2) 성공하는 피드백, 실패하는 피드백

커리어코칭 세션 후 대상자의 저항으로 더 이상 코칭이 진행되지 않거나, 대상자의 행동화 동기가 이전보다 떨어진다면 이는 실패한 피드백 결과다. 문제점 지적에 그치는 피드백이었거나 부적절한 타이밍이 원인일 수 있다. 커리어코칭에서 실패하는 피드백은 두 가지로 구분할 수 있다.

먼저 변화의 필요성을 이해하지 못할 때다. 피드백은 진공 상태에서는 무의미하며, 코치와 대상자 모두 준비가 되었을 때 효과적이다. 아직 준비가 부족한 대상자에게 행동 변화에 대한 압력을 가할 경우 피상적인 커리어 코칭 과정으로 흘러가 상황을 악화시킬 수 있다. 두 번째로는 대상자가 코칭 스타일을 받아들이지 못할 때다. 대체로 코치의 기술 부족으로 발생한다. 초보코치의 경우 자신의 의도대로 몰고 가려는 경향이 있다. 이때 일방적인 피드백으로 대상자와의 교류가 단절될 수 있다.

상처가 되는 피드백과 변화를 이끌어내는 피드백은 작은 차이에서 출발한다. 결국, 성공적인 피드백의 관건은 커뮤니케이션에 있다. 대상자의 변화를 세심하게 관찰하고 코치의 헌신과 직관으로 개입하는 피드백은 대상자가 신뢰할 수밖에 없다.

(3) 피드백 체크리스트

피드백 준비성 체크리스트	
1	대상자를 주의 깊게 관찰하고 있는가?
2	대상자에 대해 충분히 알고 있는가?(대상자의 특성, 경력사항, 장점과 잠재력, 개인환경 등)
3	대상자와 신뢰관계가 형성되어 있는가?(피드백 수용 가능성 점검)
4	피드백 타이밍이 적절한가?(대상자의 준비 상태, 피드백의 시의성)
5	피드백 제공으로 발생할 수 있는 역효과를 고려했는가?(저항, 무기력, 급격한 감정변화 등)
피드백 진행 과정 체크리스트	
1	객관적 사실(관찰 기반)의 피드백인가?
2	대상자의 상황에 따른 언어로 존중하며 사용했는가?(성별, 연령, 문화, 직업, 특정 전문용어 사용 등)
3	구체적이며, 이해하기 쉽고, 명쾌한 피드백을 제공하고 있는가?

4	긍정 피드백과 부정 피드백의 균형을 맞추었는가? 그렇지 않다면 그 이유는 무엇인가?
5	유머, 은유, 묘사 등 상황에 따른 피드백을 활용하고 있는가?
6	대상자의 통찰, 자각을 확장시키는 질문 피드백을 적절히 사용하고 있는가?
7	대상자가 피드백을 이해하고 수용하고 있는가?
	피드백 프로세스 평가 체크리스트
1	코치의 가치관, 고정관념, 집착에 의한 피드백은 없었는가?
2	관찰과 판단을 구분한 피드백이었는가?
3	행동과 결과에 초점을 맞추는 피드백이었는가?
4	피드백 팔로우업은 현실적이고 충분한가?
5	이후 코칭 과정에서 확인하거나 새롭게 변경해야 할 것들이 있는가?
6	코치로서 열의를 갖고 대상자에게 집중하고 있는가?

성찰질문

아래의 다섯 가지 질문에 스스로 답해보시기 바랍니다.

1. 커리어코칭에서 피드백의 영향력은 어떤 것이 있는가?
2. 커리어코칭 피드백에 효과적인 프로세스가 있다면 무엇일까?
3. 피드포워드는 무엇이며, 피드백과는 어떤 차이가 있을까?
4. 커리어코칭의 피드백 완성도를 높일 수 있는 방법은 무엇일까?
5. 성공하는 피드백과 실패하는 피드백의 차이점은 무엇인가?

참고문헌

박창규 · 권경숙(2019), 『강 팀장을 변화시킨 열 번의 코칭』, 학지사.

박창규(2015), 『임파워링하라: 상대의 잠재 능력을 깨우는 리더십 코칭 바이블』, 넌 참 예뻐.

버드 비즈니스 프레스(2008), 『피드백의 기술』, 한스미디어.

배용관(2016), 『리더의 코칭: 교육보다 강력한 리더십 성장 프로그램』, 아비요.

이소희 외(2014), 『코칭학 개론』, 도서출판 신정.

이호재 · 김진욱 · 조한용(2016). 『최고의 코칭스킬 50』, 리디북스.

잭 캔피드, 피터 치(2013), 『불가능을 가능하게 만드는 코칭 파워』, 정재완 역, 매일경제신문사.

조성진(2008), 『코칭 ABC: 파워웰빙코칭 입문』, 심포지움.

조 허시(2019), 『피드포워드: 사람의 마음을 움직이는 미래형 피드백의 6가지 비밀』, 박준형 역, 보랏빛소.

Subha Ramanil & Sharon K. Krackov (2012), Twelve tips for giving feedback effectively in the clinical environmen, Harvard Medical School, USA, 2Albany Medical College, USA.

IV PART

커리어코칭 사례

이영대

10. 초·중·고 학생 및 학부모 커리어코칭 사례

1 초·중·고 학생 및 학부모 커리어코칭

우리 사회에서는 초 · 중 · 고 학생들과 학부모 대상 커리어코칭이 매우 중요하다. 그 이유는 학생과 학부모들의 관심이 어떻게 하면 좋은 커리어를 가질 것인가에 있기 때문이다. 이는 학부모들이 지나치다 싶을 정도의 높은 사교육비를 투자하여 자녀들에게 좋은 커리어를 갖도록 도와주려는 데도 한 가지 원인이 있다고 본다.

career의 어원은 '수레가 다니는 길을 따라 가다(to roll along on wheels)'라는 뜻의 'carro'에서 유래했다. career는 여러 의미로 다양하게 사용되고 있는데, 가장 일반적으로는 "일이나 직업과 관련한 개인의 총체적 경험"으로 정의되고 있다. 커리어를 학교 교육에 도입한 것은 미국에서부터다. 1960년대 베트남전쟁 등을 경험하면서 미국 사회가 혼란에 빠지고 학생들의 중도탈락이 매우 높아 사회적 문제가 되었다. 이러한 미국 학생들의 커리어 측면에서의 문제를 해결하기 위해 "모든 교육은 진로교육이어야 한다"라는 시드니 마랜드(Sidney Marland)의 주장 이후 본격적으로 시작되었다.

우리나라에서는 1970년대에 도입되기 시작하여 1980년대에 들어와서 한국교육개발원을 중심으로 진로교육연구가 강조되었고, 전국 시 · 도교육청에 진로교육연구원이 설립되면서 본격적으로 출발했다. 1999년 한국직업능력개발원에 진로정보센터를 개소하면서 커리어에 대한 교육이 더욱 강조되었으며, 2010년 전국 중 · 고교에 진로진학 전담교사가 1명씩 배치되면서 활성화되고 있다.

이영대 등이 수행한 생애개발단계별 진로교육의 목표와 내용개발연구에서 커리어코칭이 필요한 9개 영역으로 ① 자기이해 및 긍정적인 자아개념, ② 다른 사람과의 긍정적인 상호작용, ③ 평생학습의 중요성 인식 및 참여, ④ 진로정보의 탐색, 해석, 평가, 활용, ⑤ 일, 사회, 경제 관계 이해, ⑥ 긍정적인 직업 가치와 태도, ⑦ 합리적인 의사결정 및 진로계획의 수립, ⑧ 진로계획의 실천, ⑨ 효과적인 구직 · 직업 유지 · 전환을 들고 있다.

이러한 9개 영역을 생애 단계별로 목표와 내용을 정의했는데, 초등학교, 중학교, 고등학교 각 단계의 특징을 다음과 같이 정의했다.

생애 1단계는 진로인식이 주과제인 단계이지만, 진로탐색과 진로준비를 위한 과제가 다소 필요한 단계로 규정했다. 모든 단계의 기본이 되며, 대략 유치원 · 초등학생 시기에 대응한다고 볼 수 있다. 이 단계의 특징은 환상과 시험적 단계의 특징을 가진 성장기로서, 자신과 환경의 인식 과정을 통해 점차 현실 단계로 전환하는 특징을 지니고 있다.

생애 2단계는 생애 1단계의 주과제인 '진로인식'이라는 기초 위에 '진로탐색'을 강조하는 단계로 대략 중학생 시기에 대응한다고 본다. 이 단계의 특징은 자기 자신과 직업 세계(환경)의 올바른 이해를 위해 자신에게 적합한

〈표 10.1〉 9개 영역의 생애 단계별 진로교육 목표

하위영역	유치원 · 초등학생	중학생	고등학생
자기이해 및 긍정적인 자아개념	자신이 소중한 존재임을 인식한다.	자신을 알고자 노력하며 긍정적인 자아개념을 형성한다.	자신을 객관적으로 이해하고 긍정적인 자아개념을 형성한다.
다른 사람과의 긍정적인 상호작용	긍정적인 대인관계의 중요성을 인식한다.	긍정적인 대인관계에서 요구되는 능력을 습득한다.	긍정적인 대인관계에서 요구되는 능력을 향상한다.
평생학습의 중요성 인식 및 참여	학습의 중요성을 인식하고 기본적 학습습관과 태도를 습득한다.	학습의 중요성을 인식하고 자기 주도적 학습습관과 태도를 보인다.	학습의 중요성을 인식하고 학습능력을 향상한다.
진로정보의 탐색, 해석, 평가, 활용	진로정보의 중요성을 인식하고 탐색한다.	진로정보를 탐색하여 잠정적인 진로 결정에 활용한다.	다양한 진로정보를 탐색 · 해석 · 평가 · 활용한다.
일, 사회, 경제와의 관계 이해	일의 중요성을 인식한다.	일 · 사회 · 경제 · 자신과의 상호 관계를 이해한다.	사회 · 경제적인 환경변화가 일과 직업에 끼치는 영향을 이해한다.
긍정적인 직업 가치와 태도	맡은 일에 열심히 임하는 태도를 형성한다.	직업에 대해 긍정적이며 적극적인 태도를 보인다.	직업 생활에서 요구하는 긍정적이며 적극적인 태도와 습관을 함양한다.
합리적인 의사결정 및 진로계획의 수립	의사결정의 중요함을 인식하고 미래에 대한 꿈을 가진다.	잠정적인 의사결정을 위해 다양한 진로 대안을 모색한다.	합리적인 의사결정을 기초로 하여 세부 진로계획을 수립한다.
진로계획의 실천	꿈을 이루기 위한 노력과 실천의 중요성을 인식한다.	다양한 진로 대안의 적합성을 비교 · 검토한다.	자신이 수립한 진로계획의 목표를 달성하기 위해 세부 과업을 설정하고 실천한다.
효과적인 구직 · 직업 유지 · 전환	직업인이 되기 위해 요구되는 자질이 무엇인지 인식한다.	취업에 필요한 지식 · 기술 · 태도를 습득한다.	취업에 필요한 지식 · 기술 · 태도를 함양한다.

진로 및 직업을 탐색하는 단계라고 할 수 있다.

생애 3단계는 진로인식과 진로탐색의 기초 위에서 자기 자신과 직업 세계에 대한 다양한 자료와 정보를 탐색 · 해석 · 활용하여 다양한 진로 대안을 비교 · 검토함으로써 합리적인 진로결정과 진로계획을 수립하는 단계다. 이 단계의 특징은 진로계획이 주과제인 단계로, 주로 진학 및 취업에 대한 첫 번째이면서 중요한 의사 결정을 해야 하는 고등학생 시기에 대응하는 단계다.

우리 사회에서 초 · 중 · 고 학생과 학부모들은 커리어코칭과 관련하여 어떤 생각을 하고 있는가? 전국의 학생들을 대상으로 조사한 결과 커리어코칭을 받은 학생의 비율은 초등학생 54.5%, 중학생 71.2%, 고등학생 70.8%에 불과했으며 그 만족도는 높은 편이 아니다. 초 · 중학생 학부모는 자녀에게 가장 필요한 진로교육으로 적성과 흥미, 꿈을 찾는 활동을, 고등학생 학부모는 진로 · 진학에 관한 커리어코칭(고 4.35점/5점 만점)을 꼽았다. 그만큼 적성과 흥미, 꿈을 찾는 것과 진로, 진학에 관한 커리어코칭이 중요한 영역임을 알 수 있다. 따라서 초 · 중 · 고 학생들과 학부모들을 대상으로 한 체계적이고 효율적인 커리어코칭이 이루어져야 하겠다.

초 · 중 · 고 학생과 학부모 대상 커리어코칭 사례집으로는 2017년 한국고용정보원에 의해 「진로상담 사례로 보는 학부모를 위한 직업진로 가이드」가 소개되었는데, 그 내용은 적성검사 관련, 미래직업 관련, 학부모 역할이라는 세 가지 영역으로 구성되었다.

여기에서는 이영대 박사가 한국직업능력개발원 진로정보센터 진로상담팀장으로 재직하면서 전문 커리어코치들과 함께 수행한 진로코칭 사례 중 초등학생과 학부모 사례 1건, 중학생과 학부모 사례 1건, 고등학생 사례 1건을 소개하고자 한다.

2
초등학생 커리어코칭 사례

(1) 대상자의 기본자료

여아, 만 10세, 초등학교 4학년이고 엄마는 33세, 가정주부, 고졸이다. 상담내용은 자신에 대한 이해 부족(흥미, 적성, 가치관, 성격 등)이었다.

(2) 커리어코칭 과정

전체 일정은 2회기에 걸쳐 이루어졌다. 1회기는 접수 면접으로 아이 30분, 엄마 40분을 실시했다. 접수 면접을 하면서 느낀 점은 다음과 같다. 아이는 엄마의 관심 어린 지도하에 이제까지는 학교에서 잘 적응하며, 공부도 잘하는 듯하다. 또한, 자기관리도 잘하며, 성실한 편이다. 아울러 어린 나이임에도 불구하고 공부에 대한 책임감, 부담감, 욕심도 있는 듯하다. 적성에서는 예 · 체능계보다는 일반적인 학습능력을 바탕으로 달성 가능한 직업 분야로 추측된다.

아이는 3학년에서 4학년으로 올라가는 시기다. 초등학교의 절반을 지나 또 다른 절반을 시작하는 시기인 만큼 아이의 적성에 맞추어 지원해주고 싶은 엄마의 욕구가 큰 듯하다. 이에 아이가 어떤 분야에 적성이 있는지 알고자 하는 것이 대상자가 가진 본 커리어코칭의 첫째 욕구다.

아울러 4학년은 저학년 때와 달리 학교 교과 내용도 많이 어려워지는 시기인 만큼 자녀지도에 있어 평소 궁금했던 점이나 방향에 대한 조언을 받고 싶어 한다.

커리어코치의 개입은 다음과 같다. 종합진로 · 적성검사 시행과 자녀지도에 대해 조언했다. 개입에 대한 평가로는 아이의 적성에 대한 이해가 커리어코칭의 첫 번째 목적인 만큼 이에 참고가 될 검사를 하는 것이 적절했다고 판단된다. 아울러 현재 엄마가 도움을 받고 싶은 자녀지도 부분에 대한 조언을 함으로써 자녀교육에 도움을 주고자 했다.

2회기는 엄마를 대상으로 1시간 동안 실시되었다. 검사해석 및 유의할 사항에 관한 이야기, 자녀지도에 대해 조언을 했다. 자녀에 대해 다음과 같은 내용으로 커리어코칭을 했다. 아이는 평범한 가운데 어머니의 지도, 자신의 욕심에 따라 학교공부에 잘 적응하고 있는 것으로 보인다. 또한, 좋은 성적으로 인정받으며 학교생활을 함으로써 주목받고 싶고 더 잘하고 싶은 마음이 자연스럽게 커졌으나 다소 내향적인 성격으로 자기 욕심만큼 적극적으로 생활하고 있지는 못한 듯하다.

적성에서는 일반 학업능력을 지속해서 키워 관심 있는 직업으로 나아갈 수 있도록 지도하는 것이 적절할 듯하다. 그 가운데 부모의 지속적인 관심하에 생활지도를 잘 해주며, 아이에게 부족한 창의력이나 적극성 등을 좀 더 육성해주면 잘 성장할 것으로 판단된다.

이러한 커리어코칭에 대해 자녀지도에 있어 어머니의 궁금한 점을 중심으로 도움을 받았다고 평가했다.

(3) 시사점

초등학생 대상 적성 탐색을 위해 진로검사 시행 및 해석하는 것이 중요하다. 아울러 아직 자녀가 초등학생이므로 각종 진로탐색을 활발하게 하는 것이 더 중요하다고 본다.

3
중학생 커리어코칭 사례

(1) 대상자의 기본자료

인적사항으로 학생(대상자): 남, 만 14세, 중2 재학, 어머니: 42세, 가정주부, 대졸이다. 상담내용은 장래에 대한 무계획(인생관, 직업관 부재), 자신에 대한 이해 부족(흥미, 적성, 가치관, 성격 등), 진로에 대한 정보 부족(자격증, 학교, 학과, 직업 등)을 점검했다.

(2) 커리어코칭 과정

① 1회기(접수 면접)

학생, 어머니와 함께 1시간 동안 커리어코칭을 실시했다. 대상자에 대한 커리어코치의 평가는 다음과 같다. 어머니는 대상자의 성적이 계속 떨어지는데다가 앞으로 무엇을 하겠다는 뚜렷한 목표나 계획도 없어 속상해하고 걱정을 많이 했다. 하지만 대상자는 자신이 하고 싶은 것에 대해 무조건 반대하고 잔소리만 심하게 하는 엄마에 대해 불만을 느끼고 있다.

어머니는 나름대로 자녀교육에 관심이 많은데, 관심이 지나쳐서 대상자가 원하기도 전에 자신이 생각하기에 좋다고 판단되는 기회(미국방문이나 각종 캠프 참여 등)를 먼저 제공하는 편이다. 대상자는 엄마의 권유에 못 이겨 참석하기는 하지만, 동기부여가 충분히 되지 않은 상태에서 하게 되어 오히려 '엄마는 내가 하고 싶은 것은 반대하면서 내가 하고 싶지도 않은 것은 자꾸 하라고 한다'라는 식의 저항감을 가지게 되었다. 아버지도 대상자를 믿지 못하고 어린애 취급을 하는 게 불만이다.

이러한 부모의 태도와 간섭이 대상자가 자신에게 주어지는 기회에 대한 의욕을 불러일으키지 않게 만들었고, 이런 행동 패턴이 반복되다 보니 자신의 진로나 성적과 관련된 계획성, 적극성보다는 자신의 문제나 진로에 대한 무관심, 수동성, 의존성이 더 키워진 것으로 판단된다.

대상자는 부모님과 의사소통이 잘 안 되어 스트레스를 받고 있고, 학교성적 때문에 자신도 걱정하고 있으므로 커리어코치의 권유에 응한 것으로 보인다.

어머니가 원하는 것은 대상자가 앞으로 무엇을 하든지 간에 자신의 목표와 주관을 뚜렷이 하여 악착같이 목표를 달성하는 모습을 볼 수 있게 되는 것이다.

② 2회기

두 번째 커리어코칭을 1시간 실시했다. 대상자에 대한 커리어코치의 평가는 다음과 같다. 대상자는 그동안 자신의 행동이나 말하는 습성을 제대로 돌아볼 기회가 없었던 것 같다. 자신이 원하기도 전에 여러 기회를 제공해주시기는 하지만 정작 자신이 원하는 것을 못 하게 하는 부모님께 책임을 전가하다 보니 자신의 행동이나 말에 대해 그다지 깊게 돌아볼 여유가 안 생겼을 것이다. 말로는 부모님의 간섭을 배제한 독립을 요구하지만, 실제 행동으로는 신뢰감을 주지 못하는 대상자의 모습에 직면하게 할 필요가 있을 것 같다.

이에 다음과 같은 경력개발지원을 했다. 침묵 다루기, 자기정체감과 관련된 질문 던지기, 언어 사용 및 말하는 습관에 대한 교육, 커리어코칭적 개입, 학교 성적을 올리는 방법을 제시했다. 성적이 나쁜 과목이 전체 성적의 평균을 끌어내리지 못하도록 성적이 잘 나오지 않는 과목에 신경 쓰기를 제안했다.

③ 3회기

3회기 커리어코칭을 1시간 동안 실시했다. 대상자에 대한 커리어코치의 평가는 다음과 같다. 지난 회기 때 "넌 누구니?"라고 질문한 것이 대상자에게 어느 정도 인상 깊었던 것 같다. 비록 할머니 댁에서 노느라 많은 시간 동안 생각해보지는 못했지만, 대상자가 그 문제에 대해 생각했다는 것 자체가 중요하다고 생각한다. 그래서 깊이 탐색하지는 않았다. 또한, 대상자가 자발적으로 엄마, 아빠와의 의사소통 문제를 끄집어내어 잘 되었다 싶어 대상자와 의사소통 문제에 관해 이야기를 나누었다.

이번 회기 커리어코칭 중에 드러난, 대상자가 취하는 부모님과의 의사소통 패턴을 살펴보면, 대상자 자신은 기껏 애를 썼는데도 불구하고 그 결과가 부모님께 전달되지 않을 때가 있는 것 같다. 자신은 연락하려고 애를 썼지만 전화기를 찾을 수 없어서 연락을 못 했던 것인데, 부모님은 무조건 혼을 내셔서 억울하기도 했을 것이다. 하지만 대상자는 아무런 연락 없이 기다리고 계실 부모님 처지를 생각하지 못하는 경향이 있었고, 약속을 쉽게 생각하는 경향이 있었다. 다른 사람의 처지에서 생각하고 행동하는 법을 연습할 필요가 있을 것 같아서 공감하면서도 부모님의 입장이나 심정을 상상해볼 수 있는 질문을 던졌다. 역할놀이를 시도했는데, 대상자가 어색해해서 깊이 들어가지는 못했다. 이에 역할놀이, 진로 관련 인터넷 사이트 방문 등의 처치를 했다.

④ 4회기

4회기는 심리검사를 포함하여 커리어코칭을 했다. 대상자에 대한 커리어코치의 평가는 다음과 같다. 대상자가 처음에 와서 과학 공부할 시간이 없었다고 말했는데, 변명하는 것처럼 느껴졌다. 구체적이고 세부적인 목표를 제시하지 않아서인지 약속도 잘 안 지키는 것 같다. 미래를 예측하는 능력과 계획성이 부족한 것이 이 대상자의 진로에 상당한 영향을 미칠 것으로 파악된다. 이 대상자는 계획 세우는 법, 자신의 계획 실행 여부를 평가하는 법 등을 실제로 배울 필요가 있다. 또한, 가나안농군학교 참석 여부가 이 대상자에게는 하나의 자기 주도적 선택을 시험할 수 있는 매우 좋은 기회가 될 것 같다. 이 기회를 잘 활용해야겠다. 이번에는 대상자 스스로 선택할 수 있도록 기회를 주어야겠다. 아니 대상자가 자신의 선택권을 자각할 수 있도록 도와주어야겠다.

커리어코치의 처치내용은 지난 일주일간 시간 사용 돌아보기(time table 작성), 다음 일주일에 대한 시간 사용 계획하기(time table 작성), 상상으로 성공에 대한 자기암시, 가나안농군학교 인터넷 홈페이지 방문 및 설립 취지, 캠프 프로그램 내용을 프린트해서 주었다.

⑤ 5회기

5회기는 커리어코칭을 1시간 동안 실시했다. 대상자에 대한 커리어코치의 평가는 다음과 같다. 그동안 대상자의 어머니는 대상자 스스로 충분히 생각하고 선택할 기회를 제대로 제공하지 못한 것으로 보인다. 그저 지레짐작으로 대상자가 가기 싫어해서 배울 거리가 많은 좋은 캠프를 놓치지 않을까 하는 염려 때문에 제대로 정보를 공개하지 않은 것으로 판단된다. 또한, 대상자는 엄마의 간섭을 싫어하지만 실제로는 엄마 간섭 없이 자신이 독립적으로 선택하여 행동하지 않는 경향이 있다. 가나안농군학교 캠프를 가고 싶지만, 그곳에 참석하기 위해 스스로 무엇을 행동으로 옮기지 않고(예를 들면 엄마에게 가게 해달라고 말한다든지) 엄마가 언젠가 알아서 신청해주시겠지 하고 기다리기만 한다. 대상자가 자신의 욕구를 잘 지각하고 그것을 위해 실제로 스스로 행동할 수 있도록 도와줄 필요가 있다. 커리어코치의 처치는 가나안농군학교에 참석할 수 있는 실제적 행동하기였다.

⑥ 6회기

6회기는 50분 동안 커리어코칭이 이루어졌다. 대상자에 대한 커리어코치의 평가는 다음과 같다. 대상자의 심리검사 결과를 살펴보니 진로의식발달검사에서 독립성은 상당히 높지만 그에 비해 진로 관여성이 낮았고, 인성검사 중 사려성이 낮은 편에 속했다. 그래서 커리어코치가 대상자에게 검사 결과상으로 독립성은 높지만, 실제 행동은 부모님이 신뢰할 만큼 자신이 알아서 계획성 있게 행동하지 못하는 것으로 나타났다고 해석해주었다. 이에 대상자는 자신이 의존성이 높은 편이며 계획성이 부족하다고 말하면서 그 해석을 받아들였다. 이것이 진로와 관련된 대상자의 핵심 문제가 아닐까 생각된다. 대상자는 커리어코칭의 초반부에는 조리과학고등학교로 진학하기를 원했지만 경희호텔전문학교(2년제)를 졸업하고 리츠칼튼호텔 요리사로 근무하고 있는 현직 요리사가 개설한 사이버 요리사 리츠 쿡 홈페이지를 방문하면서 꼭 조리과학고등학교를 가지 않아도 요리사가 될 수 있다는 것을 알게 되었다. 이는 장래 희망직업에 대한 하나의 중요한 직업정보를 얻은 것으로 생각한다. 대상자는 요리사가 되기 위한 다양한 방법을 모색하게 되었고, 일반 인문계 고등학교로 진학하기를 원하시는 어머니의 의견을 받아들이기로 스스로 결정했다. 커리어코치의 처치내용은 가나안농군학교 참석을 위해 스스로 행동한 것에 대해 칭찬해주었다. 이것으로 심리검사 해석과 커리어코칭이 종료되었다.

(3) 시사점

어머니와의 통화로 커리어코칭을 살펴보면 아이는 커리어코칭 후 학습계획성의 측면에서는 그다지 큰 발전이 있는 것은 아닌 것 같다. 학습의 목적과 필요성에 대해 좀 더 많이 동기부여를 해주어야 할 필요가 있을 것 같다. 그러나 부모님과의 의사소통 측면에서는 어느 정도 커리어코칭 이전과 달라진 모습을 볼 수 있다. 또한, EBS 방송은 꼭 보는 것과 같은 행동으로 미루어보건대 예전보다는 약속을 좀 더 잘 지키는 것으로 판단되고, 좀 더 자기통제력이 생긴 것 같다. 이러한 성과와 변화는 방학 동안의 커리어코칭과 지나친 간섭을 지양하고 스스로 선택하고 판단할 수 있도록 기회를 주라는 커리어코치의 말을 가슴에 새기고, 커리어코칭을 공부하면서 노력하는 대상자 어머니의 변화가 시너지 효과를 냈기 때문으로 판단된다.

4

고등학생 커리어코칭 사례

(1) 대상자의 기본자료

만 18세, 인문계 고교 3학년(문과) 남학생을 대상으로 커리어코칭을 했다. 가족 사항으로는 아버지(52세) 대졸 은행원, 어머니(47세) 대졸 가사, 누나(21세) 대재, 동생(15세) 중3 학생으로 집안 분위기가 화목하다고 했고, 부모님의 사이가 좋다고 한다.

상담문제는 장래에 대한 무계획, 자신에 대한 이해 부족, 진로에 대한 정보 부족, 진로선택에 대한 갈등 등을 점검했다.

(2) 커리어코칭 과정

① 1회기

1회기는 접수 면접이었다. 1시간 동안 접수 커리어코칭을 했다. 대상자에 대한 커리어코치의 평가는 다음과 같다. 대상자는 자신의 진로에 대해 나름대로 대안들을 지니고 있다. 하지만 그 대안 중 하나를 선택함으로써 발생할 수 있는 어려움을 책임져야 한다는 사실에 대해 자신 없어한다. 대상자에게 좀 더 지지와 공감을 통해 자신의 선택문제에 대한 자신감을 느끼도록 할 필요가 있다.

대상자는 자신이 원하는 관광학이나 광고홍보학에 적성이나 흥미가 있는지 알아보고자 하며, 이 학과의 진로나 취업에 대한 정보를 알고자 한다. 이번 수능시험은 평소 성적보다 낮게 나왔다. 원래는 □□대학교 관광학부, 광고홍보학과에 관심이 있었다. 하지만 지금의 성적으로는 들어가기가 어려울 것 같다. □□대학교 지방캠퍼스 수시모집(○○학부)에 합격한 상태다. 선택의 대안으로는 ① 일본어 관련 학과에 들어가서 일본어 실력을 쌓으면서 재수를 할 것인지, ② 합격한 학교에 다니면서 다시 재수할 것인지, ③ 재수를 하지 않고 그냥 지금 합격한 학교에 다니면서 학교에서 시행하고 있는 복수전공이나 부전공을 할 것인지의 세 가지다. 대상자와 ① 진학을 원하는 분야에 관한 관심과 정황 파악, ② 대상자의 특성(흥미, 적성)에 대해 같이 이야기하여 명료화, ③ 선택 후 발생할 수 있는 어려움에 대한 대책을 생각하는 것을 커리어코칭의 1차적인 목표로 설정했다.

커리어코치의 개입으로 대상자의 강점과 약점을 같이 찾아보았다. '강점'으로는 자신이 진학하기를 원하는 학과에 관해 이야기하고 있다. 나름대로 몇 가지 대안을 가지고 있으며, 여러 가지 자료를 찾아보았다. 수시모집에 합격했으며, 여러 지원체제를 가지고 있다(어머니, 선배, 친구). '단점'으로는 대안들을 선택함으로써 발생할 수 있는 어려움에 대한 고려가 미약하다(관광 관련 학과에 진학하거나 관광 관련 회사에 취업하여 실무경력을 쌓는다). 다음으로 심리검사인 MBTI, 진로적성검사, 직업가치관검사를 했다.

② 2회기

2회기도 1시간 동안 이루어졌다. 먼저 '심리검사 해석'을 실시했다. 일단 현재 □□대학교 지방캠퍼스 ○○학부에 합격한 상태다. 부모님께서는 진학하는 것도 좋을 것 같다고 하신다. 나중에 서울캠퍼스로 전과를 할 기회가 주어져 오히려 유리하다고 하신다. 하지만 광고홍보학과에 진학하려는 생각에는 변함이 없다. 만약 재수할 경우 광고홍보학과에 도움이 되는 어학 관련 학과에 시험을 본 후 그쪽에서 어학 공부를 열심히 하는 방법도 있고, 아니면 재수 생활을 하면서 광고 관련 회사에서 아르바이트하면서 어느 정도의 실무경험을 접하는 방법도 있다.

이 중에서 첫 번째 대안은 두 번째보다 좀 더 나을 것 같다. 일본어를 공부해야 하므로 대학 생활이 어떤 것인지 미리 접해보는 기회도 될 수 있다. 등록금이 부담스럽기는 하지만. 두 번째 대안은 현실적으로 힘들다. 공부하면서 아르바이트를 하기가 쉽지 않을 것 같고, '실무경험이 과연 많은 도움을 줄 수 있을까? 오히려 대학에 진학하여 전공을 공부하면서 하는 실무경험이 오히려 낫지 않을까?'라고 생각한다. 대상자에 대한 커리어코치의 평가는 다음과 같다. 대상자는 나름대로 여러 가지 대안을 생각하고 있고, 이것을 현실적으로 평가할 수 있는 듯하다. 커리어코치의 개입은 심리검사 해석, 현실적인 대안 탐색, 학과에 대한 자료 수집해오기 과제를 주었다.

③ 3회기

3회기는 1주일 뒤에 실시되었다. 고등학교 때부터 관광학부에 대해 관심이 많았다. 그래서 이러한 대학에 진학해보려고 했지만, 성적이 낮게 나와서 다른 방법들을 생각했다. 검사에서도 적성이 이쪽인 것 같다. 지금의 성적으로는 4년제 대학 관광 관련 학과에 진학하기는 힘들다. 현재 지방캠퍼스에 합격한 상태이지만 일본어 관련 학과에 진학하려고 생각해왔다. 하지만 전문대학에 대해서는 생각하고 있지 않았다. 오히려 전문대학에서 실무경험을 많이 할 수 있고, 또 일본어학과가 있는 대학에 진학하면 지금까지의 고민을 해결할 수 있을 것 같다. 커리어코칭을 하면서 관심을 두고 있는 관광학과에 대해 많은 애착을 갖게 되었다. 4년제 대학에 진학하지 못하고 2년

제 대학에 진학함으로써 후회하는 때도 있을 것이다. 하지만 앞으로는 실력이 중요하다고 생각한다. 관광학에 대한 지식을 폭넓게 공부하고 영어와 일본어를 능숙하게 준비한다면 충분히 해볼 만하다고 생각한다. 재수를 함으로써 오히려 시간을 낭비할 수도 있다.

(3) 시사점

대상자에 대한 커리어코치의 평가는 다음과 같다. 대상자는 이전까지 자신이 생각해온 대안들을 충분히 검토하면서 미처 생각하지 못한 방법을 생각해냈다. 물론 그 대안을 선택함으로써 앞으로 일어날 수 있는 어려움에 대해서도 대처할 자신감을 느끼고 있다. 커리어코치의 개입내용은 대안들의 장단점 파악, 추가적인 대안 탐색, 대안 선택 후 발생할 수 있는 어려움에 대한 대처방법, 관련 정보제공이다.

성찰질문

아래의 다섯 가지 질문에 스스로 답해보시기 바랍니다.

1. 자녀의 진로성향을 파악하기 위한 검사는 언제부터 어떻게 실시하면 좋다고 보는가?

2. 자녀에게 다양한 진로체험을 시킬수 있는 방안으로는 무엇이 있다고 보는가?

3. 학부모와 자녀의 진로희망이 다른 경우 어떻게 해야 할까?

4. 4차 산업혁명에 따라 달라지는 미래에 대해 자녀들을 어떻게 준비시켜야 할까?

5. 변화하는 대학입시에 맞추어 자녀들을 어떻게 준비시켜야 할까?(예: 독서, 코딩 등)

참고문헌

교육부, 『2019 초 · 중등 진로교육 현황조사 결과 발표 보도자료』, 2019. 12. 11.

이영대 외(2001), 『대상별 문제 유형화 및 진로상담전략 개발을 위한 진로상담사례집』, 한국직업능력개발원.

이영대 외(2004), 『생애 단계별 진로교육목표와 내용』, 한국직업능력개발원.

최영순 외(2017), 『진로상담사례로 보는 학부모를 위한 직업진로 가이드』, 한국고용정보원.

한국진로교육학회(1999), 『진로교육의 이론과 실제』, 교육과학사.

정선미

11. 대학생 커리어코칭 사례

1 대학생들의 고민

내가 대학생이던 시절에는 "몇 학번이세요?"라는 질문이 자연스럽고 당연했다. 하지만 어느 때부터인가 학번을 말하는 순간 실제 내 나이가 민낯처럼 드러나는 것이 싫어지면서 점점 언급을 회피하게 되었다. 해마다 상담일지에 적히는 대학생들의 생년월일을 보면 점점 내 나이와 격차가 벌어지는 것이 느껴진다. 이 친구들이 내 학번을 알게 되면 기겁할 일이다. 나를 '조상님'이나 '시조새' 격으로 볼 것이 뻔하다. 그나마 나는 직업상 매일같이 대학생들을 만나 고민을 듣고 코칭을 하기에 이물 없고 친숙한 대상이다. 이 글을 읽고 있는 여러분은 대학교를 졸업한 지 얼마나 되었는가? 10년? 20년? 아니면 30년? 짧으면 5년부터 30년 이상까지 다양하리라 본다. 그렇다면 요즘 대학생들에 대해 얼마나 알고 있는가? 우리가 다니던 1980년대, 1990년대, 2000년대 기준으로 현재의 대학생들을 대하고 있지는 않은가?

대학생은 청소년기에서 성인기로 전환되는 시기로 돈과 결혼, 가정 등

성인기의 과업을 이루기 위해 입직을 준비하는 시기다. 안정적인 입직을 통해 과업 외에 여가와 행복, 꿈의 실현이 가능해야 하는데, 결혼은커녕 연애조차 포기하는 'N포 세대'로 지칭되기도 한다. 대학생활의 고민 1순위는 '졸업 후 진로'이며, 2015년 기준 진로와 취업 스트레스를 받는 비율이 66.1%다. 수시전형의 확대로 응시할 기회가 많아지면서 일단 여러 곳에 지원하고 합격한 뒤 응시 결과에 따라 진로를 맞추다 보니 절반에 가까운 학생들은 입학을 코앞에 두고서야 대학이나 학과를 결정한다. 과거에는 대학을 결정할 때 대학의 인지도가, 학과를 선택할 때는 공부하고 싶은 분야가 우선순위였다면 현재는 '취업전망'이 우선이다.

'중2병' 이후에 등장한 '대2병'이라는 단어 역시 어느새 보편화되었다. 대학교 3학년(사망년)이 되기 전에 찾아오는 병으로, 2학년이 되어 본격적으로 전공수업을 배우기 시작하면서 '어렵다', '나랑 맞지 않는 것 같다', '진로를 결정하지 못하겠다' 등의 생각으로 전과나 편입, 반수 등을 고려하는 현상을 말한다. 학점이나 스펙 문제가 현실적으로 다가오면서 주로 미래에 대한 걱정과 불안, 두려움, 막막함 등을 호소한다. 학생들이 교수님들께 주로 기대하는 지도내용 역시 진로 및 취업상담이 1순위이고, 전공 관련 직업정보 제공이 2순위다. 나는 대학생들의 진로고민과 취업을 돕는 최전방 부서에서 수많은 학생들을 만나고 코칭을 통해 사회 진출을 돕는다. 하지만 1년 내 조기퇴사자 현황과 첫 직장 취업 후 직장을 그만둔 사람 중 약 75%가 2년 이내인 것을 보면 진로는 역시 속도가 아니라 '방향'이라는 생각에 동감할 수밖에 없다.

2

직업심리검사를 활용한 진로코칭 사례

(1) K의 초기 상황: '대2병을 앓다!'

K는 군 전역 후 대학교 2학년에 복학했다. 군대에 가기 전까지만 해도 '군대라도 다녀오면 뭔가 해결되겠지'라는 마음으로 입대했지만, 2년이 지난 지금도 여전히 상황은 달라진 것이 없었다. 학교도 전공도 딱히 이렇다 할 이유 없는 막연한 선택이었다. 굳이 이유를 찾는다면, 자동차가 좋았다고나 할까. 기계 관련 전공을 배우다 보면 뭔가 자신이 하고 싶은 일에 조금이라도 가까이 다가갈 수 있을 것만 같았다. 그러나 그뿐이었다. 생각보다 K는 잘 못하고 있었다. 아니, 좀 더 정확히 말하면 잘 못 따라가고 있었다. 수업은 점점 어려워졌고, 다른 친구들은 다 아는데 자신만 모르는 것 같았다. 점점 자신이 없고, 또다시 실패할 것만 같아 불안했다. 1학기 기말고사를 앞둔 어느 날, 학교 진로취업지원센터에서 운영하는 '흥미진진'이라는 프로그램에 참여했다. '흥미로 찾는 나의 진짜 진로', '자신의 진로를 찾아 고민하는 학생', '아직도 내 전공이 맞는지 잘 모르겠는 학생'이라고 적힌 문구가 마치 K의 마음 같았다.

K는 10여 명의 다른 참여자들과 함께 프로그램의 취지와 목적, 진행방식에 대한 설명을 들었다. 진로사고검사(CTI)와 홀랜드 직업선호도검사,직업가치관검사 등 총 세 가지 검사를 실시한 후 개인별 결과 해석 및 코칭은 일대일로 진행하는 방식이었다.

(2) 직업심리검사 결과 해석에 따른 질문과 코칭

코치: 안녕하세요?! 반갑습니다. 저는 K씨의 직업심리검사 결과 해석과 개인코칭을 담당한 코치입니다. 지난 시간에 직업심리검사를 총 세 가지 진행하셨는데요. 느낌이 어떠셨나요? 전에도 이런 검사를 해보신 적 있나요?(라포 형성)

K: 저는 처음 해보는 검사였는데 재미있었어요!

코치: K씨의 직업심리검사 결과를 설명해드리기 전에 우선 K씨가 이 프로그램에 참여한 이유에 대해 여쭤봐도 될까요?(목표설정)

K가 자신의 이야기를 하기 시작했다. K는 중학교를 졸업하고 검정고시 전형으로 입학한 학생이었다. 고등학교 1학년 때 집안형편상 음악을 포기했고, 학교를 자퇴했기 때문이다. 독학으로 공부하여 대학에 입학한 후에도 어려움은 계속되었다. 고등학교 정규과정을 밟고 졸업한 다른 친구들에 비해 기초수학능력이 부족함을 느꼈고, 학업을 따라가는 데 어려움을 겪었다. K는 점점 자신의 꿈과 능력 사이에 괴리감을 느끼며 자신감을 잃어갔다.

K: 군대는 제게 일종의 도피처였어요. 이대로 더 이상 학교를 다니면 안 되겠다 싶어서 군대라도 빨리 다녀오자는 마음으로 갔어요. 하지만 전역 후에도 도저히 복학할 자신이 없더라고요. 그래서 다시 호주로 워킹홀리데이를 갔어요. 두 번째 도망이었던 셈이죠. 솔직히 저는 자신도 없고 어떤 걸 해야 할지 잘 모르겠어요.

코치: 그동안 많이 힘드셨겠네요! 잘 오셨습니다. 그럼 오늘 코칭에 대해 어떤 기대가 있는지 목표를 좀 더 구체적으로 정리해서 말해

볼까요?(목표설정)

K: 저는 오늘 직업심리검사 결과 해석을 통해 저에 대해 좀 알고 싶어요. 그리고 제 전공과 제가 앞으로 하려고 하는 일이 저랑 맞는지 확인하고 싶습니다!

코치: 이 프로그램은 자신의 진로와 전공 선택에 대해 자신없고, 잘 모르겠는 분들에게 도움을 드리는 프로그램이에요. 그러면 일단 지난번에 한 심리검사 결과에 대해 먼저 설명해드리고 필요하시면 제 의견을 말씀드리도록 할게요. 일단 이 심리검사 결과는 본인이 응답한 내용을 토대로 나온 결과일 뿐이며, 실제의 본인과는 약간 다르게 느낄 수도 있습니다. 저는 검사결과지를 해석해드리는 역할일 뿐이며, 본인과 다르게 느껴지는 경우에는 그렇다고 말씀해주시면 됩니다.

① 진로사고검사 결과

코치: 첫 번째 진로사고검사는 진로와 관련하여 자기 자신에 대해 어떻게 이해하고 느끼는가를 알아보는 검사입니다. 우선 세 가지 척도로 나뉘는데, 결과는 지극히 정상으로 나왔습니다. 일단 크게 걱정할 부분은 없고요. 좀 더 자세히 설명해드리면, 의사결정 혼

〈표 11.1〉 K의 진로사고검사(CTI) 결과

진로사고검사 총점과 백분율	총점: 68	백분율: 69	T: 54
의사결정혼란(DMC) 총점과 백분율	총점: 15	백분율: 53	T: 51
수행 불안(CA) 총점과 백분율	총점: 19	백분율: 88	T: 60
외적 갈등(EC) 총점과 백분율	총점: 6	백분율: 45	T: 49

란과 외적 갈등의 척도는 모두 평균에 가까운 수치입니다. 다만, 수행불안 척도는 평균 범주 내에서 조금 높은 편으로 나왔어요. 이 말이 무슨 뜻이냐 하면, K씨가 진로방향에 대해 가닥을 잡고 실행하려면 우선 몇 가지 선택 가능한 대안에서 범위를 좁혀가야 하는데, 최종결정을 하지 못하고 있다는 뜻입니다. 또한 '완벽한 선택을 해야 한다'라는 생각이 강하다 보니 결정 자체를 하지 못하고 있다는 뜻이기도 합니다. 어떤가요? 실제의 본인과 어느 정도 일치한다고 느끼나요?(현실 파악)

K: 네~ 맞는 것 같아요. 사실은 제가 나이도 좀 있고, 집안 형편도 여유 있는 상황이 아니다 보니 이제 더 이상 방황하고 시간낭비하면 안 되겠다는 생각이 좀 강하게 듭니다. 그런데 전공은 점점 더 어렵고, 도저히 이 성적으로는 제가 하고 싶은 일을 하지 못할 것 같다는 생각이 들어 이러지도 저러지도 못하고 있는 상황입니다.

코치: 본인의 현재 능력을 떠나서 K씨가 정말로 하고 싶은 일이 무엇인가요?(대안탐색)

K: 저는… 엔진설계요. 할 수만 있다면 현대자동차에 입사해서 엔진을 설계하고 싶어요. 그래서 혹시나 하는 마음으로 전공도 기계설계공학과로 선택한 건데… 점점 자신이 없어요. 현대자동차에 입사하려면 대학원에 진학해야 할 것 같은데, 어차피 이 성적으로는 안 될 것 같기도 하고요. 사실 집에서는 제가 빨리 돈을 벌어야 하는 입장이기도 하고. 그래서 졸업하고 바로 취업을 해야 하나 생각해봐도 또 별로 하고 싶은 게 없고요.

코치: 여러 가지로 고민이 많은 듯하지만, 고민을 좀 단순하게 정리해볼 필요가 있겠습니다. 우선 고민에서 고려하지 않아도 될 부분

들은 제외시켜보겠습니다. 학점이 낮다고 하셨는데, 3.2 정도면 진학을 고려하든 취업을 준비하든 나쁜 성적이 아닙니다. 현재 2학년이므로 앞으로 얼마든지 개선될 여지도 있고요. 또한 지금 고민의 본질은 당장 대학원에 가느냐, 원치 않는 회사에 입사하느냐가 아닙니다. 오늘 코칭을 통해 우리가 해결해야 할 것은 첫째, 직업심리검사 결과 해석을 통해 본인의 특성에 맞는 진로를 선택하는 것이고요. 둘째, 진로방향과 목표가 설정되었다면 구체적으로 앞으로 무엇을 준비하면 좋을지 알아가는 것입니다. 맞나요?(목표 구체화 및 범위 한정)

K: 네 맞습니다.

② 직업선호도검사 결과

코치: 좋습니다. 그럼 이번에는 K씨의 직업선호도검사 결과에 대한 설명을 드리고 다시 이야기를 진행하도록 할게요. 먼저 이 검사가 개발된 배경은 제1차 세계대전 이후 사람들의 흥미를 측정하려는 시도에 의해 개발된 심리검사입니다. 왜냐하면 전쟁 상황에서는 갑자기 배경도, 학력도, 성격도 다른 많은 사람들이 소집되고 그 사람들이 각자의 역할을 부여받게 되잖아요. 이를테면 의무병, 통신병, 취사병, 전투병 등요. 그런데 문제는 같은 일을 시켜도 누군가는 그 일을 좋아하거나 잘하고, 또 누군가는 그 일을 너무나 힘들어하거나 못하고의 차이가 발생한다는 것을 알게 된 거죠. 그래서 '사람들마다 각자 일에 대한 흥미와 잘하고 못하고의 특성이 다르구나!'라는 것을 깨닫게 되었고, 당시 군 심리학자였던 홀랜드에 의해 연구되고 개발되어 지금의 직업심리검사가 된

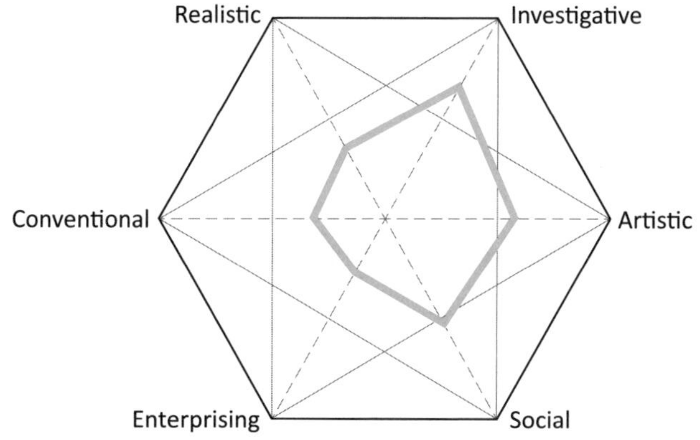

〈그림 11.1〉 홀랜드 직업선호도 육각형 모델-ISA 예시

겁니다. 물론 그 후에 스트롱이라는 군 심리학자가 자신의 직무에 만족하는 3년 이상의 직무종사자들을 대상으로 직업흥미검사를 개발할 때 이 홀랜드의 직업선택이론을 반영했고요. 신뢰도와 타당도는 높은 검사입니다.

코치: 또한 이 검사도구의 기본 전제는 첫째, 이 세상에 존재하는 직업들의 흥미영역은 크게 6개로 구분할 수 있다. 둘째, 사람들이 느끼는 흥미영역도 그와 동일하게 6개 영역으로 분류할 수 있다. 셋째, 사람들이 느끼는 흥미유형과 일치하는 직업영역에 종사한다면 만족하고 성공할 확률이 높다는 것입니다. 동의하시나요?

K: 네.

코치: K씨의 직업흥미코드는 ISA가 나왔습니다. 첫 번째 흥미유형코드 I는 탐구형을 뜻합니다. 대체로 수학과 과학 분야에 대한 흥미가 높고, 연구하고 분석하기를 좋아합니다. 이론과 원리에 관심

이 많고 학구적인 성향이 강해서 직업적으로는 연구원, 과학자, 교수, 의사 등이 많습니다. 이런 직업을 갖지 않는다 해도 다른 흥미유형들보다는 평균학력이 높은 편이고요. 만약 본인이 하고 싶은 분야에 대한 공부를 충분히 하지 않는다면 두고두고 후회할 수 있습니다. 예를 들어 석사 진학을 하지 못한 경우 직장에 재직하면서 야간대학원에 다닌다거나, 형편상 진학이 어렵다면 방통대든 독서든 어떤 방식으로라도 지적인 호기심과 욕구를 충족하기 위해 계속해서 노력하는 타입이죠. K씨의 두 번째, 세 번째 흥미코드는 사회형(S)과 예술형(A)이 나왔는데요. 고등학교 시절에 음악을 하고 싶었는데 가정형편상 포기했다고 하셨죠? 예술적인 감수성이 풍부한 예술형(A)이지만, 또한 배려심 많고 사람들에게 마음이 약한 사회형(S)이기도 합니다. 따라서 자신에게 소중한 사람들, 특히 가족들에게 자신이 하고 싶은 음악을 위해 상처를 주거나 이기적으로 굴지는 못했을 겁니다. K씨의 생각은 어떠신가요? 본인과 일치한다고 느껴지나요?(현실 파악)

K: 네~ 사회형과 예술형은 맞는 것 같아요. 그런데 탐구형은 잘 모르겠어요. 공부 자체는 재미있고 좋지만 전 아무래도 능력이 부족한 것 같아요. 나름대로 열심히 한다고 하는데, 성적이 생각만큼 안 나오고 있어요. 저보다 잘하는 애들이 너무 많은 것 같아요.

코치: 탐구형에 대한 흥미가 높게 나온 것은 현재 본인이 하고 있는 전공과도 관련이 있습니다. 처음부터 좋아하거나 능력을 갖고 있지 않았더라도 자꾸 접하다 보면 익숙해지고 실제로 잘한다고 느낄 수도 있고요. 검사 문항 자체가 현재 많이 수행하고 있는 활동이나 익숙한 경험에 대해 묻는 경우가 많아서 '그렇다'고 응답하

게 되면 자연스레 점수가 높게 나오는 경향이 있습니다. 현재 본인이 하고 싶은 일이 자동차 엔진설계인 것, 대학원 진학을 고려하는 것도 탐구형의 흥미와 연관이 높습니다. 하지만 검사 결과에 따라 본인의 흥미를 맞추거나 결정지을 필요는 없습니다. 본인 스스로 자신의 검사 결과에 납득하는 것이 중요하죠. 어쨌든 현재의 흥미검사 결과상으로는 대학원 진학이나 자동차 분야 연구원 쪽 모두 본인의 흥미와 일치하는 대안이 될 수 있습니다. 본인의 생각은 어떠신가요?(현실 파악 및 대안탐색)

③ 직업가치관검사 결과

코치: 마지막으로 설명해드릴 내용은 본인의 직업가치관검사 결과입니다. 직업가치관검사는 우리가 직업이나 직장을 선택할 때 중요하게 생각하는 기준이 무엇인지, 즉 가치관이 무엇인지를 확인하기 위한 검사입니다. 어떤 사람에게는 금전적인 보상이나 성취감

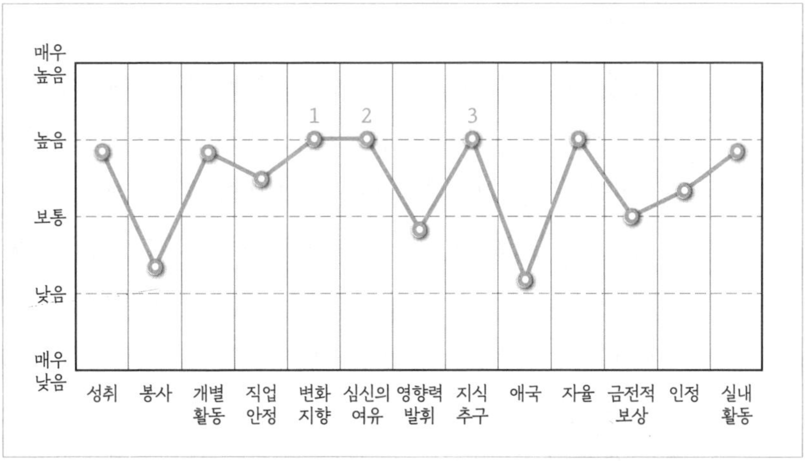

〈그림 11.2〉 직업가치관검사 결과 예시

이 1순위일 수도 있고, 또 다른 사람에게는 돈과 성공보다는 자율성이나 몸과 마음의 여유 같은 것이 더 중요할 수도 있다는 뜻이죠. 말 그대로 지극히 개인적인 가치관과 기준인데, 이 가치관이라는 것도 사실은 상황에 따라 달라지기도 합니다. 부모님이나 연인 등 내게 중요한 사람의 기대나 희망에 따라 영향을 받기도 하고, 내 가치관과는 다른 선택을 하기도 합니다. 또 젊었을 때는 성취감을 중요하게 생각했던 사람이 결혼 후 아이를 낳고 가정을 유지하면서 몸과 마음의 여유를 추구하는 사람으로 변할 수도 있고요. 그런 측면에서 K씨의 직업가치관 1순위는 '몸과 마음의 여유'가 나왔습니다. K씨의 직업가치관도 나중에 변할 수는 있겠지만, 어쨌든 현재의 K씨에게는 성취나 금전적 보상 같은 것보다는 몸과 마음의 여유가 우선이라는 이야기인데요. 본인의 생각은 어떠신가요?(현실 파악)

K: 네~ 제가 실은 좀 지쳐 있는 것 같아요. 학과 공부 따라가기도 너무 벅차고, 하는 만큼 성적도 안 오르고요. 지금 또 기말고사 준비도 해야 하는데, 과제 제출할 것도 많고….

코치: 네, 좋습니다. 그럼 오늘 코칭내용을 정리해볼까요? 지금까지 제가 설명해드린 내용들은 모두 본인이 스스로 응답한 내용에 대한 해석이었을 뿐입니다. 다행히 대부분 본인의 현재 상태와 일치한다고 느끼는 걸 보니 K씨 역시 본인에 대한 인식과 분석이 잘 되고 있는 사람으로 보입니다. 자, 그럼 오늘 세 가지 직업심리검사 결과와 해석 과정에서 주고받은 이야기를 토대로 본인 스스로 결론을 내려볼까요?(실행계획 수립)

K: 오늘 세 가지 심리검사는 저 스스로를 알아가는 데 매우 도움이

되었습니다. 정말 신기하게도 막연하게 느끼고 있던 저 자신이 좀 더 분명하게 정리된 느낌이에요. 시험이랑 과제가 겹치면서 마음의 여유가 너무 없었던 것 같아요. 앞으로 어떻게 할지는 좀 더 생각해보고 결정하겠습니다.

코치: 도움이 되셨다니 저도 기분이 좋습니다! 마지막으로 제가 조언을 드려도 될까요?(성공지원) 저는 K씨가 이제 그만 도망쳤으면 좋겠어요! 현대자동차 연구원, 정말 높은 문턱처럼 느껴지죠. 그런데 정말 본인이 원하는 게 맞다면, 간절하다면, 될 수 있는 방법을 찾아 노력해야 하는 게 아닐까요? 만약 지금 K씨가 본인의 꿈을 향해서 노력하지 않는다면, K씨는 몇 년 후에 또 다른 누군가를 붙잡고 이야기할 수 있습니다. 내가 그때 세 번째 도망을 쳤다고!!! 그리고 한 가지만 더 말씀드리면 저는 공부는 누적이라고 생각해요. 특히 수학이나 과학 같은 기초 과목들…. 안타깝지만 K씨의 경쟁 상대들은 K씨가 손 놓았던 중 · 고등학교 시절에 열심히 공부했던 친구들 아닌가요? 지금 당장은 눈에 띄게 성적이 오르지 않아 답답하고 힘들겠지만, 언젠가 누적량이 비슷해지는 순간이 오면 K씨의 노력이 빛을 발하는 순간이 올 거라 생각합니다. 그렇게까지 할 만큼 절실하지 않다면 본인이 진짜 하고 싶은 일이 무엇인지 다시 생각해보는 게 좋을 것 같아요!

(3) 진행 결과: '진로코칭 이후 2년 만의 만남'

K를 다시 만났을 때, 그는 졸업을 앞둔 4학년이었다. 자동차 관련 중견기업에 추천받기 위해 찾아온 K의 이력서를 훑어보았다. 교수님 연구실에서 약 2년간 프로젝트를 진행하며 자동차 관련 연구경력이 풍부한 인재로 성장해 있었다. 최근 프로젝트에 참여했던 외국계기업 담당자로부터 입사제의를 받아 고민스럽다는 그는 2년 전에 보았던 모습보다 훨씬 단단하고 자신감이 느껴졌다. 그때 마지막에 내가 한 말이 결과적으로 도움이 되었다는 말을 진지하게 하는 K를 보며 2년 전의 기억들이 주마등같이 스쳐갔다.

(4) 코치의 Insight

K는 자신의 능력에 대한 효능감이 많이 낮아진 상태로 자신이 무엇을 하고 싶은지는 알고 있었지만, 그것을 실현시킬 계획이나 용기가 부족한 상태로 찾아왔다. 자신의 진로가 자꾸 변하는 것에 대한 혼란스러운 마음도 있었고, 그것이 또 어떤 상황이나 누군가에 의해 방해받고 실행되지 못할 것이라는 두려움도 갖고 있었다. 현대자동차 연구원으로서 엔진을 설계하고 싶다는 목표 아래 K의 현실은 학업이 어렵기만 한 나이 먹은 복학생이었다. 그렇지만 또 다른 K의 내면에서는 누구보다 성공하고 성취하고 싶어 하는 욕구가 보였다. 자신의 성공을 통해 가족과 가까운 사람을 기쁘게 해주고 싶은 동기도 있었다. 자신의 상황을 스스로 발전시키고 성장하고 싶어 찾아온 K였기에 그에게는 뭔가 자극이 필요했고 나는 그의 숨은 동기와 성장욕구, 자존심을 건드려주기로 했다.

하지만 K는 신중하고 완벽주의 성격으로 합리적이고 논리적인 설득이 필요했다. 그런 면에서 직업심리검사는 매우 좋은 매개체였다. 탐구형인 그의 성향상 결론부터 간단하게 말하면 논리적으로 설득력이 약하게 느껴질 터였다. 나는 일부러 매 심리검사 결과를 말하기 전에 심리검사의 원리와 이론에 대한 설명을 먼저 했다. 그리고 매번 검사 결과와 그가 느끼는 일치감을 확인하는 질문을 하고, 스스로 자신에 대한 인식과 심리검사 결과가 일치하는지 점검하도록 했다. 세 가지 직업심리검사 결과 해석과 질문을 통해 자신의 진로방향과 장벽에 대해 명확하게 인지하게 되었고, 그의 성장욕구와 자존심을 동시에 자극하는 조언을 함으로써 코칭을 마무리하게 되었다.

3
목표설정이 없던 졸업생 취업코칭 사례

(1) J의 초기 상황: '어떤 스펙을 더 쌓아야 하죠?'

집안 형편이 넉넉지 않은 J는 졸업 전부터 취업에 대한 생각이 많았다. 졸업하면 바로 취업해서 돈을 벌고 싶었다. 혹시나 하는 마음으로 학교 취업 게시판에 올라오는 일본계 기업과 독일계 기업 추천채용 공고를 보고 지원했으나 결과는 역시 예상대로였다. 성적은 좋은 편이었지만 아무래도 영어 성적과 자격증이 없어서인 것 같았다. 3학년 여름방학 때 3박 4일간 다녀온 일본 기업탐방의 여파로 잠시 외국계 기업에도 관심을 가졌으나, 아무래도 요즘 대세는 공기업인 것 같았다. 어딜 가나 누구나 공기업에 가라는 소리뿐이다. J도 한번 해볼까 싶었다. 다른 건 몰라도 집중력 하나는 자신 있는 J였다. J는 작정하고 공부하기 시작했다. 4학년 내내 미친 듯이 공부에만 매달렸다. 일반기계기사 자격증을 준비하면서 공기업 지원 시 가산점이 있는 컴퓨터 활용능력과 워드프로세서 자격증을 취득했다. 요즘에는 토익점수보다 말하기 점수가 더 유리하다고 해서 토익점수 외에 토익 말하기 점수도 취득했다. 4학년 2학기, 드디어 일반기계기사 자격증을 취득했다. 조금은 마음이 놓였다. 하지만 안심하기에는 뭔가 부족하다는 생각이 들었다. 기계 관련 전공자가 일반기계기사 자격증을 취득하는 것은 너무나 당연한 일반상식 같았다. 좀 더 남들과는 차별화된 무언가가 필요했다. 전기기사 자격증을 취득하면 뭔가 장점이 있을 것만 같았다. 그래서 J는 다시 전기기사 자격증을 취득하기로 마음먹었고 졸업한 해의 봄이 다 가기 전에 전기기사 자격증을 취득했다. 자격증을 공부하는 짬짬이 채용공고를 보는 것도 잊지 않았다. 총 10군데 정도 입사지원서를 낸 것 같았다. 하지만 서류전형에 합격한 곳은 단 한 군데도 없었다.

'내 스펙이 아직도 부족한가?', '뭘 더 해야 하지?', '내 자기소개서가 너무 형편없나?' 분명히 뭔가 문제가 있어 보였다. 아무래도 누군가의 도움이 필요할 것 같았다.

J가 대학교 취업지원부서를 찾았을 때는 졸업 후 약 5개월이 흐른 7월 초였다. 까무잡잡한 피부에 연노랑 셔츠를 입고 조심스럽게 센터 문을 열고 들어왔다. 땀이 났는지 피부는 반들거렸고, 덥수룩한 곱슬머리 아래 작고 까만 눈동자가 빛났다. 무더위에 찾아온 졸업생이었다. 반갑게 맞아주고 정수기에서 시원한 물을 한 컵 뽑아 마시도록 권했다. 상담신청서를 내밀자 성적과 대외활동 이력, 자격증과 외국어 능력사항을 남김없이 적었다. 그런데 '희

망기업'과 '희망직무'만은 적지 않고 남겨놓았다.

(2) 질문과 코칭

코치: 더위에 오시느라 수고 많았습니다. 그동안 총 10군데 정도 입사서류를 제출하셨다고 했는데, 어느 기업에 지원하셨나요?(라포 형성)

J: 한국남동발전, 현대위아, 화신, LS산전, 동원, 삼기오토모티브, 한국공항공사, 경동나비엔. 더 이상은 생각이 안 나네요.

코치: 주로 어떤 직무에 지원했나요?(목표설정)

J: 기계설계, 연구개발, 품질… 특별히 가리는 건 없어요. 그냥 이것저것 보이는 대로 지원한 것 같아요.

코치: 음… 객관적으로 스펙은 충분히 갖추신 듯한데, 면접 보러 오라고 연락 온 곳이 없었네요. 혹시 이유가 뭐라고 생각하세요?(현실 파악)

J: 글쎄요, 잘 모르겠어요. 제가 글 솜씨가 없어서… 자기소개서를 잘 못 쓰는 거 같기도 하고요.

코치: 전공 관련 자격증 외에 다른 자격증도 여러 개 있던데, 혹시 공기업을 준비해오신 건가요?(현실 파악)

J: 딱히 그건 아니에요. 그냥 있으면 좋을 거 같아서요. 저는 사실 대기업이든 공기업이든 중견기업이든 상관없어요. 솔직히 잘 모르기도 하고요.

코치: 크게 기업을 구분할 때 민간기업과 공기업, 외국계 기업으로 구분해보고, 다시 민간기업을 대기업과 중견기업, 중소기업, 또 스

타트업 기업으로 구분해볼 수 있겠지요. 그런데 이 기업들마다 문화와 특성이 다릅니다. 사업내용에 따라 하는 직무도 완전히 달라질 수 있고요. 남들은 다 괜찮다고 하는데, 본인의 성향과 가치관이 기업의 조직문화나 직무와 맞지 않으면 오래 일하기 힘들 수도 있습니다. 또 참고 일한다고 해도 행복하지는 않겠지요. 지금 당장은 취업이 급하니까 돈 많이 주고 괜찮아 보이는 데 어디라도 들어가면 좋겠지만, 장기적으로 고려한다면 기업의 종류와 산업군, 직무에 대해 미리 고민을 하고 가시는 게 좋겠습니다.(목표설정) 자, 그러면 지금까지 입사 지원했던 경험을 바탕으로 본인의 취업목표와 범위를 조금 더 구체화해봅시다. 수많은 채용공고 중 10개의 기업에 지원하셨잖아요? 본인은 의식하지 못했을 수 있지만, 나름대로 기준을 갖고 선택한 겁니다. 기업을 선택할 때 어떤 점을 고려했을까요? 그게 바로 J씨가 기업을 선택할 때 중요하게 생각하는 기준일 수도 있거든요.(목표설정 및 현실 파악)

J: 음, 미래 성장 가능성이요! 아무래도 미래에 유망한 기술력을 갖춘 기업이 좋은 것 같아요.

코치: 좋습니다! 미래 성장 가능성이 바로 J씨가 직장을 선택하는 기준인 겁니다. 그리고 미래에 유망한 기술은 한두 가지가 아닐 겁니다. 여러 가지가 있을 수 있죠. 그중에서도 특히 관심이 가고 좀 더 재미있게 오래 일할 수 있는 산업군이나 아이템이 있을까요?(목표 구체화)

J: 저는 일단 자동차는 싫고요. 보일러나 의료기기, 환경, 에어컨, 공기정화장치에 관심이 있어요.

코치: 네, 좋습니다! 본인이 생각하는 미래 유망기술을 갖춘 보일러나

의료기기, 환경, 에어컨, 공기정화장치 등의 관련 기업에서 본인이 실질적으로 하고 싶은 직무는 무엇인가요? 내가 잘할 수 있고, 기왕이면 지금까지 배운 지식과 기술을 활용해서 내가 담당할 수 있는 역할 같은 거라고 생각하시면 될 것 같아요.(현실 파악 및 대안탐색)

J: 저는 연구개발이요. 아무래도 기계설계를 전공했으니까요. 처음에는 그런 생각을 못했는데, 서류 넣고 하다 보니까 연구개발팀에 들어가고 싶다는 생각이 들더라고요.

코치: 네~ 좋습니다! 그럼 이제 정리를 좀 해봅시다. 본인은 보일러나 의료기기, 환경, 에어컨, 공기정화장치 등 미래 유망산업에서 기술력을 갖춘 기업의 연구개발팀에서 일하고 싶어 해요. 그러면 사실상 공기업과 외국계 기업은 제외해야 할 것 같고요. 관련 산업분야 중견기업과 대기업 연구개발팀 입사를 목표로 구직활동을 하시기를 추천해드리고 싶습니다. 본인의 생각은 어떤가요?(대안탐색)

J: 네, 좋습니다!

코치: 그럼 본인이 관심 있는 산업분야 중견기업 연구개발팀에 입사하기 위해서는 어떤 준비가 필요할까요?(실행계획 수립)

J: 글쎄요….

코치: 그럼 지금부터 과제를 내드리겠습니다. 본인이 관심 있는 보일러나 의료기기, 환경, 에어컨, 공기정화장치 산업군에 있는 기업리스트 등을 정리해봅시다. 어차피 중견기업 이상이 입사목표여서 랭킹 1위부터 30위 정도 내에서 마무리가 될 것이라 생각합니다. 이 과정에서 관심 있는 산업분야 개수를 줄이셔도 좋습니다. 왜냐하면 여러 개의 산업군에 지원할수록 그만큼 본인이 공부해야

할 분량이 많아지기 때문입니다. 전략적으로 본인이 집중할 산업군을 압축하면 좋습니다. 이 과제를 수행하면서 동시에 본인의 이력서와 자기소개서, 지금까지 해온 설계경험과 프로젝트 위주로 포트폴리오도 정리해봅시다. 이 작업을 하다 보면 본인의 관심사와 핵심역량을 발견할 수도 있어 관심 산업군의 범위를 좁히는 데도 도움이 될 겁니다. 이 과제들을 언제까지 수행해올 수 있을까요?(실행계획 수립)

J: 다음 주까지 해올게요.

코치: J씨는 충분한 능력과 스펙을 갖추었습니다. 그동안 방향과 방법을 잘 몰랐을 뿐입니다. 지금 내드린 과제들을 성실히 수행하면서 입사지원을 한다면 곧 좋은 결과가 있을 것이라 생각합니다. 그 과정에서 발생하는 서류작성법이나 면접준비에 대한 부분도 함께 도와드리겠습니다. 앞으로 열심히 해봅시다!(성공지원)

(3) 진행 결과

졸업생 J는 첫 코칭 후 이력서와 자기소개서, 포트폴리오를 준비해왔고 총 다섯 곳의 중견기업과 대기업에 입사 지원을 했다. 서류클리닉과 면접코칭을 통해 9월 말 반도체 장비 제조기업과 자동차 부품제조 중견기업 두 곳에 최종 합격했다. J는 망설임 없이 집에서 가깝고 연봉수준이 높은 자동차 부품제조 중견기업을 선택했다. 그가 입사한 곳은 자동차에 전기적인 신호를 공급하는 장치로 전기차와 배터리 팩에 필수적인 부품, 와이어링하네스 설계팀이었다. 그가 가고 싶어 하던 미래 성장 가능성이 높은 회사였다. 기계설계공학을 전공하고 일반기계기사와 전기기사 자격증을 갖춘 그에게는 최적의 아이템이자 직무였다. 첫 코칭 이후 3개월이 채 걸리지 않았다.

(4) 코치의 Insight

J는 스펙과 역량을 고루 갖춘 지원자였다. 다만 본인이 가야 할 방향과 목적이 없는 상태에서 맹목적으로 취업준비를 하다 보니 점점 자신감을 잃어가는 상태였다. 따라서 그동안 학업과 영어, 자격증, 여러 가지 전공 관련 활동들을 수행해온 그의 노력과 성과를 충분히 인정해주고 '역량'이라는 실탄은 준비되었지만 '전략'이 부재했음을 일깨워줬다. 취업목표 설정과 필요한 스킬을 강화하는 한편, 코칭을 통한 본인의 가치관과 정체성을 파악하도록 도와줌으로써 단기간에 취업성과를 낼 수 있었던 사례다.

성찰질문

아래의 다섯 가지 질문에 스스로 답해보시기 바랍니다.

1. 당신의 꿈은 무엇인가?
2. 당신은 어떤 사람으로 기억되고 싶은가?
3. 당신은 어떤 삶을 살고 싶은가?
4. 당신에게 직업은 어떤 의미인가?
5. 당신이 좋아하고 잘할 수 있는 일은 무엇인가?

참고문헌

교수신문(2017), 『대나무(대학생은 나에게 무엇인가)』, 2017학년도 수험생 대상 정시특집 설문조사.

교육부(2017), 대학 163개교 21,780명, 전문대 120개교 6,467명 대상 2017년 대학 진로교육 현황조사 결과.

김정택 · 김명준 · 심혜숙(2005), 『STRONG 직업흥미검사 매뉴얼 개정판』, ㈜어세스타.

대통령직속청년위원회(2015), 대학생 2,960명 대상 '취업, 진로에 대한 청년층 인식' 관련 설문조사 결과.

한국고용정보원(2014), 2차 생애진로개발 세미나 자료집.

『2017 동계 대학창조일자리센터 컨설턴트 진로지도과정』(교재), 한국고용정보원.

『2018 하계 대학교(수)직원 진로지도과정』(교재), 한국고용정보원.

『2020 동계 대학교(수)직원 진로지도과정』(교재), 한국고용정보원.

장은영

12. 직장인 커리어코칭 사례

1 행복한 직장인으로 살기

이 장은 대학생이나 취업을 앞둔 취업준비생이 아닌 직장인의 고민에 대한 코칭 사례를 담고 있다. 사전적 정의에 의하면 직장인(職場人)이란 "규칙적으로 직장을 다니면서 급료를 받아 생활하는 사람"이다. 회사에서 일정 시간 동안 일하면서 그 대가를 받는 사람들이라는 것이다. 직장인은 일한 대가를 받기 위해 하루 대부분의 시간을 직장에서 보내고 있지만 행복하지 않다. 돈이 필요해서든, 자아를 찾기 위해서든, 아니면 사회적 기여를 위해서든 각자 나름의 이유로 자발적으로 회사에 들어갔음에도 직장에서 보내는 시간에 행복해하지 않는다.

왜 그럴까? 자신이 원하는 일을 못해서? 아니면 월급도 적고 근무 조건이 안 좋아서? 직장인은 때로 좋아하는 일을 원하는 시간에 자유롭게 이용하는 프리랜서(freelancer)를 부러워하기도 하지만, 프리랜서들이 직장인보다 더 많이 일하며 스트레스도 많다고 하는 것을 보면 굳이 부러워할 필요는 없는 것 같다.

① 힘들게 노력하여 대기업에 취업했음에도 자신의 적성과 맞지 않아 방황하는 직장인, ② 계속되는 실패로 자존감이 낮아져 희망이 없다고 생각하는 직장인, ③ 승진에서 계속 떨어져 고민인 직장인과 급변하는 환경에 적응하기 위해 교육 및 자격증 등으로 안간힘을 쓰는 직장인의 다양한 사례를 통해 지금보다 조금은 더 행복한 직장인으로 살아가기를 바란다.

2
적성이 맞지 않아 행복하지 않은 직장인

(1) 사례: 남들이 부러워하는 대기업에 들어갔지만 적성이 맞지 않아 방황하고 있다

30대 초반의 직장인 P씨(남성)는 L회사에 입사한 지 4년쯤 되었다. P씨는 친구들과 취업스터디까지 하며 오랫동안의 준비 끝에 L회사에 입사했다. 처음 1년은 기본 교육과 함께 각 부서를 순회하며 직무를 경험하는 오리엔테이션 기간으로 동기들과 친해질 수 있어 즐겁게 보낼 수 있었고, 그 후에는 자동차의 전자부품 판매 마케팅 부서에 배치되었다. 제품에 대한 설명서 및 마케팅 방안 제작 등 이미 정해져 있는 단순 업무가 대부분이기는 하지만, 힘들게 입사했기에 배치된 부서에서 최선을 다하며 열심히 일했다고 했다.

일하면서 가끔 일이 재미없다고 느끼기는 했지만 주위 직장선배들도 모두 그렇게 적응하며 살고 있어서 별 생각이 없었는데, 친했던 동기들이 하나 둘씩 다른 회사로 이직한 4년 차가 되면서 '이 회사에서 이 일을 계속해야 하나? 단순한 일이라서 커리어에 도움도 안 되고 오래한다고 전문가로 인정받기도 힘든 일인데…'라는 생각이 들기 시작했다.

일별 실적보고를 비롯하여 주간별, 월별 등 수많은 실적 보고도 힘들고 팀장님의 강압적인 업무지시도 못마땅하며, 자기 이익만 챙기려 떠들고 다니는 동료들도 싫었다. 무엇보다 '내가 이런 일이나 하려고 그토록 열심히 취업 준비를 했나?' 싶어 화도 나고 일에 대한 흥미가 없어지니 모든 것이 싫어지고 불만만 커졌다.

P씨는 현재 업무가 본인 적성에 맞지 않아 전문성이 쌓이는 다른 일을 하고 싶은데 자신이 무엇을 잘하는지 모르겠고 매일 아무 생각 없이 출근한다고 했다. 동기나 친구들은 자기 길을 알아서 잘 찾아가는 것 같은데, 동기들처럼 이직을 할 수도 없고 어떻게 하면 좋을지 모르겠다고 했다.

(2) Solution: 사람은 적성과 능력에 적합한 일을 할 때 행복하다

우리는 보통 부모님과 친구들, 주변 사람들이 좋다고 하는 대기업에 들어가기를 원한다. 과거에는 대기업에 들어가기만 해도 평생직장으로서 경제적 보상과 안정 모두를 보장 받을 수 있었기 때문이다. 직장인 P씨의 경우도 이름만 들어도 다 알 수 있는 대기업에 취업했음에도 고민이 많다. 남들이 좋다고 하는 대기업에 들어갔지만 불만투성이다.

대기업의 근무 여건이나 이미지 등은 입사 전 회사 밖에서 생각했던 것과 많이 다르다. 맡은 직무도 전공과는 무관하게 배정되는 경우가 허다하고,

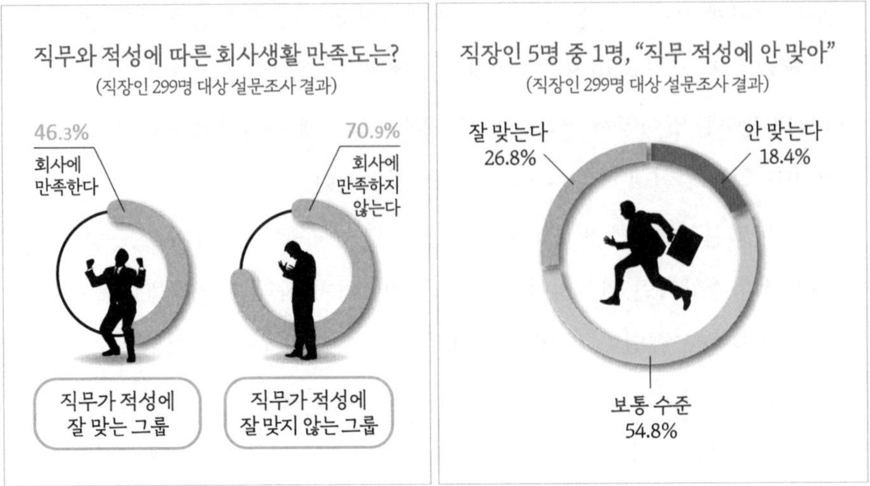

〈그림 12.1〉 직무와 적성에 따른 만족도

자료: JOBKOREA.

경력 없는 초년생일수록 단순 업무에 가까운 일들을 하므로 직무가 마음에 안 드는 경우가 많다. 게다가 대기업이라는 조직에서 직원은 한낱 부속품에 불과하다는 생각이 들기도 하고, 무엇을 위해 그토록 열심히 일하는 것인지 모를 때가 생긴다.

그러다가 어느 순간 정작 내가 어떤 사람인지, 앞으로 어떻게 살아갈 것인지에 대해 진지한 고민 없이 하루하루를 바쁘게만 살아왔다는 것을 깨닫기 시작한다. P씨가 그런 경우라고 할 수 있다.

자신의 직무와 적성이 맞을 때 회사에 만족한다는 조사 결과(JOBKOREA)도 있듯이 자신의 적성에 적합한 일을 할 때 회사에 대한 만족도가 높고 행복할 수 있다. 그러므로 일에 대한 만족도를 높이기 위해서는 자신의 적성을 파악하여 자신에게 적합한 직무를 찾아야 하며, 적성을 알기 위해서는 자신이 어떤 사람인지에 대한 탐색이 우선되어야 한다.

P씨는 남들이 좋다고 하는 대기업에 들어갔으며 맡겨진 업무를 열심히 수행했지만 행복하지 않은 자신을 발견했다. P씨는 삶을 수동적으로만 살아와서 자기 자신이 어떤 성향을 갖고 있는 사람인지 생각해본 적이 없었다. 아래와 같이 자기 자신에 대한 탐색을 통해 자신을 이해할 수 있었으며, 주체적으로 살게 되었다.

① 자신의 현재 상황을 이해한다

자신이 어떤 사람인지 제대로 알기 위해서는 현재 처한 상황이 어떠하고 그 상황에서의 느낌이나 기분이 어떠했는지 이해한다.

- 자신이 가장 잘하는 것은 (특히, 업무에서) 무엇인가?
- 어디에서 열정을 느끼며 그때의 느낌은?
- 어떤 업무에서 칭찬이나 인정을 받았는가?
- 무엇을 할 때, 또는 어떤 역할을 할 때 보람을 느끼며 즐거웠는가?
- 무슨 업무를 할 때 실망스러웠으며 좌절했던 상황은 무엇이었는가?

② 왜 이 일을 하고 있는지 정의한다

사람들은 직업의 목적이 명확하고 그에 적합한 일을 할 때 흔들리지 않고 일을 계속할 수 있다.

- 일에 대한 목적이 무엇이며, 그 목적이 명확한가?
- 지금 하고 있는 일이 자신의 삶의 목적에 도움이 되는 일인가?
- 일이 자신의 동기와 흥미를 유발할 수 있는가?

③ 실행 가능한 것부터 실천한다

사람은 주어진 삶이 아니라 주체적인 삶을 살 때 행복할 수 있다. 자신의 성향을 파악했고 왜 그 일을 하고 있는지 알았다면, 이제 내가 할 수 있는 모든 시도를 통해 자신의 적성에 적합한 일을 찾는다.

- 지금의 업무 이외에 늘 생각하는 흥미와 관심 있는 분야가 있는가?
- 흥미와 관심이 생기는 일을 시범적으로 실행해볼 수 있는가?
- 가능한 방법들을 모두 동원해서라도 시도해볼 수 있는 것들은 무엇인가?

P씨는 응용 소프트웨어를 만들어 운영되는 것을 볼 때 보람을 느낀다고 했다. 원래의 꿈이 소프트웨어 개발자였는데, 바쁜 회사 생활에 꿈을 잊고 살다가 동료가 이직하는 것을 보고 현재의 자신을 되돌아볼 계기가 되었다. 코칭 질문들을 정리하면서 자신이 어떤 일을 좋아하고, 어떤 흥미가 있는지 알 수 있는 좋은 기회였다고 했다. 코칭을 통해 자신이 원하는 직무가 무엇인지 분명해졌다면서 고마워했다.

3

계속되는 실패로 자존감이 낮아진 직장인

(1) 사례: 교수가 되고 싶지만 시간강사만 15년, 늘 불안하고 희망이 사라졌다

몇 년 전의 일이다. 시간강사 J씨는 교수가 되기 위해 뒤늦게 박사학위를 취득하고 연구와 강의를 병행하며 열심히 살았지만 오래도록 교수가 되지 못했다고 했다. 이제라도 다른 일을 찾아야 하는 것은 아닌지 모르겠다면서 풀이 죽어 연락해왔다.

J씨는 Y대학교 사회학과 시간강사였다. 대학 졸업 후 가정형편이 어려워 계속 공부를 하고 싶었지만 일할 수밖에 없었다. 일하면서 공부한다는 것이 쉽지 않았는지 박사학위까지 10년이 걸렸다. 주변 사람들은 국내 박사, 그것도 문과(사회학) 박사가 교수 되기는 하늘의 별 따기와 같다면서 하루라도 젊을 때 직장에 들어가라고 했다.

어릴 때부터 늘 공부를 잘했던 J씨는 박사학위만 받고 나면 좋은 학교까지는 아니더라도 교수가 될 것을 자신했다. J씨는 강의에도 충실했고, 학자로서 논문도 꾸준히 쓰면서 사회학 번역서도 집필하는 등 교수가 되기 위한 커리어를 꾸준히 쌓았으나 교수 자리는 없었다.

Y대학에서 받는 강사료만으로는 생활하기 어려워서 코칭 받기 3년 전부터는 서울이건 지방이건 가리지 않고 다녔으며, 사회학 분야는 수업이 많지 않아서 학기가 끝날 때마다 하던 수업마저 없어질까 늘 불안하다고 했다.

박사학위를 받자마자 취업할 기회가 있었지만 교수가 되고 싶어 포기

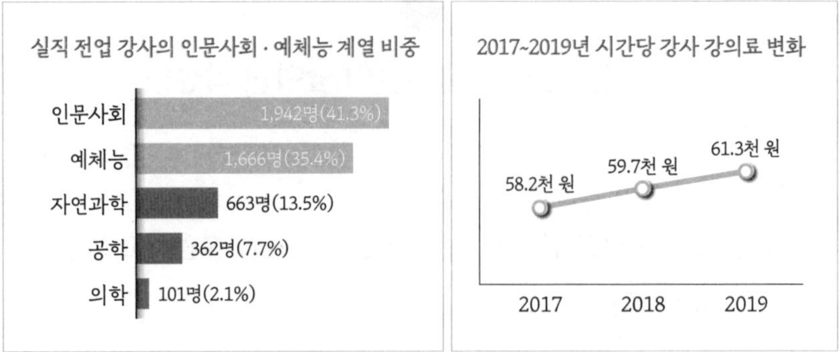

〈그림 12.2〉 강사의 실직과 시간당 강사 강의료

자료: 교육부, 2019.

했는데, 학위를 받은 지 5년이 지난 지금도 시간강사를 하고 있는 자신을 보면 자존심도 상하고 한심하기도 하단다. 대중교통으로 일주일 내내 쉬지 않고 지방대학에 강의를 다니는 것도 힘들고, 강의하면서 연구하고 논문 쓰는 것도 지친다면서 이제는 교수를 포기해야 할 것 같다고 했다.

(2) Solution: 자신을 있는 그대로 인정하고 사랑하여 자존감을 높인다

J씨는 시간강사라는 불안한 처지와 계속되는 강의로 많이 지쳐 있는 상태였다. 누구보다 똑똑하며 잘할 수 있다는 자신감으로 살아왔는데, 여전히 시간강사를 하고 있는 자신의 모습에 실망이 너무 컸다. 어렵고 힘들지만 교수가 되기 위한 모든 노력을 다했음에도 뜻대로 되지 않는 현실을 보며 자신감을 잃었다.

J씨와 같이 자신감이 낮아진 상태에서는 앞으로 잘될 것이라는 희망과 자신감을 되찾아주는 것이 필요했다. 현재의 자신을 있는 그대로 인정하고

사랑하며 긍정적인 생각을 갖게 함으로써 J씨의 자존감을 높여주었다.

① 자신을 있는 그대로 인정하라

세상에 완벽한 사람은 없으며 어느 누구든 장점과 단점을 모두 갖고 있다. 나 자신도 마찬가지다. 단점이 보인다고 실망할 필요가 없다. 분명히 장점도 있을 것이기 때문이다. 자신을 좋아하지 않을 이유가 없으므로 지금 모습 그대로 인정해줄 수 있어야 한다. 단, 타인의 인정이나 관점이 아니라 나(자신) 중심으로 생각하면 된다. 자신을 희생하면서까지 타인의 기대에 맞출 필요도 없으며, 그렇기에 절대 남과 자신을 비교하지 않도록 한다. 오로지 내 주관에 의해, 있는 그대로의 자신을 인정하면 된다.

- 현재의 모습 그대로의 자신을 인정하지 못할 이유가 있는가?
- 나 중심으로 생각했을 때, 자신을 좋아하지 않을 이유가 있는가?
- 자신의 생각과 감정을 확실히 표현하는가?
- 다른 사람의 기대에 맞추기 위해 자신을 희생하는 것은 무엇인가?

② 자기 자신을 사랑하라

세상에 자신은 단 하나뿐인 소중한 사람이다. 소중한 자신에게 선물을 준 적이 있는가? 다른 사람을 위해서가 아니라 오로지 나 자신만을 위해 정성껏 선물을 준비한다. 자신만을 위한 소소한 사치품도 좋다. 예를 들면 평소 갖고 싶었던 옷이나 액세서리도 좋고, 정성을 다해 준비한 음식을 우아하게 먹는 것도 좋은 선물이다. 특히 자신이 좋아하는 시간이나 공간을 만들어 즐기는 것도 자신을 사랑하는 요령이다.

- 자신이 세상에 하나뿐인 소중한 사람이라고 생각하는가?
- 자신만을 위한 소중한 선물은 무엇인가?
- 자신이 좋아하고 즐길 수 있는 시간과 공간이 있는가?

③ 긍정적으로 생각하라

힘든 일과 시련이 닥치더라도 좋게 생각하려고 노력한다. 어떤 어려움도 두려워하지 않고 좋은 경험이라고 생각하며 스스로를 격려한다. 당당하게 걷고 자주 웃는 연습을 하면 긍정적인 생각에 도움이 되며, 성공 가능한 작은 일들을 만들어 성취감을 느끼게 한다면 자신감도 생기고 긍정적으로 변한다.

- 당당하게 걷고 있으며 항상 웃고 있는가?
- 일상에서 작은 성취감을 만들 수 있는 일이 무엇인가?
- 어려움에도 두려워하지 않고 좋은 경험이라고 스스로를 격려하는가?

J씨는 시간강사를 하고 있는 현재 모습 그대로를 인정하려고 노력했으며 스스로를 사랑함으로써 자신감을 향상시켰다. 또한, "당신이 중요하게 생각하는 것이 교수 자리인지 아니면 가르치는 직업인지를 생각해보세요" 등

여러 가지 질문과 코칭을 통해 외부의 시각이나 비교에서 벗어나 진정으로 자신을 사랑할 수 있었다. 언제 그만두게 될지 모르는 비정규직이라는 불안한 위치와 항상 공부를 잘했던 학생이었기에 주변 사람들의 높은 기대로 늘 힘들었다. 게다가 원거리 대학의 대중교통 이동 등으로 몸이 지쳐 있는 상태가 계속되면서 점차 자신감을 잃었다.

있는 그대로의 모습을 사랑하려고 노력하니 자신이 소중해지고 현재의 모습도 좋아 보인다고 했다. 자신을 사랑하는 방법으로 '자신에게 선물주기'의 하나로 중고 승용차를 구입하여 원거리 강의로 지쳐 있는 건강도 회복하고 가끔 드라이브로 자신만의 시간을 즐기고 있다고 했다.

J씨는 안정된 월급과 강의 및 연구를 할 수 있는 교수가 되고 싶은 것은 변함없지만 예전만큼 교수자리에 연연해하지 않게 되었다고 했다. 학자로서 사회학을 연구하는 것도 재미있고 강의하는 것도 여전히 즐거워서 회사에 취업하지는 않을 생각이며, 주변의 기대에도 신경을 덜 쓰겠다고 했다. 점차 자신감이 회복되는 모습이 보였다.

4
승진을 간절히 원하는 직장인

직장인이라면 누구나 일을 잘하고 싶어 한다. 일을 잘하면 고과를 잘 받아 연봉도 높아지고 승진의 기회도 커질 것이다. 승진은 일을 잘한다는 객관적인 인정이고 열심히 일한 노력의 결과이므로 남보다 조금이라도 더 빨리 승진하기 위해 자신의 모든 시간과 열정과 에너지를 쏟아붓는다. 하지만 승진이 예상대로 되지 않아 괴로워한다.

(1) 사례: 승진이 잘되는 부서로 이동했지만 여전히 승진을 하지 못했다

30대 중반의 K씨(남성)는 IT 전문 업체인 M회사에서 센서데이터들을 기초로 신상품을 개발하는 일을 맡고 있는 대리급 사원이다.

K씨는 원래 M회사에서 센서시스템을 개발하고 운영하는 일을 했다. 레이더, 라이더 등 센서기술이나 개발에 자신이 있던 K씨는 동기들보다 대리 승진을 일찍 했으므로 과장 승진도 무난하리라 생각했다. 과장 승진에서 탈락한 첫해는 '남보다 일찍 대리로 승진했으니 괜찮아!' 하고 마음의 여유를 가졌으나, 3년, 4년 계속 탈락하면서 조바심도 나고 심란해지기 시작했다.

K씨에게 더 걱정이었던 것은 획기적인 성과를 내지 않는 한 시스템 운영부서는 앞으로도 승진이 힘들어 보인다는 것이었다. 상대적으로 신상품 개발부서는 매출에 직접적 영향을 주어 눈에 띄는 성과를 낼 수 있고, 승진 TO(Table of Organization)도 많아 유리할 것 같았다. 센서나 시스템 기술을 잘 알고 있던 K씨는 신상품 개발도 자신 있었으며, 빅데이터 분석 및 딥러닝 등 최신 기술도 습득할 좋은 기회라 생각했으므로 부서를 옮겼다.

K씨는 신상품 개발에 대한 기초 지식과 기술을 열심히 습득하고 충실했으나 승진을 하지 못한 채로 3년이 지났다. K씨는 "조금이라도 빨리 승진하고 싶어 어렵게 부서까지 옮겼는데, 시간이 갈수록 기존 시스템 지식은 쇠퇴하는 것 같고 상품 개발은 어렵게만 느껴져 이제는 이도저도 모르는 어정쩡한 상태가 되었어요. 어떻게 하면 좋을까요?"라고 하면서 연락했다.

(2) Solution: 일에 대해 명확한 목적과 목표를 설정하고 역량을 키운다

K씨는 오로지 승진하고 싶다는 생각에만 매몰되어 있어서 일에 대한 목적이나 의미 등을 생각하지 못했다.

"일을 왜 하고 있으며, 이 일을 통해 얻고자 하는 것이 무엇인가요?", "당신이 생각하는 직장에서의 성공은 무엇이며, 그런 성공이 당신에게 어떤 의미인가요?"라고 질문했더니 그런 생각을 해본 적이 없다고 했다.

K씨는 몇 년간 승진을 하지 못해 불안하고 초조했다. 기술적 지식이 있던 K씨에게 시스템 운영 업무는 수월했지만, 신상품 개발부서는 새로운 기술과 시장 및 업체 동향을 끊임없이 분석하여 새로운 비즈니스를 만들어낼 역량이 필요한 부서였다.

K씨는 누구보다 일을 잘한다고 생각하고 있으나 성과가 좋지 않았다. 이런 사람들은 대부분 실제로 능력도 좋고 열심히 일하는 사람들이다. 기술적 지식이나 능력이 좋아서 일을 잘한다고 생각하지만, 일을 잘하는 것과 성과를 내는 것은 다르다.

회사는 능력은 물론이고 성과 내는 사람을 좋아한다는 것을 알아야 한다. 성과 내는 탁월한 직장인이 되려면, 일에서 무엇을 이루고 싶은지 정의하고 목표를 구체화하여 자신만의 차별화된 무기(핵심역량)로 성과를 만들어야 한다.

① 일에서 무엇을 이루고 싶은가?

지금 하고 있는 일을 왜 하고 있으며, 이 일을 통해 어떤 사람이 되고 싶은지를 생각한다. 그리고 직장에서 성공이라는 것이 자신에게 어떤 의미인지 명확히 정의한다.

- 지금 하고 있는 이 일을 왜 하는가?
- 이 일을 통해 어떤 결과를 얻고 싶은가?
- 성공이란 무엇이며, 회사에서 내가 하고 있는 일은 어떤 의미가 있는가?

② 자기 주도적인 목표와 전략을 수립하라

열심히 일했는데도 성과가 나지 않는다면 그 일에 대한 목표가 명확하지 않은 경우가 대부분이다. 성과는 분명한 목표 여부에 달려 있으므로 목표가 올바른지 확인하고 구체화한다. 실행전략을 수립하고 예상 리스크를 제거하며 실행한다.

목표는 SMART하게 설정한다.

- [Specific] 목표가 명확하고 구체적인가?(구체적인 결과물이 있는가)
- [Measurable] 정량화되어 측정할 수 있는 목표인가?
  (결과물이 수치화되어 있으며 달성 여부를 어떻게 확인할 수 있는가)
- [Attainable] 달성 가능한 목표인가?(단계별 실행전략이 있는가)
- [Realistic/Relevant] 도달 가능한 현실적인 목표인가?
  (수행할 의지가 있는가?/목표가 삶의 궁극적인 목적과 연관성이 있는가)
- [Timely] 완료기간이 정해져 있는가?(단계별 완료시한이 있는가)

③ 경쟁력 있는 무기 만들기

직무에 적합한 지식과 능력이 갖춰져 있다는 것이 전제가 되어야 성과에 기여할 수 있다. 그러므로 자신의 경쟁력 있는 핵심역량이 필수다. 현재 하고 있는 직무에 충실하면 된다. 충실하다 보면 어느덧 그 직무에 전문가가 되어 있을 것이므로 이를 발전시켜 자신만의 핵심역량으로 만들 수 있다.

회사는 역량을 키울 수 있는 매우 좋은 장이다. 가능하다면 회사에 있을 때 다양한 경험을 해보는 것이 좋다. 평생직장 개념이 사라진 지 오래된 요즘, 누구나 언젠가는 퇴사하여 사회에 나가게 될 텐데 회사에서의 다양한 경험은 귀중한 자산이 된다.

- 현재 하고 있는 직무에 충실하여 전문성과 경력을 쌓는다.
- 자신의 적성보다는 능력을 키워 핵심역량으로 만든다.
- 경쟁력 향상을 위한 다음 단계의 커리어를 계획한다.

K씨는 시스템개발 역량을 보유하고 있으므로 소프트웨어 개발자로 계속 성장할 수도 있고, 30대 중반으로 아직 젊어서 이번 기회에 신상품 개발 전문가로서 커리어를 변경할 수도 있을 것이다. 어떤 분야를 선택하든 전문가로 성장하기 위해 노력은 필수다.

K씨는 자신의 커리어를 생각해볼 때, 부서를 옮긴다는 것이 쉬운 일도 아니어서 향후 전망이 좋을 것 같은 신상품 개발부서에 남기로 결정했다. 기존 상품들의 기술적 개선안을 제안할 수도 있을 것이다. 센서의 특징이나 시스템에 대한 세부 기술 등 전문성이 있어야 하는 영역으로, 이를 기반으로 상품이 개발된다면 훌륭한 성과로서 인정받고 자연스럽게 고과와 승진도 따

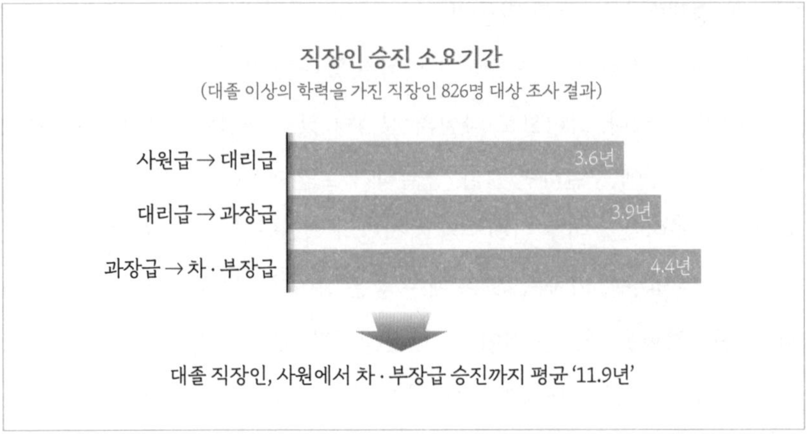

〈그림 12.3〉 직장인 승진 소요 기간

자료: 잡코리아, 2018.

라올 것이다.

K씨는 센서 관련 뉴스나 기술 자료를 매일같이 읽고 센서시스템 개발에 대해 더 관심을 갖고 학습하게 되었다고 했다. 새로운 일에 도전하는 것이 어렵고 두렵지만, 새로운 기술들에 홍미가 생겨 즐거우며, 승진에 대한 조바심도 없어져 회사생활이 재미있고 여유가 생겼다고 했다.

(3) 사례: 끊임없이 학습하고 자격증을 취득했지만, 기획전문가도 승진도 어렵다

40대 중반의 L씨는 IT 솔루션 대기업인 G회사에 근무한 지 16년이 되었다. R&D 기획부서에서 10년간 R&D 전략 및 프로젝트 기획을 했으며, 그 이전에는 통신방식과 데이터들의 표준과 규격을 정하는 기술표준규격 부서에 있었다.

기획부서의 특성상 계획된 업무보다는 수시업무가 많고 기관장이 바뀌면 부서장은 물론이고 부서의 역할과 조직의 규모도 자주 변경되었으나 성실했던 L씨의 직무는 크게 변하지 않았다. 지금의 팀장은 주로 급히 처리해야 하는 수시업무를 믿을 수 있는 L씨에게 맡겼으며 L씨는 최선을 다해 직무에 충실했다. 동시에 회사 내·외부의 이러닝(E-Learning) 강의나 교육 등을 찾아다니며 최신 기술에 대한 학습이나 자격증 취득에도 열심이었다.

L씨는 팀장이 수시업무를 믿고 맡길 정도로 성실한 태도와 학습 열의에도 불구하고 인사고과는 매년 보통 정도를 받았으며, 그래서 승진이 되지 않았다. 동기들은 물론이고 후배들도 거의 차장인데 아직 과장에 머물러 있다는 것이 L씨의 자존심을 더 상하게 했다. R&D부서에서만 오래 근무했으므로 재무나 구매, 영업, 마케팅 등 다른 업무나 다른 회사로의 이직 등은 두렵다. 어떻게 해서든지 지금의 부서에서 승진하고 싶다고 했다.

(4) Solution: 학습과 성실함 등 노력의 부족이 아니라 회사가 원하는 역량이 중요하다

L씨는 맡겨진 직무는 물론이고 기획이나 최신 기술에 대한 학습 열의도 높았으며 자격증 취득 등 모든 일에 열심이었다.

"최신 기술을 습득하고 자격증을 취득하는 목적이 무엇이며 어디에 활용하고자 합니까?"라고 물었더니, L씨는 "알아두면 다 쓸모가 있지 않을까요? 언젠가 필요할 지식을 준비하는 겁니다"라고 대답했다. 물론 최신 기술에 대한 꾸준한 학습은 기획뿐 아니라 어떤 일을 하더라도 좋은 자세임에는 틀림없다.

그는 기술적 지식과 스킬 능력을 갖추고 있다고 생각하고 있었으며 실제로도 아는 것이 많았다. 그렇지만 뚜렷한 목적 없이 습득하는 지식은 성과를 창출하기 어렵다.

회사는 열심히 하는 것이 중요한 것이 아니라 얼마나 기여했는지가 중요하기 때문이다. 교육이나 자격증 같은 스펙을 열심히 쌓으면 승진할 수 있을 것이라고 잘못 생각하고 있다.

따라서 회사에서 인정받으려면 회사가 원하는 기획부서의 인재상이 무엇인지 알고 그에 적합한 사람이 되어야 성과도 낼 수 있고 승진할 기회도 얻는다. 다음은 L씨에게 했던 질문들이며, 성과를 내고 싶은 모든 직장인에게 해당하는 질문이다.

① 회사가 원하는 기획자(전문가)로서의 인재상은 무엇인가?

회사에서 요구하는 기획자(전문가)로서의 인재상을 정의하고, 무엇이 부족한 역량인지 파악한다. 기획자는 회사의 가치(비전)를 고객 관점에서 이해하기 쉽게 제시하고, 새로운 것을 찾고 변화하는 것을 두려워하지 않아야 한다. 아니 오히려 변화를 즐겨야 하고, 혁신을 주도할 수 있어야 하며, 급속하게 변하는 기술들의 연결과 통합에 유리한 유연한 사고를 해야 한다.

② 경쟁력 있는 자신만의 차별화된 무기(역량)는 무엇인가?

회사가 원하는 인재상에 적합하기 위해서는 자신만의 경쟁력 있는 무기를 갖추고 있어야 한다.

L씨는 오랫동안 R&D 기획부서에서 기획 일을 했으므로 빠르게 변하는 시장 환경이나 기술 트렌드 및 향후 전망 등에 대한 풍부한 지식이 있고 신사

업에 대한 전략이나 경제성 등을 고려한 사업성 분석도 가능하다. 또한 팀장의 지시사항을 빠르게 처리할 수 있는 스킬과 성실함도 훌륭한 역량이다.

③ 기획전문가로서 인재가 되기 위해 부족한 역량은 무엇인가?

최신 기술이나 시장 동향 등을 분석하고 파악할 수 있는 기획전문가로서의 능력을 비즈니스 성과로 연결할 수 있는 역량이 중요하다.

L씨는 최신 기술이나 시장 동향 등을 꾸준히 습득해왔고 수시업무도 잘 처리했으므로 일을 잘하고 있다고 생각했으나 그것만으로는 부족하다는 것을 알았다. 즉시성의 수시업무도 중요하지만 새로운 비즈니스 기회를 찾아 성과를 내는 것이 더 중요했다.

L씨는 비즈니스 솔루션 기획으로 성과를 내기로 목표를 세웠다. 코칭받기 이전에는 IoT(사물인터넷), 인공지능(AI), 클라우드, 로봇 등 4차 산업혁명 관련 모든 기술에 관심을 가졌다면, 이제는 평소 관심 있던 로봇 분야에 집중하기로 목표를 구체화했다. 유니버설 로봇 같은 협동로봇으로 IoT, 가상현실(VR) 기술을 접목한 새로운 협동로봇 솔루션을 기획하기로 한 것이다.

여러 가지 아이디어를 제안하여 탈락되는 아이디어들도 많지만 제안할 때마다 신나고, 로봇이라는 새로운 기술을 익히는 것도 재미있다고 했다. 또한, 여러 번의 승진 탈락으로 생긴 '탈락의 두려움' 때문에 시도하기를 망설였던 정보통신기술사에 도전하기로 했으며, 주말을 이용하여 학원도 다니고 스터디그룹도 만들어 3년 만에 합격했다고 했다.

기술사라는 어려운 목표를 달성하고 나니 자신감이 생겼다면서 앞으로는 실패하더라도 로봇 관련 솔루션을 매년 2건 이상 제안하는 것을 목표로 하여 로봇 기획 전문가로 성장하고 싶다고 했다.

5

자신에 대한 탐색으로 행복한 직장생활

대부분의 직장인은 매일매일의 스트레스로 행복하지 않은 나날을 보내고 있다. 원하지 않는 일을 억지로 함으로써 생기는 불만일 수도 있겠고, 직장 동료나 상사가 마음에 안 들어 힘들 수도 있을 것이다. 또는 월급이 생각보다 적거나 원하는 만큼의 회사 분위기와 조건이 아니어서 행복하지 않을 수 있다.

하지만 달리 생각해보면 행복한 직장생활이 가능하지 않을까? 자신에 대해 조금만 더 알게 된다면 행복한 직장생활을 할 수 있을 것이다. 사람들은 삶의 목적에 적합한 일을 하고, 그 일이 적성에 맞을 때 행복해하기 때문이다.

그러므로 자신에 대한 충분한 탐색을 통해 삶의 목적을 분명히 하여 현재의 일이 삶의 목적에 적합한지 생각하고, 그 일의 수준에 적합한 역량을 갖춘다면 힘든 직장에서도 유능한 직장인으로 행복하게 성장할 수 있을 것이다.

자신에 대한 탐색과 역량을 키운다.

- 삶(직업)의 목적이 무엇이며, 현재의 일이 목적에 적합한가?
- 현재의 일이 자신의 동기와 흥미를 유발할 수 있는가?
- 자신의 핵심역량(지식, 기술, 능력)은 무엇이며, 자신의 역량이 적정수준인가?
- 자신은 어떤 성향이며, 있는 그대로의 자신을 인정하고 있는가?
- 경쟁력 있는 사람이 되기 위한 다음 단계의 계획은 무엇인가?

성찰질문

아래의 다섯 가지 질문에 스스로 답해보시기 바랍니다.

1. 삶(직업)의 목적이 무엇이며, 현재의 일이 목적에 적합한가?
2. 현재의 일이 자신의 동기와 흥미를 유발할 수 있는가?
3. 자신의 핵심역량(지식, 기술, 능력)은 무엇이며, 자신의 역량이 적정수준인가?
4. 자신은 어떤 성향이며, 있는 그대로의 자신을 인정하고 있는가?
5. 경쟁력 있는 사람이 되기 위한 다음 단계의 계획은 무엇인가?

참고문헌

"사립대 강사 강의료 시간당 5만 4천백 원", 연합뉴스, 2019. 6. 28, https://news.naver.com/main/read.nhn?oid=056&aid=0010716437

"사원에서 차 · 부장급까지 승진까지 평균 11.9년", 뉴스인데일리, 2018. 4. 11, https://m.post.naver.com/viewer/postView.nhn?volumeNo=14832057&memberNo=8939451&vType=VERTICAL

"직장인 26%만 '내 직무 적성에 맞아'", 디지털조선일보, 2019. 2. 26, http://digitalchosun.dizzo.com/site/data/html_dir/2018/12/06/2018120611842.html

강효석

13. 직장인 이직/전직 커리어코칭 사례

1 직장인 이직/전직 커리어코칭은 무엇이 다른가?

현재 직장을 다니고 있으면서 변화를 모색하는 사람들이 있다. 회사에 대한 불만 때문에 같은 직무나 직종으로 회사를 옮기는 이직이라면, 시장에서 실질적으로 이들을 도와주는 사람들은 헤드헌터(서치펌)일 경우가 많다. 반면, 본인이 하던 일에 염증을 느끼고 새로운 일에 도전하는 전직의 경우에는 헤드헌터도 역할을 하지만 이때 정말 도움이 되는 것은 커리어코칭일 것이다.

하지만 취준생을 대상으로 하는 교내 교육 프로그램 또는 외부 컨설팅 서비스는 비교적 많은 반면, 직장인들을 위한 관련 서비스는 상대적으로 적은 편이다. 또한 최근에는 전국적으로 불어닥친 '퇴사' 열풍으로 인해 직장인을 위한 퇴사학교가 등장하고, 3년 내 출간된 퇴사 관련 책만 30권에 달한다. 그 과정에서 이직/전직보다 오히려 퇴사를 권장하고 준비 없는 창업을 유도하는 등 왜곡되는 측면도 발생하고 있다.

커리어코칭은 바로 이런 부작용을 최소화하고 직장인들의 바람직한 커리어 개발을 위해 반드시 필요한 전문가 영역이다. 직장인들의 이직/전직 사례는 무수히 많고, 또 사례마다 필요한 커리어코칭 내용이 다를 수 있다. 결국 직장인들을 위한 전천후 커리어코칭을 위해서는 이직을 돕고 전직의 고민을 덜어주는 역할에 맞는 정보와 경험, 그리고 소통의 기술이 필요하다.

20대 주니어 직장인이라면 상대적으로 직장 경험이 짧아 대학생의 경우와 마찬가지로 비전 설정과 지원서 · 자기소개서 작성 등 실무적 도움이 필요할 수 있고, 50대 시니어라면 인생 후반전을 준비할 수 있는 현실적인 목표설정과 공감 가는 소통 기술이 더 중요할 수 있다. 이처럼 각 세대를 대표하는 커리어에 대한 고민과 이를 함께 풀어가는 커리어코칭 과정을 사례를 통해 살펴보자.

〈표 13.1〉 이직/전직 커리어코칭 시 세대에 따른 필요 역량

	비전 제시/실무지원	기회 발굴/대안 제시	현실인식/공감소통
20대	●	△	
30대	○	●	
40대		●	○
50대		△	●

주: ● 필수 ○ 중요 △ 필요

2

대기업 이직을 원하는 20대 사례

(1) 코칭 개요

인터넷 언론사인 D사 마케팅팀에서 사원으로 근무하고 있는 2년 차 직장인 H씨(여성)는 대기업 이직을 원하고 있었다. 대학에서 광고홍보와 광고영상디자인을 전공했고, 현재 부서에서는 구글 애널리틱스(Google Analytics)를 통한 데이터 분석 업무와 SNS 기획, 유튜브 콘텐츠 제작 등 마케팅 기획업무를 수련 중이다.

지금의 직장보다 외형도 크고 대중적 인지도도 높으며 마케터로서 성장하고 싶은 욕심을 채워줄 수 있는 대기업 이커머스 쪽으로 방향을 잡고 이직을 준비하던 중 커리어코칭을 받게 된 사례다.

(2) 핵심 질문별 코칭 내용

① 당장에 무엇이 필요한가?

당시 다음날 바로 온라인 지원을 끝내야 하는 그녀에게 가장 필요한 도움은 이력서 작성이었다. 스스로 작성한 이력서와 지원서 내용을 잠깐 살펴보니 회사에서 요구하는 지원서 질문 자체에 대한 이해도와 의도 파악이 부족한 상태였다. 본인의 업무와 기술 역량을 어떻게 구분하고 명확하게 전달할지도 어려워했고, 특히 성장 과정에 대한 스토리를 업무 경험으로 오해하여 지원서 1번 질문 항목부터 완전히 방향을 잘못 잡고 있었다.

따라서 본인이 자라온 환경과 성격, 경험 등이 어떠한 개인적 관심을 만들어냈고, 이것이 대학 전공과 현재 업무와 어떻게 연결되며, 향후 무엇을 하고 싶은지에 대한 구체적으로 내용을 이끌어내는 질의응답부터 시작해야 했다.

우선 원격으로 전화 통화를 통해 1차로 작성한 내용을 하나씩 짚어보았다. 어떤 의도로 그러한 내용을 작성했으며, 본인이 어필하고자 했던 강점이나 핵심 메시지가 무엇인지 차분히 묻고 경청했다.

그녀는 중간중간 코치가 던진 질문에 막혀 깔끔하게 대답하지 못하자, 다행히 스스로 무엇이 잘못되었고 어떤 고민이 더 필요한지 하나씩 깨닫기 시작했다. 또한 코치가 과거 조직생활에서 경험한, 그래서 이젠 알고 있는 회사(고용주)의 관점에서 지원서 질문항목 하나하나의 의도를 함께 설명해주니 쉽게 따라왔다.

시간 여유가 있다면 본인의 관심사와 성격, 취향, 강점 등 개인에 대한 분석과 이에 맞춘 진단이나 솔루션을 내놓는 것이 순서상 맞겠지만 지원서 제출을 코앞에 두고 있어 그럴 여유조차 없었다. 나중에는 지원서 자체를 직접 일부 수정해주고 나서 본인에게 재확인받는 특단의 조치도 필요했다.

덕분에 서둘러 지원을 마칠 수 있었으나 당시 경쟁률이 엄청나게 높았던 유명 회사의 포지션인데다가 오랜 준비 없이 지원했으니 결과가 좋을 리 없었다. 그녀의 고민은 그때부터 다시 시작이었다. 다만, 이번 속성 지원 과정을 통해 본인의 과거를 반추해보고 스토리텔링을 해봄으로써 자기소개서에 쓸 내용이 풍부해졌고, 무엇보다 본인의 역량과 경험을 어떻게 정의하고 구분해야 할지 이제 제법 감을 잡게 된 것이 큰 수확이었다.

② 정말 하고 싶은 일은 무엇인가?

이후 세션에서는 1년, 3년, 10년, 그리고 20년 후에 그리는 자신의 모습이 어떤 것인지 계속해서 물었다. 결국 그녀가 요즘 빠져 있고 그래서 진정 하고 싶은 일은 온라인 쇼핑몰 운영과 이를 위한 콘텐츠 기획임을 함께 확인할 수 있었다.

③ 무엇이 맞는 선택일까?

얼마 되지 않아 곧 2개 회사 정도의 선택지를 두고 다시 코칭이 시작되었다. 누구나 한번쯤은 들어봤을법한 교육회사의 교육콘텐츠 기획 포지션과 일반인에게는 낯선 회사이지만 업계에서는 일 잘하기로 소문난 온라인 쇼핑몰 위탁운영 전문회사의 콘텐츠 기획 포지션이었다. 코칭의 연속선상에서 당연히 후자를 권했고, 마침 해당 회사에 코치의 지인이 있어 입사 전 회사에 대한 솔직한 정보도 제공해줄 수 있었다. 그녀는 단숨에 서류전형과 인터뷰를 마쳤고, 입사를 확정지을 수 있었다.

커리어코칭이 잘 작동하려면 코칭 대상자의 신뢰 확보가 우선이다. 그러기 위해서는 당장 그에게 필요한 도움을 줄 수 있어야 하고, 그 도움이 본인의 생각과 현실을 바꾸어놓을 수 있을 정도로 강력해야 한다. 물론 단기 내 결과에는 상관 없이 스스로 변화할 수 있도록 짜인 질문을 던져야 하고, 그 질문에 대한 답을 스스로 하면서 길을 찾는 것이 병행되어야 한다.

특히 20대 주니어 직장인들에게 본인의 짧은 경력을 어떻게 정리하고 포장할 것인가에 대한 코칭은 임팩트 있는 코칭 툴이 된다. (기회만 된다면) 이후 계속되는 실제 지원서 작성, 인터뷰 준비까지 지속적으로 관찰하고 고쳐주는 것도 필요하다. 이때 코치의 실제 직장 경험과 업종별 인맥은 보너스로 작용한다.

3

30대 창업(스타트업)의 준비 사례

(1) 코칭 개요

유니콘급으로 급성장한 스타트업의 구매팀장으로 일하고 있는 J씨는 여전히 독립을 꿈꾸고 있었다. 그는 대학 졸업 후 당시 누구나 선망하던 S그룹사에 엔지니어로 입사한 지 3년 만에 퇴사했고, 국내 MBA 졸업 후 동기들과 공동으로 스타트업을 창업했다. 초기에는 신선한 비즈니스 모델(지금의 크라우드펀딩)로 주목받았지만 내부 사정상 회사가 문을 닫게 되었고, 잠시 방황 끝에 다시 비교적 규모가 크고 안정적인 스타트업으로 취직했다. 하지만 여전히 종업원의 삶보다는 창업가로서 본인의 사업에 대한 미련이 남아 있어 커리어코칭을 받게 된 사례다.

(2) 핵심 질문별 코칭 내용

① 무엇이 아쉽고 불만인가?

MBA 졸업 후 창업 당시에는 파격적인 사업 모델로 주목받으며 시드투자까지 이끌어내면서 공동대표를 지낼 정도로 잘나갔다. 하지만 폐업 후 들어가게 된 회사에서는 이러한 경력이나 스펙에 비해 다소 아쉬운 조건(단순 팀원)으로 취업하게 되었다.

다행히 일을 배워보겠다는 마인드로 실무에 매진한 결과 곧 팀장으로 승진할 수 있었고, 리더로서 기획, 영업 등 다양한 실무를 경험할 수 있었다. 하지만 여전히 그의 머릿속에는 창업가 정신이 충만해 있었고, 다시 창업 전선으로 돌아가리라는 생각에는 변함이 없었다.

코칭 세션에서는 창업에 대한 열정이 얼마나 남아 있는지, 진심인지 수차례 질문을 통해 확인했다. 본인이 진정으로 원하는 삶이란 어떤 것이고, 그러한 삶은 현재의 직장에서는 구현하기 힘든 것이라 판단하고 있음도 재검증했다.

② 그렇다면 언제, 그리고 무슨 준비가 필요할까?

가장 중요한 것은 과연 언제 그만두고 다시 창업할 것인가였다. 바로 퇴직하고 창업을 위해 올인하기보다는 현재 조직에서 일하면서 독립을 준비하는 것이 필요하다는 데 함께 생각을 모았다. 여기서 준비란 크게 두 가지로, 회사 일을 하면서 창업할 아이템을 고민하는 것과 독립 후 1인 기업 또는 프리랜서로 최소한의 경제적 자유를 얻을 수 있도록 역량과 개인 브랜드를 쌓는 일이었다.

이후 수차례 커리어코칭을 통해 창업할 아이템에 대해 함께 논의했고, 경제적 자유를 위한 실질적인 대안도 테스트할 수 있도록 도왔다. 특히 그는 MBA 재학 당시 직장인 커리어 관련 서적을 집필한 바 있는데, 이를 기반으로 개인 대상 컨설팅과 MBA 진학 관련 기관과의 협업 등을 진행할 수 있었다. 그는 코칭 2년 차 시점에 퇴사했고, 현재 본인이 가장 잘하는 커리어 관련 컨설팅을 주제로 프리랜서 전문가 활동을 꾸준히 하면서 창업 또한 커리어 플랫폼과 관련 베타 서비스를 진행 중이다.

스타트업 커리어는 일반 직장인들에게는 다소 생소할 수 있지만, 30대의 커리어 고민과 크게 다르지 않다. 현실에 대한 불만이 어느 정도인지 파악하여 언제 어떻게 해소할 수 있을지에 대한 근본적인 솔루션 또는 방향 제시가 커리어코치에게 기대하는 바다. 따라서 다양한 이직/전직 사례를 모아 전달함으로써 스스로 의사결정을 할 수 있도록 도와주는 것이 필요하며, 경우에 따라서는 직접 코칭 대상자와 함께 대안을 찾고 테스트하고 평가해보는 노력도 효과적이다.

4

40대 중견기업 부장의 이직 사례

(1) 코칭 개요

중견기업에서 국내영업 담당 사업부장과 중국 법인장까지 지냈지만 성과 부진으로 곧 퇴사를 앞두게 된 40대 중반의 K씨는 이직을 준비 중이었다. 그는 대학 졸업 후 중견 식품기업 영업팀장으로 근무하다가 급성장하는 기업으로 스카우트를 제안받아 현재의 회사로 이직하여 이후 나름 인정받아 승승장구하다가 회사 내부에서도 어렵다는 중국 사업을 맡게 되어 현지 법인장으로 가게 된 사례였다.

중국어도 전혀 못하는 상황인데다가 해외 사업은 조기에 성과가 나지 않는 특성상 수년간 고생하며 나름 중국 시장에 대한 이해를 높여왔으나 본사와 사업을 바라보는 시각 차이로 한동안 고생했고, 결국 국내 복귀 후 본인의 자리를 찾기 어려워 퇴직을 권고 받았다.

(2) 핵심 질문별 코칭 내용

① 무슨 일이 가장 자신 있는가?

커리어코칭을 시작했을 때만 해도 마음의 정리가 되지 않아 방황했으나, 다행히 곧 자신이 좋아하는 등산을 다니면서 마음을 추스를 수 있었다. 더불어 계속해서 던진 전문성과 사업 역량에 대한 질문에 하나씩 답을 찾아갈 무렵, 연봉대우가 그리 높지는 않으나 본인의 역량을 발휘하기 좋은 포지션(중소기업 영업본부장)이 나타났다.

② 어느 정도 회사이면 갈 만한가?

처음부터 회사에 대한 기대치를 현실화시킨 탓에 이직을 위한 실질적인 준비에 바로 돌입할 수 있었고, 신속한 지원 서류 통과에 이어 오너 면접을 앞두게 되었다.

특이하게도 이 회사는 인터뷰와는 별도로 회사의 마케팅 전략과 신사업 방향에 대한 PT를 요구(그날 저녁 술자리 면접까지 이어졌다고 한다)했고, 커리어코칭 예정에 없던 사전 발표 리허설까지 도움을 주게 되었다. 실전처럼 정해진 시간 내에 PT를 하게 했고, 코치는 오너 입장에서 발표 내용에 대한 예상 질문과 답변을 도출하여 피드백을 주고 수정사항까지 전달했다. 그러고 나니 그는 자신 있게 최종 면접을 마쳤고, 바로 합격 소식까지 들을 수 있었다.

③ 앞으로 어떤 변화가 필요할까?

마지막으로 그에게 이 질문을 던졌다. 그는 지난 방황기가 이전 회사 생활에서의 습관이나 경력으로 인해 굳어진 자신의 단점들을 객관적으로 파악할 좋은 기회였고, 새로운 조직에서 변화된 모습을 찾을 수 있도록 노력하겠다며 여유를 보였다.

위의 사례에서 볼 수 있듯이 30대가 현실에 대한 불만에서 시작한다면, 40대는 미래에 대한 불안에서 시작한다. 결국 중간관리자급이 되고 나면 '불만과 불안 사이'에 놓이게 되는데, 이때 필요한 것은 자신의 역량(20대가 가지는 잠재적인 능력과 달리 성과 창출이 가능한 사업적 능력)에 대해 다시 한번 점검하고 돌아보는 것이다. 그리고 이때부터 이상과는 다른 현실적인 대안 찾기도 시작되므로 지속적인 커리어코칭을 통한 눈높이 맞추기가 절대적으로 필요하다.

5

50대 대기업 임원의 퇴사 후 전직 사례

(1) 코칭 개요

L상무는 국내 굴지의 대기업 내에서도 최고의 비선 조직으로 꼽히는 곳에서 임원까지 역임했다. 특히 외국 유명 경영대학원 출신에 글로벌 경험까지 풍부해 회사 내에서 핵심인재로 계속 인정받고 승승장구하던 사례였지

만, 50대가 넘어 조직 내부 노선 갈등으로 인해 성과와 무관하게 퇴직할 수밖에 없었다. 이직이든 전직이든, 아니면 은퇴가 되든 제2의 출발을 위해 커리어코칭을 받게 된 사례였다.

(2) 핵심 질문별 코칭 내용

① 인생 후반전, 이제 무엇을 하고 싶은가?

그는 퇴직 후에도 여전히 스스로에 대한 자존감이 높고 외부의 기대치도 높아 쉽게 진로를 선택하기 어려운 상황이었다. 여전히 이곳저곳 서치펌에서 러브콜을 받고 있었지만 대우, 기업문화, 오너 성향 등이 맞지 않아 재취업이 쉽지 않았다.

결국 시간은 흐르고 가시적인 성과가 없는 상황에서 무엇에 집중하고 어디까지 기대해야 할지 모르는 상황에서 커리어코칭이 본격적으로 시작되었다.

대기업 그룹사의 임원을 수년간 역임한지라 경제적으로 어려운 편은 아니었다. 다만 아직도 어떤 커리어에 대한 꿈을 꾸고 있는지, 새로운 도전에 대해 어떤 성향인지, 본인의 실질적 재무상황은 어떠한지 등 코치 본인 또한 경험해보지 못한 미래여서 여러 질문을 통해 조심스럽게 대상자를 파악해야 했다.

추가로 주변 인맥으로부터의 투자, 공동사업 등 솔깃한 제안에 대해 어떻게 할 것인지에 대한 고민도 함께 나누었다. 코칭 이전에 사업개발 전문가로서 신임이 가는 비공식 자문을 제공하되 선택은 본인의 몫으로 돌렸다. 때로는 (그가 원해) 재취업을 위한 특정기업 오너와의 인터뷰와 자료 제출 준비에도 적극적으로 관여했다.

비록 단기간에 재취업 성과는 없었지만, 무엇보다 지속적인 코칭을 통해 서로 간에 신뢰를 쌓았다. 그리고 이전의 호칭이던 '상무님'으로 부르면서 최대한 존중하고 스스로 선택할 수 있도록 조심스럽게 코칭을 해주다 보니 그의 속마음도 들을 수 있었다.

"사실 재취업도 좋지만, 롤모델로 삼고 있는 김모 전무님처럼 개인 투자자로서의 여유 있는 삶을 살고 싶어요. 그동안 너무 달려왔고, 그건 진정으로 원하는 제 모습이 아니었던 것 같아요."

결국 그를 위해 스타트업 엔젤 투자와 컨설팅, 그리고 주식 · 부동산 등 현물 투자를 위한 개인사업자 등록을 실무적으로 돕게 되었고, 지금은 함께 협업 프로젝트 또한 논의하는 관계가 되었다.

이처럼 50대를 대상으로 하는 커리어코칭에서는 무엇을 가르치려 하거나 방향을 제시하는 것 대신 스태프 또는 자문 보조로서 대상자의 자존감을 해치지 않는 범위 내에서 전문가적인 식견과 네트워크를 더해 도움을 주는 것이 유효하다. 특히 본인의 재무 상태에 맞는 현실적인 커리어 선택과 대안을 제시하는 것이 필요하며, 실업급여 수령, 개인사업자 또는 법인 설립 등 여러 옵션에서 무엇을 선택하고 포기할지 함께 고민해주는 것만으로도 그들에게는 큰 도움과 응원이 된다.

6
직장인 이직/전직 코칭의 잠재력과 개선 방향

상기 사례에서 살펴보았듯이 커리어코칭은 취준생뿐만 아니라 현 직장인들에게도 매우 필요한 전문영역이다. 특히 커리어코칭 관련 시장 측면에서는 더욱 의미가 깊다.

고용노동부 통계에 따르면 국내 1인 이상 사업체에 종사하는 직장인 수는 코로나19 사태에 따른 고용 감소에도 1,800만 명이 넘는다고 한다. 한국의 커리어코치들이 이렇게나 큰 직장인들의 이직/전직 커리어코칭 시장을 위해 무엇을 준비해야 하는가는 그래서 더욱 중요하다.

그렇다면 한국의 커리어코치는 어떤 역량을 더 키워야 할까? 커리어코칭 프로세스 중에서 보완해야 할 것은 없을까?

우선 커리어코치가 전 세대에 걸쳐 활약하려면 커리어코칭 이론과 콘셉트에 대한 이해 외에도 필드에서 통할 실무 경쟁력을 키워야 한다. 비즈니

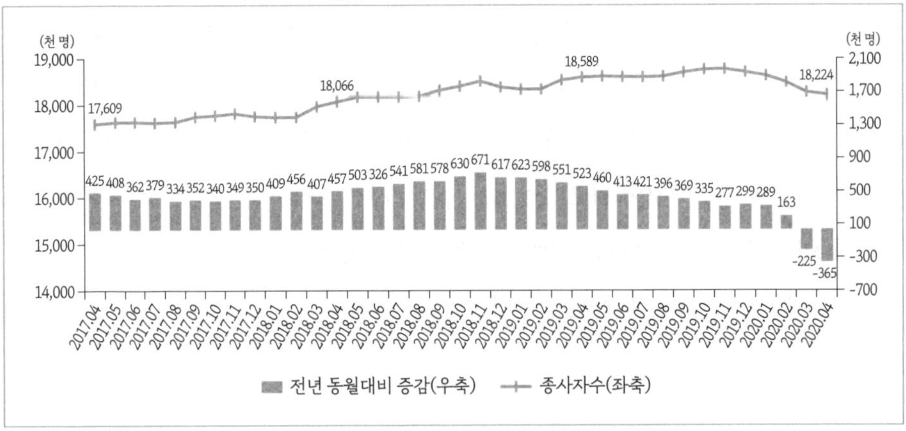

〈그림 13.1〉 종사자 1인 이상 사업체의 종사자 추이

자료: 고용노동부.

스 모델에 대한 이해에서부터 포지션 발굴, 프로젝트 기획 역량까지 전문가적인 식견을 제시할 수 있거나 또는 고민을 공유하고 함께 해결할 수 있는 소통역량이 필요하다.

갈팡질팡하는 주니어들에게는 그들도 몰랐던 선택지를 던져주고 명확히 조언해주는 엄격함이 필요하다면, 시니어들을 상대로 해서는 그 반대로 (코치 스스로도 경험해보지 못한 세상이거나 세대이므로) 스스로 답을 찾아갈 수 있도록 수없이 많은 질문을 던지되 조심스러워야 한다.

무엇보다 각 직장인이 세대별로 어떠한 고민을 하고 있고, 그 고민이 요즘 시대에는 어떤 방식으로 해결되고 있는지 다양한 사례들을 직간접적으로 미리 경험해보는 것이 중요하다. 마치 여러 수험생들의 진학 사례를 기초로 하는 대학교 진학상담 전문 컨설턴트처럼 말이다. 또한 일률적으로 규정하기 어려운 다양한 배경과 조직 경험을 가진 직장인들은 개인에 따라 본인의 커리어에 대해 생각하고 정리하는 수준이 다르므로 커리어코치가 관여해야 할 영역과 수준도 천차만별일 수밖에 없다.

그럼에도 코칭 대상자 관점에서 만족스러운 커리어코칭이 되기 위해서는 무엇보다 실질적인 도움을 줄 수 있는 유사 사례 제시와 실무 지원이 필요하다. 커리어코치가 질문만 던지고 답을 주지 않고 에둘러서 이야기만 한다면 상대방은 금세 답답함을 느끼게 될 것이다. 따라서 해당 세대가 가질 만한 고민에 대한 프레임워크를 만들어 던져주고 구체적으로 고민하게 만든 다음, 힌트가 될 만한 유사 사례를 제시하고 문제해결을 위한 실무(지원서 작성, PT 발표 등)까지 지원하는 것이 필요하다.

물론 여유가 있다면 충분히 고민할 수 있도록 많은 질문을 던지고 스스로 해답 찾기를 유도하면 좋겠지만, 직장인들 대상의 커리어코칭은 좀 다른 것이 현실이다. 더구나 요즘 밀레니엄 세대의 직장인들은 숨고, 크몽 등 재능공유 사이트에서 커리어 컨설팅을 신청하고 커피전문점에서 만나 2시간 내에 모든 고민을 해결해주어야 한다.

이 책의 본문에서 제시하는 커리어코칭에 대한 모든 이론적 배경을 섭렵하는 것은 기본이고, 이제 직장인 이직/전직 커리어코칭이라는 더욱 큰 시장에 진출하기 위해서는 커리어코치 스스로 다양한 영역에서 스마트한 실무자로 성장하는 것이 필요하다.

성찰질문

이직/전직을 원하는 직장인들에게
아래의 다섯 가지 질문을 던져보시기 바랍니다.

1. 당장 어떤 도움이 필요한가?
2. 현재 직장에서 무엇이 아쉽고 불만인가?
3. 정말 하고 싶은 일은 무엇이고, 가장 자신 있는 일은 무엇인가?
4. 무엇(직종, 회사 등)이 당신에게 맞는 선택인가?
5. 앞으로 어떤 변화와 준비가 필요할까?

참고문헌

고용노동부(2020), 『2020년 4월 사업체 노동력 조사』, 고용노동부 홈페이지.

전준하(2019), 『불안과 불만 사이』, 씨이오메이커.

MBN뉴스(2019), "'내 삶'이 중요한 세대, '퇴사 콘텐츠' 열풍", MBN.

이주하

14. 앙코르 시니어 커리어코칭 사례

1 시니어 코칭이란 무엇인가

코로나 이후 전 세계적으로 고령화가 급속히 진행되면서 퇴직 후에도 일터로 나가려는 사람들이 늘고 있다. 1970년만 해도 평균수명이 62.3세 정도밖에 되지 않았지만, 지금은 60세를 '인생 2막'을 시작하는 나이라고 할 정도로 수명이 길어졌다. 요즘은 환갑잔치도 그 의미가 무색해졌을 만큼 환갑(61세)이 한창 나이로 여겨지지 않는가? 이제 20년은 더 살 수 있는 시대다. 인생 2막을 넘어 인생 3막이 이제 새로운 트렌드로 자리 잡았다. 시니어 코칭을 할 때 유의해야 할 점이 기대수명은 큰 폭으로 연장된 데 반해 건강수명은 조금 줄어들고 있는 것이 현실이다. 통계청에 따르면 2012년 우리나라 국민의 기대수명은 80.9세인 데 비해 건강수명은 65.7세였는데, 2018년 들어 기대수명은 82.7세인 데 비해 건강수명은 64.4세로 오히려 줄어들고 있다. 2012년 이후 건강수명과 기대수명 간 격차가 커지고 있다. '기대수명(life

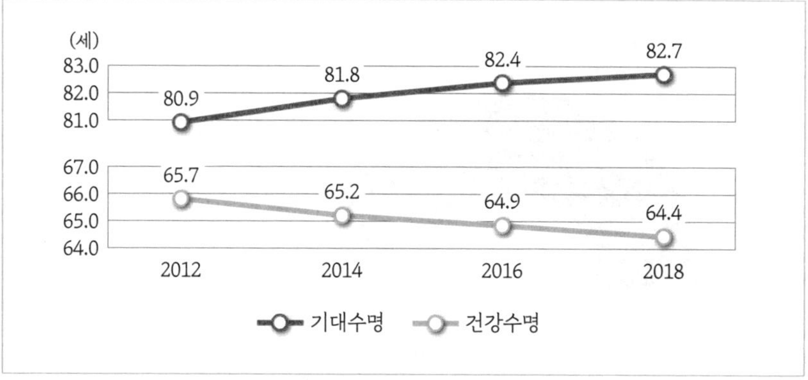

〈그림 14.1〉 기대수명 및 건강수명

자료: 통계청, 「생명표」.

expectancy at birth)'이란 "특정 나이에 있는 사람이 앞으로 몇 년을 더 살 수 있을 것인가를 알아볼 수 있는 지표"다. '건강수명'이란 "기대수명 중에서 질병이나 사고를 제외한 아프지 않고 건강하게 사는 기간"을 말한다. 수명의 양보다 질적인 측면을 중요시하는 지표다. 예전에는 '평균수명(0세 출생자가 앞으로 몇 살까지 살 수 있을까를 나타내는 지표)'이라는 용어를 자주 사용했으나, 사망자의 평균 연령으로 혼동하는 경우가 많아 좀 더 정확한 용어인 '기대수명'을 사용하고 있다.

오래 사는 것보다 건강하게 사는 것이 중요해졌다. 단순히 '오래 사는 것(living longer)'을 넘어 '건강하게 잘 사는 삶(living well)'이 목표가 되고 있다. 건강한 기간보다 그 시간 동안 무엇을 하며 어떻게 보낼 것인지가 더 중요하다. 2005년에 발표한 최재천 교수의 『당신의 인생을 이모작하라: 생물학자가 진단하는 2020년 초고령 사회』(삼성경제연구소, 2005)라는 책은 2020년인 지금 읽어도 유효하다. 최 교수는 동물들의 삶을 '번식기(reproductive period)'와 '번식 후기(post-reproductive period)'로 구분하면서, 거의 모든 동물은 번식기가 끝나

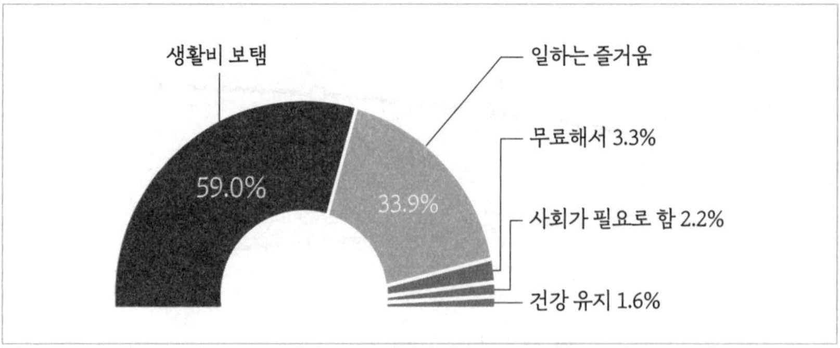

〈그림 14.2〉 55~79세가 취업을 원하는 이유

자료: 통계청, 2018.

면 생을 마감하지만 유일하게 인간만은 번식기만큼이나 긴 삶을 살고 있다고 한다. 과거와 달리, 고령사회로 진입한 지금은 번식 후기에도 번식기만큼이나 경제적 활동 혹은 경제적 자립에 가까운 삶을 살아야 한다고 주장한다. 그래서 옛날과 같은 전통적 고정관념에서 벗어나 새로운 커리어패스를 고민해야 한다.

2018년 통계청 자료를 보면 55~79세 중 일하기를 원하는 시니어의 비율은 64.1%로 2017년보다 1.5%포인트 늘었다. 일하기를 희망하는 이유로는 1위가 '생활비 보탬'(59%)으로 생활비를 벌어야 하기 때문이다. '일하는 즐거움'으로 일하는 시니어는 33.9%로 그 뒤를 이었다. 50~60세에 은퇴한 후에도 25년 가까이 일을 할 수 있어야 한다. 베이비붐 세대가 직장에서 정년을 맞아 대거 쏟아져나오고 있다. 베이비붐 세대는 60세 정년 이후에도 40년은 더 살아야 하는데, 30년간 공부하고 30년간 직장생활을 해서 남은 40년간 쓸 노후자금을 저축한다는 것은 사실상 거의 불가능하다. 이것이 바로 경제적 활동 시기를 연장해야 하는 이유다. 경제적 활동을 하지 않더라도 봉사활동 등의 일을 해야 정신적 · 육체적 건강이 유지된다.

직장생활에서 벗어나 자신의 일을 찾아야 한다. 대기업이나 중소기업이라도 다니며 직장생활을 해온 사람들은 변화에 충분한 대비를 하지 못한 채 갑자기 변화와 맞닥뜨리게 된다. 그래서 시니어 코칭이 중요하다. 『앙코르』의 작가 마크 프리드먼은 "앙코르 커리어(Encore Career)는 개인의 재능과 경험을 이끌어내고, 자신이 타인의 행복에 기여하고 있다는 심리적 의미를 부여한다"라고 덧붙였다. 그는 또 "과거 퇴직자들이 '일로부터의 해방(Freedom form Work)'을 이야기했다면 이제는 '일할 자유(Freedom to Work)'를 갈구하고 있다"라고 말한다. 앙코르 커리어는 30년 이상 계속될 수도 있는 삶의 새로운 단계에 대두되는 경제적 문제를 해결해줄 방안이기도 하다. 은퇴 후의 커리어는 재취업형, 지식노동형, 창업형, 귀농형, 재능봉사형, 완전은퇴형 등으로 구분할 수 있다. 재취업형은 은퇴 후 다른 회사로 다시 취업하는 형태로, 크게 같은 업무를 하면서 회사를 바꾸는 '이직 재취업형'과 아예 다른 업무를 하면서 회사도 바꾸는 '전직 재취업형'으로 나눌 수 있다. 지식노동형은 퇴직 전까지 자신의 지식과 경험을 활용하여 강의, 교육, 컨설팅, 코칭, 자문 등의 형태로 일하는 것이다. 창업형은 커피숍, 음식점 등 자신의 커리어와 상관없이 사업을 시작하는 것이다. 귀농형은 자신이 살던 도시를 떠나 시골로 돌아가서 농사를 짓는 것이다. 재능봉사형은 재능기부, 종교단체 봉사활동, 유적 해설 등 사회적으로 재능을 기부하거나 돈을 받지 않거나 적게 받고 일하는 형태다. 완전은퇴형은 퇴직하면서 일에서 완전히 떠나는 것이다. 가장 바람직한 앙코르 시니어 성공 사례는 취미활동을 직업으로 발전시킨 사례다. 등산, 골프, 낚시, 자전거, 붓글씨, 여행 등 평소에 하고 싶은데 시간이 없어 하지 못 했던 것을 직업으로 연결하는 것이다. 인생 2막인 '앙코르 커리어'를 준비하여 최소 25년은 더 일하게 될 것으로 예상된다.

❷ 사례별 코칭의 상세 내용

(1) 취미를 직업으로 연계한 사례

퇴직 이후 많은 고민은 자연스럽게 커리어의 연장으로 귀결된다. 퇴직 후 그동안 모아둔 돈이 점점 바닥을 보이기 시작할 때 불안감이 커진다. 특히 자신의 취미를 살려서 한 푼이라도 벌 수 있다면 퇴직 이후 경제적 활동을 연장할 수 있다.

평소 잘 아는 후배인 K작가가 전문 스튜디오를 만들어 동업을 하자고 제안해왔다. 하지만 필자는 거절하고 그에게 시니어 코칭을 지원하게 되었다. 동업은 생각보다 쉽게 깨진다. 또한 친한 사이에서는 계약서 없이 시작하는 경우가 많다. 정확한 업무 분장이 되지 않아서 실패하는 것이다. 한 사람이 전적으로 책임지는 것이 사업을 더욱 번창시킬 수 있다. K작가를 코칭하면서 둘이 협의한 결과 흑백사진관을 창업하기로 했다.

① 업종을 선택할 때 최소 1개월 정도 시간을 갖고 검토해야 한다

자신의 적성, 자본, 사업 전망 등을 종합적으로 비교해서 최소 1개월 정도 충분한 시간을 갖고 검토해야 한다. 이때 가장 좋은 방법은 이미 창업하여 사진관을 경영하는 사장님을 만나보는 것이다. 업계 동향을 파악하고 전문 서적이나 기존의 창업한 업체 등에서 자세한 정보를 수집한다. 우리는 가장 먼저 인터넷에 흑백사진관 카페를 만들어보았다. 인터넷에 카페를 만들어 많은 사람이 댓글을 남겨 그 댓글을 보고 사진관을 찾아오므로 댓글을 많이 남기는 방안을 고민했다. 초기에는 무료사진 이벤트를 많이 하기로 결정했다. 업종 선정 후에는 창업 진행 과정을 스케줄표로 작성하면 좋다. 매일 창업일지를 작성하면 불필요한 비용을 줄이고 계획적으로 사업을 준비할 수 있다.

② 점포 위치를 구할 때 최소 20일 이상 발품을 파는 것이 좋다

창업에서는 점포의 위치가 성공 여부를 결정한다. 최소 20일 정도 발품을 파는 것이 좋은(많은 사람이 오가는 길목) 점포를 구할 수 있어서 10군데 정도를 알아보았다. 일단 강남, 신촌, 홍대 등 시내 중심 상권과 역세권을 세부적으로 분류해서 하나하나 체크했다. 일반적으로는 창업주 자신이 잘 아는 지역에서 창업하는 것이 유리하다. 그러나 K작가의 여유자금이 많지 않아 임대료가 저렴한 장소를 찾아다니다 보니 시간이 오래 걸렸다. 젊은이들이 데이트를 많이 하는 장소를 중점적으로 찾아다녔다. 가격이 싸면 인근에 이미 흑백사진관이 보였다. 젊은 데이트족들이 자주 지나다니는 길을 중심으로 스튜디오를 찾아다녔다. 입지를 고를 때는 점포의 위치, 점포의 형태, 규모, 도로와의 접근성, 유동인구, 주차 용이성, 지역특성, 경쟁점포, 각종 규제 여부 등을 조사해야 한다. 생각보다 오래 걸렸지만 다행히 임대료가 저렴한 장소를 찾아 계약까지 마쳤다. 마음에 드는 점포가 나타났을 때는 해당 지역 인근 편의점이나 상가를 방문해 그 지역의 유동인구를 체크하고 어떤 문제점이 있는지 정보를 취합해야 한다. 단순히 마음에 든다고 해서 덥석 계약하지 말고 2~3개 정도 후보 점포를 확보한 뒤 장단점을 비교하는 것이 좋다.

③ 5천만 원 이하 소규모 사업자들은 창업 후 6개월 안에 손익분기점에 도달해야 한다

창업비용 3~5천만 원 이하로 창업하는 소규모 사업자들은 창업 후 6개월 안에는 손익분기점에 도달해야 1~2년 안에 투자비 회수가 가능하다. K작가의 창업비용은 임대보증금 5천만 원에 장비 구입비 등을 합쳐서 8천만 원 정도가 소요되었다. 둘이 인건비를 줄여서 한 달간 고생하며 제법 그럴듯한 스튜디오를 꾸몄다. 젊은 고객의 마음에 들 수 있도록 예전 예술대학교 시절 조교와 조교 친구들의 도움을 많이 받았다. 다른 스튜디오와 차별 있게 꾸며야 한다고 생각하여 조명도 색다르게 했다. 요즘 젊은이들이 데이트할 때 많이 찍는 사진이 흑백사진이라는 점에 주목했다. 복고풍이 나는 1940년대 신식 여성복과 남성 정장으로 촬영하여 나름 경쟁력을 갖게 되었다. 간판, 유리 선팅 등은 간판업체에 전적으로 맡기지 말고 디자인 전문가에게 조언을 들어야 퀄리티가 좋게 나온다. 둘이 직접 벽에 오렌지색으로 페인트칠해서 비용을 절약했고, 중고 장비를 알아보아 스튜디오를 꾸며나갔다.

④ 제품 가격을 정하고 고정고객을 잡을 수 있는 개업식을 준비한다

가격은 근처의 경쟁업체보다 다소 낮게 잡았다. 스튜디오의 분위기가 근현대식이어서 젊은 데이트족의 마음에 들도록 연인들을 초대하여 무료로 사진을 찍어주었다. 흑백사진 10장을 출력해주고 핸드폰에 사진을 전송해주면 2만 원, 20장 출력에 사진을 핸드폰에 올려주는 것은 3만 원을 받는 것으로 가격을 정했다. 초기에는 댓글을 달아주는 연인들에게 1만 원을 되돌려주도록 하여 댓글을 늘리는 데 신경을 썼다. 개업 일주일 전부터 미리 홍보용 전단지를 근처 편의점과 식당에 돌렸다. 또한 인쇄물과 답례품 등을 세심하게 충분히 준비했다. 오픈하자마자 생각보다 많은 젊은이들이 몰려왔다. 개업식에 찾아오는 사람이 곧 소문을 내줄 사람이 될 가능성이 높으니 고객 DB를 잘 챙겨둬야 한다. 개업식 때 떡을 돌리면서 주변 점주들과 잘 지내는 것도 좋은 방법이다.

⑤ 개업식이 끝난 후에는 독특한 마케팅을 통해 서비스를 강화해야 한다

3개월이 지난 후부터는 예약제로 하기로 하고 평일에는 하루에 5~10쌍 정도 예약을 받았고 주말과 휴일에는 10~20쌍 정도를 받기로 했다. 첫 달인데도 월 200만 원의 수입을 올렸다. 처음 오픈해서 3개월 만에 올린 첫 수입으로는 나쁘지 않아 보였다. 코로나가 유행하는 시기여서 조심스럽게 소독도 하고 방역에도 신경을 쓰고 있다. 데이트족을 대상으로 해서인지 손님은 끊이지 않았다. K작가는 피에로같이 멜빵바지에 사진 전문가 포스가 물씬 풍기도록 빵떡모자를 쓰고, 나비넥타이까지 맨 채 손님을 맞이하고 있다. 시니어 코칭이 성공한 순간이었다. K작가는 유튜브 방송에도 도전하여 사진이론 강의를 한 영상을 보내왔다. 다소 딱딱해 보여 평소같이 자연스럽게 하라고 조언해주었다. 시니어 코칭은 자신이 좋아하는 일과 시대의 흐름이 잘 맞아야 본인의 만족도도 높고 성공 가능성도 높아진다. 취미가 직업이 되는 분야는 찾아보면 의외로 많다.

(2) 퇴직 프로그램을 통해 창업한 사례

회사에서 지원해주는 전직지원서비스를 이용하는 경우가 있다. 전직지원서비스(Job-Change Support Service)는 희망퇴직, 정년퇴직, 임기만료 등 근로자의 의사와 관계없이 퇴직자에게 효과적으로 신속하게 재취업, 창업 등을 할 수 있도록 제공하는 서비스를 말한다. 일반적으로 심리적인 안정을 위한 지원과 전직을 지원하는 교육훈련, 일련의 행정지원 서비스까지 지원하는 종합적인 경력재설계(Career Redesign) 서비스를 의미한다. 이 서비스는 경력단절로 인한 개인의 불안과 긴장을 줄이고, 관심 있는 분야로의 재취업 가능성을 높이며, 체계적인 창업지원 등을 통해 실업기간을 줄이고, 더 나은 방향으로 경력변화를 추구하는 데 그 목적이 있다.

대기업에 근무하던 P 부장(50세)은 퇴직 프로그램에 지원했고, 본인의 경험을 살려 리모컨 제조 중소기업을 인수하여 창업을 시작하게 되었다. P 부장은 이 업종의 미래가 유망할 것이라고 확신하여 자신 있게 창업했는데, 기업의 중견 간부에서 중소기업의 대표가 되었다. 퇴직금과 저축한 돈을 끌어 모아 중소기업을 인수했다. 맨 처음에 한 일이 설계실 인력만 남기고 나머지 인력을 구조조정하는 일이었는데, 이는 인건비 비중을 낮추기 위한 조치였다. 어렵게 한국인 6명, 캄보디아인 12명으로 마무리했다. 하루 아침에 직장을 잃은 직원들의 반발이 심하여 어려움을 겪었으나 뚝심으로 밀고 나갔다. 생산 설비도 반자동화 생산방식을 완전 자동화 라인으로 교체하니 이제는 제조 라인에 사람이 없어도 생산이 가능해졌다.

이렇게 만든 신제품들은 전 직장에 전량 납품이 이루어졌다. 그러다가 점차 납품량이 늘어나서 지속적으로 라인 증설도 하게 되었다. 그런데 약 2년이 지나자 점차 제품의 질이 우수해지는 중국제품과 가격 경쟁을 하려니 점차 이익도 없이 공장을 돌리게 되었다. 리모컨 정도의 제품은 한국제품 이상으로 만들 수 있는 중국 업체들은 이 회사의 제조 원가 이하로 납품이 이루어지고 있었다. 전 직장에서 매년 3% 이상씩 납품 단가를 낮출 것을 요구하면서 P 대표의 고민은 깊어만 갔다.

P 대표가 코칭을 요구해서 다양하게 고민하고 연구한 결과, 공장을 중

국으로 이전하여 원가를 더 낮추는 방안을 강구하기로 했다. 중소기업청의 지원을 받아 중국의 동종 업종에 대해 조사해보고 나서 중국기업과 합작 법인을 만드는 방법으로 일을 풀어나가기로 했다. 2년간의 중국시장 조사와 합작할 중국 대상 기업을 선정하여 드디어 중국에 진출했다.

그런데 전 직장인 L전자는 협의 없이 결정된 사항이라며 일방적으로 거래를 끊어버렸다. 위기가 곧 기회라고 적극적으로 새로운 사업방식을 모색하며, 1년 만에 중국 칭다오에 공장을 이전했다. 품질도 좋아졌고, 낮은 가격으로 제품을 납품하며 신용을 쌓아나가 지금은 국내 대형 가전제품회사와 다른 외국기업에도 납품을 이어가고 있다. 중국도 인건비가 많이 올라서 납품가격이 높아져 이 회사는 새로운 제품 생산을 강구하고 있는 중이다.

시니어 코칭에 성공하기 위해서는 자신이 가지고 있는 인적 자원을 최대한 활용해야 한다. 많은 대기업이나 공공기관에서는 전직지원서비스를 활용하고 있다. 일반 직장인에게는 k-startup 창업지원포털(www.k-startup.go.kr), 창업보육센터 네트워크시스템(www.bi.go.kr), 소상공인마당(www.sbiz.or.kr), 소상공인시장진흥공단(www.semas.or.kr/web/main/index.kmdc), 창업진흥원(www.kised.or.kr), 중소벤처기업부(www.mss.go.kr/site/smba/main.do), 기업마당(www.bizinfo.go.kr), 신사업 창업사관학교(newbiz.sbiz.or.kr), 생활공감지도 인허가 자가진단(gmap.yc.go.kr), 공정거래위원회 가맹사업 거래(franchise.ftc.go.kr), 소상공인 마당 상권정보 사이트(sg.sbiz.or.kr), 우리마을가게 상권분석 서비스 (golmok.seoul.go.kr/main.do), KB부동산 리브온 상권정보(onland.kbstar.com), 나이스비즈맵(www.nicebizmap.co.kr/index.jsp), 국세청 홈택스(www.hometax.go.kr) 등이 창업에 도움이 되는 사이트다. 서울시50플러스재단이 운영하는 '50플러스캠퍼스(www.50plus.or.kr)'는 인생 후반기에 새로운 커리어 전략을 세우려는 사람들에게 다양한 교육과 훈련을 제공하고 있다. 라이나전성기재단이 운영하는 '전성기캠퍼스(www.junsungki.com)'

는 민간재단으로서는 최초로 선보이는 50대 이상 세대를 위한 교육 커뮤니티다. 50대 이상이 일, 여가, 건강, 인간관계, 사회참여 등 관심 있는 다양한 분야에 대해 배우고 나누는 교육 프로그램을 제공한다. 이와 같이 시니어에게 교육과 훈련 및 취업 기회를 제공하는 곳이 늘어나고 있다. 중장년일자리희망센터(www.work.go.kr/4060hope), 대한은퇴자협회(www.karpkr.org), 한국시니어클럽협회(www.silverpower.or.kr), 대한노인회 취업지원센터(www.k6065.co.kr) 등을 통해 고령사회에서 인생 2막을 준비하는 기회로 삼기를 바란다.

(3) 밀레니얼 세대 인력을 채용하려는 사례

"라떼(나 때)는 말이야"는 이른바 '꼰대 어른'들의 말투를 밀레니얼 세대가 희화화한 말이다. 이런 말을 삼가고 새롭게 그들과 진정한 소통을 해야 한다. 시니어가 된 베이비붐 세대는 사회의 주역으로 등장하고 있는 밀레니얼 세대를 이해해야 하고, 그들과 어떻게 관계를 맺어야 하는지 배워야 한다. 시니어 코칭을 할 때 세대 간의 소통방식에 대해 변화를 주어야 인생 2막에서 성공할 수 있다.

소프트웨어 개발 업체 R 대표는 일이 많아져서 직원을 새로 채용하려고 인터넷에 공고를 냈으나 사무실 앞까지 왔다가 그대로 가버리는 지원자들 때문에 직원을 채용하기 어렵다고 하소연하며 필자에게 코칭을 요구했다. 우수 벤처기업인으로 인정받아 대통령의 해외 방문단에도 선정될 정도로 수주는 계속 늘어나고 있는데 우수 인재를 채용하지 못 하니 납기에 어려움을 겪고 있었다. 그래서 인근에 있는 대학의 소프트웨어학과 교수를 소개해주었다. 어렵게 인근 대학의 우수한 학생을 인턴사원으로 받았으나 대부분 일을 배우고 난 뒤에 떠나버렸다. 경영자는 단순히 자기 회사의 급여가 작고 회사규모가 보잘것없어서 그렇다고 여기고 있었다.

① 밀레니얼 세대를 유인하기 위해 사무실 인테리어를 바꾸다

경영자의 코칭 요청으로 다소 비용이 들지만 인테리어 업체 사장과 사무실을 방문하여 사무실 인테리어를 바꾸는 방향으로 협의했다. 인테리어 업체 사장은 최소 비용으로 사무실 인테리어와 책상을 바꾸고, 입구도 이중 유리창으로 교체하고, 지문인식 시스템으로 출퇴근 관리도 할 수 있는 안을 제시했다. 망설이는 R 대표에게 이렇게 해도 안 오면 코칭 비용을 무료로 해주겠다고 설득했다. 3천만 원이나 들여서 내부와 입구를 싹 바꾸니 사무실 근무환경이 달라 보였다. 그 후에 다시 인력 채용 공고를 내보았다. 그러자 이제는 면접을 보러 온 직원이 사무실을 보고 그대로 가버리는 일이 없어졌고, 근무하는 직원들도 회사에 대해 근무조건이 좋아졌다고 만족스러워한다.

② 채용보다 신규 인력이 조직에 안착할 때까지 꾸준히 소통해야 한다

회사에서 한 사람을 채용하고 육성해 조직에 안착시키는 데까지 상당한 비용이 투입된다. 사람을 잘못 뽑아서 발생하는 비용은 최소 입금의 2~3배에 달한다. 무엇보다 사람을 잘 뽑는 것이 기업의 성장을 불러오게 된다. 인테리어를 바꾸고 그런 과정을 거쳐 어렵게 채용한 직원 2명을 입사 초기 3개월 동안 소중하게 대해주니 상대적으로 작은 봉급을 받고도 신입직원은 열심히 다니게 되었다. 그 직원들과 같이 저녁 식사를 하며 좋은 말을 남겨주었다. 최소 5년은 여기서 승부를 해보라고 권유했다. 그 뒤에는 좋은 회사에 갈 기회가 생기면 가도 좋다고 했다. 요즘 젊은이들은 붙잡는다고 있지는 않지만 배울 게 있는 직장이고 회사가 최선을 다해 직원을 대해주면 직원은 열심히 일하게 된다. 어렵게 직원을 채용하여 이제 정직원 6명에 인턴직원 4명으로 늘어났다. 일이 많아져 납기를 맞추기 어려워지면 협력사와 일을 나누어 처리하고 있다. 특유의 친근감과 붙임성으로 회사는 승승장구하고 있다. 대기업인 전자회사에서 나올 때 걸렸던 우울증은 이제 없어졌다고 했다. 시니어 코칭에서 중요한 것이 바로 소통의 문제다. "한마디 말이 천 냥 빚도 갚을 수 있다"라는 옛말도 있다. 말로 인한 상처는 오래 남는다. 시니어의 역할은 밀레니얼 세대의 잠재력을 끌어낼 수 있도록 소통해야 한다. 상명하복의 의사소통문화에 길들어져 있는 과거에서 벗어나야 한다. 시니어 코칭은 사람 중심의 경영철학을 근간으로 직원들의 내재적 동기부여를 이끌어내고 그들의 잠재력을 일깨워 성과를 창출해내는 보람 있는 일이다.

3
시니어 코칭을 할 때 유의해야 할 점

시니어를 코칭할 때는 생애 전환기에서 그들이 느끼는 심리적 · 경제적 · 사회적 요건을 잘 이해해야 한다. 가족 부양 등 주로 앞만 보고 일만 한 세대다. 전환기에서는 새로운 정체성에 대한 질문을 던지고 새로운 인생을 맞이해야 한다. '나이 듦'에 대한 뿌리 깊은 편견을 버리고 앞으로 어떻게 살아야 할지 진지하게 성찰해야 한다. 외국에서 진행하고 있는 앙코르 커리어와 다르게 한국사회의 환경에 맞는 시니어 코칭이 필요하다. 아트 마크먼 교수는 『커리어 하이어: 나의 경력을 빛나게 하는 인지심리학』(2020)에서 동기적 · 사회적 · 인지적 뇌에 초점을 맞추고 있다. 일을 잘해내려면 의욕을 불러일으키는 동기가 시발점이 된다. 동기적 뇌는 변연계에서 담당하고 있는 핵심영역이다. 조직에서 성과를 내려면 다른 사람들의 참여를 이끌어내는 사회성이 필요하다. 사회적 뇌는 타인들을 잘 다루는 데 필요한 시스템의 집합체다. 나아가 올바른 일을 제대로 실행하려면 사물의 원리를 꿰뚫어보는 인지적 능력도 요구된다. 인지적 뇌는 판단하고 소통하는 데 작동하는 정교한 구조들의 집합체다. 경험에 근거해 순간적인 판단을 내리고 복잡한 추론에 관여한다. 결국 '아는 지식'과 '아는 사람'이 함께 성공으로 이끌어준다는 말이라고 해도 과언이 아니다.

(1) 현직 명함이 떨어지기 전에 은퇴 이후를 준비해야 한다

현직에 있을 때 은퇴 이후를 설계해야 한다. 준비 없는 은퇴는 심리적으로 불안하고 경제적으로 위험하다. 높은 자리에서 지원을 받다가 스스로 해야 하는 일이 많아서 처음에는 적응하기가 쉽지 않다. 좀 더 이른 나이에 준비할수록 자리를 잡는데 유리하다. 나이가 많아서 나오면 그런 열정과 노력, 자금도 부족하다는 것을 기억해야 한다.

(2) 과거에 연연하지 말고 삶의 기준을 다시 세워야 한다

"내가 왕년엔 이랬는데 말이야"라는 생각을 아예 버려야 한다. 시니어가 될수록 서운함이 많이 생긴다. 과거 현직에 있을 때는 문턱이 닳게 찾아오던 사람들도 은퇴 후에는 찾아오는 사람이 줄어들기 때문이다. 과거에 연연하지 말고 삶의 기준을 다시 챙겨야 한다. 인생의 전반전에 살던 기준으로 후반전을 살 수는 없다. 나이가 들수록 마음을 넓게 가지고 포용하는 마음가짐이 필요하다. 요즘말로 '꼰대'가 되지 않으려면 '어른'으로서 갖춰야 하는 것이 무엇인지 성찰해봐야 한다. 직장을 나오는 순간 자연인으로 돌아가야 한다. 어깨에 들어갔던 힘을 빼야 한다.

(3) 막연한 불안감에서 벗어나야 현실을 직시할 수 있다

막상 당사자가 되어 미래의 불안감을 느껴보지 않으면 그 누구도 알 수 없다. 은퇴자들은 그동안의 안정된 삶에서 벗어나 어떻게 살아야 할지 막막하다. 잘못하면 낙오자가 될 것 같고, 정체성을 잃어버릴 것 같다. 불안감에서 벗어나는 가장 현명한 방법은 모르는 것을 알려고 하는 것이다. 부정적인 불안감보다 현실에서 무슨 일을 할지 조사하고 분석해야 한다.

(4) 일의 강도를 줄이고 유연한 일자리를 찾아야 한다

시니어는 청년과 경쟁하는 업종보다 고령자에게 적합한 직종을 선택하는 것이 좋다. 한 가지에 올인하기보다 동시에 여러 일을 하는 멀티플레이어로 유연한 일자리를 찾는 편이 좋다. 인생 2막에서는 취미와 건강을 돌보는 시간을 확보해야 한다. 자신의 역할에 대한 비중을 조정하면서 근무형태를 다르게 설계할 수 있다. 다양한 파트너십을 통해 그간의 경력을 충분히 살릴 수 있는 일을 찾아야 한다.

(5) 삶의 의미와 보람을 고려해서 일자리를 찾아야 한다

대부분 인생 1막은 자신의 발전과 성장을 위해 온 힘을 쏟는 시기라면, 인생 2막은 삶의 의미와 가치를 찾아야 한다. 시니어 코칭에서는 삶의 의미와 보람을 고려해서 자원봉사활동 참여, 공공의 가치 실현을 해야 한다. 전문가라면 '프로보노(Pro Bono)'도 고려해볼 수 있다. 프로보노란 '공익을 위하여'라는 라틴어 'Pro Bono Publico'의 줄임말이다. 다른 봉사활동과 달리 봉사자가 자신의 전문 분야를 살려 공익 차원에서 무료로 돕는 것이다. 일종의 사회공헌활동이다. 기회가 되면 주말에 봉사활동 경험을 쌓아둬야 한다. 사회공헌활동이 새로운 취업이나 창업의 기회를 열어주기도 한다. 자신이 쌓은 경력과 경험이 후배들에게 도움이 될 때 시너지 효과를 발휘하게 된다. 시니어 코칭을 할 때는 가치에 대해 성찰할수록 좋다. 남을 위해 하는 일이 진정 자신의 일을 찾게 할 것이다.

성찰질문

아래의 다섯 가지 질문에 스스로 답해보시기 바랍니다.

1. 시니어 코칭이란 무엇인가?
2. 시니어 코칭은 일반 성인 코칭과 어떻게 다른가?
3. 시니어 코칭에는 어떤 종류가 있는가?
4. 시니어 코칭은 구체적으로 어떻게 이루어져야 하는가?
5. 시니어 코칭에서 유의해야 할 점은 무엇인가?

참고문헌

마크 프리드먼(2009), 『앙코르: 오래 일하며 사는 희망의 인생설계』, 김경숙 역, 프런티어.

아트 마크먼(2020), 『커리어 하이어: 나의 경력을 빛나게 하는 인지심리학』, 박상진 역, 진성북스.

윤영돈(2019), 『채용트렌드 2020』, 비전코리아.

정연식(2015), 『원하는 삶이 어떻게 일이 되는가』, 더난출판사.

최재천(2005), 『당신의 인생을 이모작하라: 생물학자가 진단하는 2020년 초고령 사회』, 삼성경제연구소.

부록

1. 미묘한 차이를 알아보는 커리어코칭 사전

컨설팅과 코칭

"이게 문제네" vs. "어떤 해결책이 있을까?"

컨설턴트가 문제를 분석하고 그것에 대한 해결안을 제시하는 것이 '컨설팅'이라면, '코칭'은 스스로 자기 안에 해답이 있다고 전제한다. 컨설팅(consulting)이 어떤 분야의 전문가가 우월한 위치에서 대상자를 상대로 상세하게 도와주는 것이라면, 코칭(coaching)은 코치가 수평적 관계를 이루는 파트너로서 개인의 잠재력 성장을 도모한다는 것이다. 컨설팅이 무엇(what)에 집중한다면, 코칭은 누구(who)에게 초점을 맞추는 것이다. 컨설팅이 물고기를 잡아주는 것이라면, 코칭은 물고기를 잡는 방법을 알려준다. 당신은 어떻게 문제를 파악하고 해결책을 스스로 재생산할 수 있도록 프로세스를 공유하고 그 능력을 갖출 것인가?

상담과 코칭

"과거에 어떤 일이 있었어?" vs. "어떤 행동을 할 수 있을까?"

상담사가 과거에 형성된 마음의 문제를 풀어가는 치료 과정이 '상담'이라면, '코칭'은 코치와 함께 미래의 목표를 설정하고 행동으로 옮겨가는 과정이다. 상담의 주요 초점이 그 사람의 '과거'와 '현재'에 맞춰진다면, 코칭의 주요 초점은 그 사람의 '현재'와 '미래'에 맞춰진다. 상담(counseling)과 치료(therapy)가 과거 문제해결, 고통의 완화, 회복 등의 문제라면, 코칭(coaching)은 개인이 지닌 능력을 최대한 발휘하여 목표를 이룰 수 있도록 돕는 일을 가리키는 말이다. 스포츠과학에서 행동의 변화에 대한 임상이 많이 나오고 있다. 상담은 단지 과거 문제만 보는 것이 아니라 최근 긍정심리에서는 미래도 다루고 있다. 하지만 상담 분야는 감정이나 심리적 문제에 국한된다. 상담소에서는 어떻게 취업해야 하는지 방법을 알려줄 수 없다.

풍부한 경험과 지식으로 이끌어주는 멘토링(mentoring), 지식을 전달해주는 티칭(teaching), 기차(train)처럼 여러 사람이 '무엇인가를 끌고' 목적지까지 데려다주는 트레이닝(training), 일정을 관리하고 그와 관련된 업무를 전문적으로 하는 매니징(managing), 여러 사람이 일정한 목적을 가지고 함께 일할 때 효과적으로 그 목적을 달성하도록 일의 과정을 설계하고 참여를 촉진하는 퍼실리테이팅(facilitating) 등과 달리 코칭은 계약으로 맺어지고, 개인별 목적지까지 동행한다. 개인의 변화와 발전을 지원하는 수평적이고 협력적인 파트너십에 중점을 둔다. 코치(coach)의 어원은 15세기 헝가리의 도시 코치(Kocs)에서 만들어진 대형 마차에서 유래한다. 헝가리산 코치 마차는 당시 네 마리 말이 끄는 호화로운 마차다. 영국에는 16세기에 들어와 발음이 비슷한 '코치(coach)'라는 단어가 '마차'라는 뜻으로 쓰이게 되었다. 과거를 비판하기보다는 어떻게 하면 미래 중심으로 성장할 수 있을지를 생각하고 경험을 쌓아서 역량을 기르는 것이다. 행동을 바꾸지 않으면 결과는 바뀌지 않는다. 상담 치료사는 치료 과정과 결과를 모두 담당하지만, 코칭에서 코치는 과정에만 책임이 있고 결과에 대한 책임은 코치를 받는 사람에게 있다. 상담에서는 '내담자(來談者)'라고 하고, 코칭에서는 '코치이(coachee)' 또는 '고객(client)'이라고 하고, 커리어코칭에는 '대상자(對象者)'라고 한다. 당신은 코칭에 대해 어떻게 재정의를 내릴 것인가?

질문과 발문

"정답은 뭐니?" vs. "너는 어떻게 생각하니?"

'질문'이 내가 알기 위한 욕구라면, '발문(發問)'은 상대방을 깨우기 위한 욕망이다. 질문이 모르는 것을 상대방에게 물어보는 것이라면, 발문은 학습을 촉진하기 위해 학습자에게 물어보는 문제 제기를 의미한다. 질문은 내가 나를 채우기 위해 시작하지만, 발문은 다른 사람을 위한 마음에서 시작한다. 질문은 일상적 상황에서 모르기 때문에 알고 싶어서 일어난다면, 발문은 교수학습 상황에서 학습자 스스로 깨달음을 얻게 위해 교수자가 묻기 때문에 발생한다. 질문은 알고 있는 지식을 쌓게 하지만, 발문은 넓은 세상을 바라볼 수 있는 안목을 키워주어야 한다. 당신은 만나는 사람을 깨우기 위해 어떤 발문을 품고 있는가?

직장과 직업

"내가 다니는 공간" vs. "내가 하는 일"

사회적 지위를 맡아서 수행하는 곳이 '직장'이라면, '직업'은 생계를 유지하기 위해 실행하는 일이다. 직장이 어느 회사에 다니는지가 중요했다면, 직업은 전문적으로 하는 일이 더 중요해지고 있다. 직장(workplace)은 가정보다 많은 시간을 보내는 터전이므로 자신과 잘 맞는지 알아봐야 하고, 직업(job)은 어릴 때부터 무슨 일을 하면 좋은지 탐색해봐야 한다. 직장(職場)은 사람들이 일정한 직을 가지고 일하는 곳이라면, 직업(職業)은 자신의 적성과 능력에 따라 일정한 시간에 종사하는 일이다. 직장이 공간적 위치라면, 직업은 현실적 실행이다. 당신은 어느 직장에 들어가서 어떻게 직업을 구현할 것인가?

직무와 업무

"나에게 맡겨진 일" vs. "매일매일 해야 할 일"

사회적 지위를 맡아서 수행하는 일이 '직무'라면, '업무'는 생계를 유지하기 위해 실행하는 일이다. 직무가 자신의 직업에서 맡고 있는 특성한 일이라면, 업무는 자신이 하고 있는 직무의 세부적 일로서 날마다 처리해야 하는 일이다. 예를 들어 인사담당자의 경우는 인사관리가 직무이고, 신입사원 채용이 업무이다. 직무가 자신이 속한 조직에서 자신에게 주어진 포지션이 무엇인가를 질문해야 하는 것이라면, 업무는 업의 본질을 깨달아서 성과를 낼 것인가를 질문해야 한다. 직무는 자리에 맞는 사람이 앉아야 하고, 업무는 소질이 있는 사람이 해야 한다. 때로는 자리가 사람을 만들고, 일이 인간을 성장시킨다. 직무가 자신의 일과 다른 사람의 일을 서로 맞춰가는 것이라면, 업무는 자신의 다른 일과 비교해서 자신이 어떤 일을 해야 하는지 결정해야 하는 것이다. 직무가 세상에서 자신에게 맡겨진 일을 찾아서 하는 수련이라면, 업무는 자신의 껍질을 벗고 업의 본질을 하루하루 실천하는 것이다. 당신의 직무는 무엇이고, 오늘 업무를 어떻게 실행하겠는가?

재능과 소질

"1%의 재주" vs. "타고난 기질"

천재만 갖고 있는 선물이 '재능'이라면, '소질'은 적성에 맞는 달란트다. 재능이 예체능처럼 1%에게 있는 재주라면, 소질은 누구에게나 있는 타고난 기질 같은 것이다. 재능(材能)이 타인과 비교해서 그들보다 잘하는 것이라면, 소질(素質)은 자신과 비교해서 다른 것에 비해 잘하는 것이다. 재능이 타인과 끊임없이 경쟁하는 것이라면, 소질은 자신에게 끊임없이 질문하는 것이다. 재능은 다른 사람을 이겨야 살아남지만, 소질은 자신의 해바라기를 통해 성장한다. 재능이 '타고난 것'을 믿고 가능성 있는 장점이라면, 소질은 '본디 타고난 것'을 갈고 닦아서 강점을 더 단단해지게 한다.

재능은 며칠 쉬어도 되지만, 소질은 하루만 쉬어도 티가 난다. 당신의 소질은 무엇이고, 그것을 오늘 어떻게 쓰겠는가?

능력과 역량

"가능성 있는 잠재력" vs. "이미 경험한 근육"

어떤 일을 할 수 있는 가능성이 '능력'이라면, '역량'은 이미 경험해봐서 수행할 수 있는 행동특성이다. 능력이 일을 감당할 수 있는 깜냥이라면, 역량은 성과를 낼 수 있는 실력이다. 능력이 현재 상태에서 발휘하는 것이라면, 역량은 다른 사람과 구별되는 특별히 일을 잘하는 사람이 갖고 있는 것이다. 능력에 맞는 일은 찾기 어렵지만, 일에 맞는 역량을 찾아야 일을 제대로 할 수 있다. 능력이 자신을 중심으로 할 수 있다고 착각하는 것이라면, 역량은 다른 사람과 비교해서 자신이 잘해온 것을 조준하는 것이다. 능력이 사용하지 않은 힘을 믿고 파악하지도 않고 무조건 덤비는 것이라면, 역량은 특정한 상황에서 지식, 기술, 태도 등 자신의 힘을 헤아리는 것이다. 능력은 이것저것 도끼를 찾아다니며 수집하는 것이지만, 역량은 도끼로 자신의 피라미드를 하나하나 쌓으면서 성숙해진다. 능력이 '할 수 있는 것'을 믿으면서 첫발을 떼는 것이라면, 역량은 '잘하는 것'을 검증하면서 원석을 갈고 닦아서 보석 형태의 다이아몬드를 만드는 것이다. 능력은 하루하루 펼치는 잠재력이지만, 역량은 하루하루 버티는 실력이다. 당신의 능력은 무엇이고, 오늘 어떻게 역량을 쓰겠는가?

장점과 강점

"난 키가 커!" vs. "난 그림을 잘 그려!"

개인이 가지고 있는 좋은 점이 '장점'이라면, '강점'은 다른 사람과 비교하여 뛰어난 점을 말한다. 장점(advantage)의 동기가 불리한 점보다 유리한 점이라면, 강점(strength)의 동기는 역경을 이겨내는 단단한 내구성이다. 장점(長點)이 자신의 입장에서 잘하는 것이라면, 강점(強點)은 타인과 비교하여 우세한 것이다. 장점이 길고 짧은 철제 검이라면, 강점은 역경으로 두들겨 만든 강철 검이다. 상대방의 장점을 이해하고 어떻게 자신의 강점을 단련시킬 것인가? 직장에서 높은 연봉을 받고 싶은가? 그러면 자신만의 무기인 칼이 있어야 한다. 남들과 싸워서 이길 수 있는 '강철 검'이 있어야 한다는 말이다. '강철 검'은 절대로 한 번에 만들어지지 않는다. 여러 번의 담금질을 통해 세상에 나온다.

우리는 자신의 장점을 강점으로 승화시켜야 한다. 이미 많은 직장인이 좋은 인상과 강력한 이미지를 주기 위해 자신만의 강점을 강화시키는 노력을 하고 있다. 물론 단점도 파악해서 보완해야 한다. 하지만 방패보다 칼에 더욱더 신경 써야 한다.

피터 드러커는 "자신의 약점을 보완해봐야 평균밖에 되지 않는다. 차라리 그 시간에 자신의 강점을 발견해 이를 특화시켜나가는 편이 21세기를 살아가는 방법이다"라고 말한다. 수동적인 방패보다 적극적인 칼이 좋은 결과를 얻을 수 있다.

약점과 단점

"난 농구선수로는 키가 작아!" vs. "난 손재주가 없어!"

남들과 비교할 때 부족한 점이 '약점'이라면, '단점'은 개인에게 모자라는 점을 말한다. 약점(weakness)의 동기가 다른 사람을 이기는 데 장애가 되는 자신의 취약한 점이라면, 단점(shortcoming)의 동기는 자신이 보기에도 남들이 보기에도 드러나기 쉬운 결점이다. 약점(弱點)이 쉽게 무너지기 쉬운 급소라면, 단점(短點)은 상대적으로 채워지지 않는 허점이다.

약점은 자기 자신을 어떻게 생각하는지 알 수 있으며, 자신감과 관련이 있다. 약점은 잘 포장한다고 해도 결국 자신의 실력이 드러난다. 그렇다고 경쟁자들에게 약점을 먼저 알려줄 필요는 없다. 약점은 타고난 소질이나 후천적 역량을 포함할 때가 많다. 어떤 사람은 "나는 리더십이 부족해"라는 식으로 쉽게 약점을 말한다. 리더십이 부족하다고 말하는 순간 다른 사람들은 삶에 대한 의지나 주도성을 잃은 사람으로 평가한다. 단점은 누구에게나 있다. 단점을 잘 알고 고쳐보려고 노력해보지만 쉽게 고쳐지지 않는 경우가 많다. 이럴 때는 솔직하게 자신의 단점을 드러내는 태도가 호감을 줄 수 있다. "나는 성격이 조급해"와 같이 남이 알려주기 전에 스스로 솔직하게 털어놓는 것도 좋은 대처법이다. 조급한 성격을 고치기 위해서는 차분한 음악을 듣거나 명상을 통해 개선할 수 있다. 약점이 드러내면 위험하기 때문에 방어해야 하는 것이라면, 단점은 잘 변하지 않기 때문에 인정해야 하는 것이다. 상대방의 약점을 보호하면서 자신의 단점을 어떻게 보완할 것인가?

성격과 기질

"난 환경에 잘 적응해왔어!" vs. "난 선천적으로 잘 안 바뀌!"

개인이 가지고 있는 고유의 특성이 '성격'이라면, '기질'은 사람이 지닌 마음의 본성을 말한다. 성격(character)의 동기가 환경에 대해 남들과 다른 독특한 심리 체계에 따른 행동양식이면, 기질(temperament)의 동기는 정서와 관련 있는 감정적 반응에 관계되는 선천적 특질이다. 성격(性格)이 오랜 세월에 걸쳐 발달한 인격이라면, 기질(氣質)은 유전자에서 나오는 자연스러운 본능이다. 성격이 삶에서 나온 습관이라면, 기질은 물려받은 선물이다. 상대방의 성격을 이해하고 어떻게 자신의 기질을 탐구할 것인가?

마케팅과 세일즈

"간접적으로 팔리게 하는 것" vs. "직접 파는 것"

생산자로부터 소비자에게 상품을 원활하게 전달하기 위한 포괄적 활동이 '마케팅'이라면, '세일즈'는 명확한 사람들을 대상으로 많은 판매를 하기 위한 활동이다. 마케팅(marketing)이 시장조사, 상품화 계획, 선전, 판매촉진에 해당하는 커뮤니케이션 활동에 이르기까지 모든 것을 아우르는 것이라면, 세일즈(sales)는 잘 만들어진 상품을 특정 대상의 거래처를 발굴해서 판매하는 것을 말한다. 시장관리(市場管理)가 시장에 숨겨진 수요를 충족시키는 것이라면, 영업(營業)은 타깃의 수요를 구매로 전환하는 것이다. 마케팅이 장기적 관점에서 포괄적 타깃이라면, 세일즈는 단기적 관점에서 소규모 타깃이다. 일찍 피는 꽃은 쉽게 지고, 늦게 피는 꽃이 더 아름답다. 당신의 꽃은 피고 있는가, 지고 있는가? 꽃이 피고 지면 그다음에 열매가 맺힌다. 피지 않는 꽃은 없고 열매도 맺힐 것이다. 꽃이 지는 것을 두려워하지 말고 열매를 가다리기 바란다. 당신은 매출을 올리기 위해 무엇을 마케팅하고, 어떻게 세일즈 활동을 할 것인가?

광고와 홍보

"많이 본 제품" vs. "공신력 있는 신문에 소개된 제품"

구매할 가능성이 높은 사람들을 대상으로 하기 때문에 판매로 이어지는 활동이 '광고'라면, '홍보'는 브랜드를 인식시키고 긍정적 이미지를 구축하는 활동이다. 광고(advertisement)는 신문 · 잡지 · 방송에 나오는 크기에 따라 비용이 결정되지만, 홍보(Public Relations)는 보도자료를 의뢰할 뿐 결과적으로 비용에 의해 결정되지 않는다. 광고(廣告)가 상품의 정보를 다양한 매체를 통해 소비자에게 널리 알리는 의도적인 활동이라면, 홍보(弘報)는 신뢰성 있는 매체의 기사 보도로 인해 입소문이 나게 하는 활동이다. 광고는 카피나 디자인에 제한이 없지만, 홍보는 객관적 사실만 표현해야 한다. 당신이 비용을 들여서 광고하고 싶은 것은 무엇이고, 어떤 매체에 홍보 활동을 할 것인가?

전문가와 숙련가

"난 다른 가능성을 봐!" vs. "난 그 일을 오랫동안 해왔어!"

당장 해답을 제시하기보다 스스로 질문을 던지는 사람이 '전문가'라면, '숙련가'는 자신에게 주어진 문제를 많이 해결해온 사람이다. 전문가(expert)의 동기가 처음 접하는 새로운 문제 상황에서도 자신의 제한을 딛고 극복하려는 의지라면, 숙련가(specialist)의 동기는 자신에게 주어진 문제 상황에서 시행착오를 반복하면서 생긴 요령이다. 전문가(專門家)가 파트너십을 가지고 '일하는 방식'을 개선해 스스로 효과성을 높이는 사람이라면, 숙련가(熟鍊家)는 조직의 매뉴얼대로 '일하는 방식'에 따라 효율성을 추구하는 사람이다. 전문가가 한 분야에 상당한 지식과 경험을 가지고 일가를 이룬 사람이라면, 숙련가는 한 분야에서 연습을 많이 하여 능숙하게 작업하는 사람이다. 어떤 전문가도 숙련가를 거치지 않은 사람은 없다. 당신은 전문가로 어떻게 상대방의 숙련 활동을 단련시킬 것인가?

성취와 성공

"누가 뭐래도 해내고 말 거야!" vs. "실패하지 않을 거야!"

자신이 이뤄낸 것이 '성취'라면, '성공'은 다른 사람들과 비교해서 이뤄낸 것이다. 성취(achievement)의 동기가 조직의 목표보다 높은 수준에서 수행하거나 완성하고 싶어 하는 의욕을 말한다면, 성공(success)의 동기는 목적한 바를 이루기 위해 수단을 가리지 않는 욕망이다. 성취(成就)가 학습이나 습득을 통해 얻는 과정이라면, 성공(成功)은 성적이나 사회적 지위를 얻게 되는 결과다. 성취가 자신과의 비교를 통한 과정 지향적이라면, 성공은 타인과의 비교를 통한 결과 지향적이다. 당신은 자신의 성취를 위해 어떤 노력을 할 것이고, 상대방의 성공을 위해 어떻게 응원할 것인가?

창의와 창조

"난 머릿속으로 상상을 잘해!" vs. "난 새로운 것을 잘 만들어!"

기존의 고정관념을 깨는 생각 활동이 '창의'라면, '창조'는 다른 결과물을 만들어내는 개발 활동이다. 창의(originality)의 동기가 새로운 아이디어를 통해 무엇인가를 발상하는 의지라면, 창조(creation)의 동기는 시행착오를 거쳐 아이디어를 현실에서 구현하는 작업이다. 창의(創意)가 이전에 없던 것에서 새로움을 추구하는 의견이라면, 창조(創造)는 다른 것과 비교하여 현저한 차이의 업적이다. 창의가 무형의 호기심이라면, 창조는 프로토타입으로 만든 유형의 조형물이다. 당신의 창의적 생각을 깨워서 상대방의 창조활동을 어떻게 단련시킬 것인가?

접속과 접촉

"난 서로 맞대어 연결되는 것이 좋아!" vs. "난 직접 맞닿아 사귀는 것이 좋아!"

결속해서 연결되는 것이 '접속'이라면, '접촉'은 직접 닿는 부분이 개방적으로 열리는 것을 말한다. 접속(access)의 동기가 비대면으로 연결하는 일이라면, 접촉(contact)의 동기는 직접 대면으로 얼굴과 얼굴을 맞대는 일이다. 접속(接續)이 소셜 미디어에서 연결하는 일이라면, 접촉(接觸)은 낯선 얼굴을 만나는 일이다. 접속이 글과 꼴이 만나는 연결이라면, 접촉은 얼과 굴이 만나서 영혼이 통하는 만남이다. 당신은 새로운 세계에 접속하여 낯선 사람과 어떻게 접촉할 것인가?

얼굴과 얼굴을 맞대는 일, 비대면 시대에 대면한다는 것은 결국 속살을 보여주는 것이다. 면접은 얼굴과 얼굴을 서로 보는 것이다. 접촉은 감정의 생얼을 드러낸다. 민낯을 볼 수 있는 관계는 신뢰하지 않으면 안 된다. 명함을 주고받았다고 해서, 소셜 미디어에 접속해 연결되었다고 해서 친구가 아니다. '좋아요'를 눌렀다고 상대에게 요구할 수 있는 것이 아니다. 댓글을 달았다고 해서 상대에게 무엇인가를 기대하지 말라. 차단되었다고 해서 인연이 끝나는 것이 아니다. 만났다고 마음을 주고받은 것이 아니다. 진짜 만남은 얼과 굴이 만나서 영혼이 통하는 때다. 오늘 얼이 깃든 소통을 했는가?

감정과 느낌

"어떻게 행동하게 만드는가?" vs. "어떤 식으로 느끼는가?"

세상에 쓸모없는 감정이란 없다. 단맛, 짠맛, 매운맛, 신맛, 쓴맛, 감칠맛 등 음식을 만들 때 맛을 알아야 하듯이 감정을 제대로 알려면 스스로 인식하려는 노력이 있어야 한다.

감정(emotion)은 줄기와 같고, 느낌(feeling)은 가지와 같다. 감정이 뿌리 깊은 유전으로 결정된다면, 느낌은 추상적 잔재로 만들어진다. 화가 나서 분노하게 되면 갑자기 혈압이 오르면서 심장박동수가 빨라진다. 얼굴은 벌겋게 달아오르고, 표정이 굳어지며, 목소리는 커진다. 주먹을 불끈 쥐게 되고, 두 팔에 경련이 일어난다. 당황하고 어쩔 줄 몰라하지만, 욱하는 횟수가 늘어나서 흥분을 잘하게 된다. 다혈질에 성격이 급한 사람들은 분노에도 중독성이 있어 한 번 화를 내면 계속 화를 낼 수밖에 없다. 감정이 가장 원시적 뇌에서 비롯된다면, 느낌은 전두엽에서 일어난다. 감정이 몸에서 일어나는 생리에 대한 반응이라면, 느낌은 말로써 일어나는 사건에 대한 해석이다. 감정은 강력한 반응이지만, 느낌은 강렬하지 않은 여운이다.

슬픔을 느끼면 체온이 떨어진다. 슬픔이 다른 사람으로부터 사회적 거리를 두게 한다면, 차가운 느낌은 가까이 가지 않도록 한다. 혀의 단맛을 떨어뜨리고, 잠을 잘 못 잘 수 있다. 감정이 무엇인가를 행동하게 만든다면, 느낌은 불편하지 않게 하려고 무엇을 할지 되돌아보게 한다. 감정이 생겼을 때의 느낌은 몸이 특정한 감정에 대해 발생하는 반응이다. 감정은 빠르게 오가기 때문에 어떻게 행동해야 하는지 생존을 위한 '촉발 장치'라면, 느낌은 무슨 일이 일어났는지 그리고 어떤 식으로 느끼는지를 이해하기 위한 '반응 도구'다. 감정이 생기면 느낌은 따라온다.

그러나 감정으로 인한 느낌은 별다른 노력을 하지 않더라도 몸에 온 변화를 스스로 감지할 수 있게 된다. 감정 없이 느낌만 추구하는 경우의 대표적인 예가 약물중독 사례다. 약물로부터 오는 황홀한 당시의 몸 상태를 추구하는 것이 느낌이다. 이런 식으로 느낌만 얻으려는 행위는 감정을 초래하는 생활로부터 얻는 느낌이 아니라 황홀경만 손쉽게 얻으려는 행위다. 어려운 에움길보다는 손쉬운 지름길을 택하기 때문이다. 점점 복잡해지는 현대인의 생활은 스트레스의 연속이다. 스트레스를 다스리려면 명상법, 걷기운동, 요가, 영양섭취 등으로 몸을 챙겨야 한다. 쉽게 얻는 느낌으로 스트레스를 풀려고 하다가는 점점 더 깊어지는 수렁에 빠질 수밖에 없다.

감정과 느낌은 서로 상관관계를 갖고 있으나 차이점이 분명하다. 감정에서 해소되어 느낌이 없어지면 감정을 제대로 알아차리지 못한다. 감정은 시시때때로 변하는 것이고, 이에 따른 느낌도 동적으로 변한다. 생리작용으로부터 오는 감정과 느낌만 있는 것이 아니라 과거의 기억으로부터도 감정과 느낌이 생긴다. 특히 기억으로부터 생기는 감정과 느낌은 매우 강렬할 수 있다. 일생 동안 거의 같은 수준의 감정과 느낌을 갖게 된다. 느낌은 과거의 기억으로부터 오기도 하지만, 주변 상황의 주관적 관찰로부터 올 수도 있다.

우리는 먼저 희로애락을 인지하게 되고 나중에 오만가지를 느낀다. 당시의 몸 상태에 따라서도 형성되는 느낌이 다를 수 있다. 건강한 상태의 느낌과 잠 못 자고 피곤한 상태에서 받아들이는 느낌에는 상당한 차이가 있다.

감정과 느낌 간의 차이점을 알고 관리하는 것은 감정을 조절하고 느낌을 재해석하는 것을 가능하게 하며, 더 나아가 심리적 건강을 갖도록 도와준다. 스스로 어떻게 느끼느냐에 따라 결국 세상을 어떻게 인식하고 어떻게 행동하느냐를 결정한다. 가만히 눈을 감고 지금 느낌이 어디에서 왔고 어디로 가는지 들여다보자. 단 15분만이라도 허리를 펴고 다리를 뻗고 앉아서 오늘 어떤 감정이 올라오는지, 어떤 느낌인지 되물어보자.

지난 한 주 동안 어떤 감정이 올라왔는가? 지금 어떤 느낌이 드는가?

감정과 정서

"내 마음을 흔드는 줄기" vs. "내 마음을 지탱해주는 뿌리"

마음에 작은 파문처럼 일시적으로 일어나는 움직임이 '감정'이라면, '정서'는 강한 파도처럼 경험할 때 일어나는 갖가지 기분이다. 감정(感情)이 흔들리는 줄기와 같다면, 정서(情緖)는 지탱해주는 뿌리다. 감정이 내 몸에서 일어나는 생리에 대한 반응이라면, 정서는 내 인생에서 일어난 사건에 대한 기억이다. 감정이 지나가는 게스트라면, 정서는 내 마음의 집을 지켜야 하는 호스트다. 감정은 날씨처럼 하루하루 상태가 바뀌지만, 정서는 뿌리 깊은 마음의 터전이어야 한다. 감정은 자신이 느끼는 것을 외부로 표출하는 것이지만, 정서는 마음의 요동치는 것을 내면으로 삭이는 것이다. 당신의 뿌리 깊은 정서는 무엇이며, 이번 한 주 동안 어떤 감정을 선택할 것인가?

감정과 감성

"현재 내 마음의 상태" vs. "남의 기분을 잘 헤아리는 것"

기쁨, 슬픔, 분노 등 일시적으로 일어나는 마음의 움직임이 '감정'이라면, '감성'은 남의 마음을 알아차리고 이해하는 섬세함이다. 감정(feeling)이 무의식적으로 어떤 현상에 대해 느끼는 기분이라면, 감성(sensitivity)은 의식적으로 자극에 따른 변화를 감지해 느끼는 성질을 말한다. 감정(感情)이 내 마음의 현재 온도와 같다면, 감성(感性)은 이성의 반대말로 대상을 여러 감각으로 지각하는 센서다. 감정이 내 몸에서 일어나는 생리에 대한 반응이라면, 감성은 상대방의 기분을 잘 알아차리고 공감해주는 의지다. 감정은 날씨처럼 하루하루 상태가 바뀌지만, 감성은 내가 주인이어야 느낄 수 있는 것이다. 감정은 자신이 느끼는 것을 외부로 표출하는 것이지만, 감성은 상대방에게 동조하고 공감하기 위해 예민함을 발휘해야 한다. 현재 내 감정의 날씨는 어떠하고, 상대방의 감성을 어떻게 알아차릴 것인가?

기쁨과 즐거움

"안에서 뿜어져나오는 에너지" vs. "밖에서 몰입하는 행동"

내적 욕구가 충족되었을 때 안에서 뿜어져나오는 에너지를 '기쁨'이라고 한다면, '즐거움'은 자신이 좋아하는 외부활동을 통해 대상에 몰입하는 정서를 말한다. 기쁠 '희(憙)'는 북을 치며 노래를 불렀다는 유래가 있고, 즐길 '락(樂)'은 악기를 연주한다는 뜻이 있다. 기쁨이 북을 치며 소리를 내는 아웃사이드인(outside-in)이라면, 즐거움은 악기를 연주하는 인사이드아웃(inside-out)

이다. 뭔가 다른 결과를 이루고 싶다면 다른 감정을 느껴야 한다. 기쁨이 무엇을 이루는 과정의 감정이라면, 즐거움은 있는 것을 소비하는 감정이다. 즐거움은 행동 뒤에 따라오는 느낌이다. 맛있는 음식, 유흥, 오락, 게임 등만 추구하면 그때뿐일 수 있다. 아이스크림을 먹는 것, 남을 돕는 봉사는 상황에 따라 기쁨일 수도 있고 즐거움일 수도 있다. 남이 시켜서 하는 행위는 기쁨도 즐거움도 아니다. 내면을 풍요롭게 하는 것이 더 중요하다. '기쁨(joy)'이 '깊은 옹달샘'이라면, '즐거움(pleasure)'은 '자극적인 분수대'다. 즐거움은 초콜릿을 먹는 것과 같다. 한 입은 맛있지만 좀 지나면 질린다. 운동, 성욕, 담배, 술, 마약도 그렇다. 모든 즐거움은 한두 번은 좋지만, 지나치면 건강에 좋지 않다. 그렇다고 해서 즐거움이 나쁜 감정이라는 것은 아니다. 즐거움은 우리 몸에 축적된 나쁜 것을 쏟아내는 좋은 역할도 한다. 기쁨은 거저 생기지 않으며, 처음에는 고통이 수반된다. 뼈저린 고통을 경험하고 나서야 그 후에 기쁨을 얻는다. 성장통에서 오는 것이 기쁨이다. 그래서 기쁨은 잔잔하지만 흔들리지 않는다. 기쁨은 외부가 아니라 내면에서 오기 때문이다. 즐거움보다 기쁨이 우리 삶을 윤택하게 해준다. 당신에게 기쁨은 어디서 오고, 즐거움은 무엇인가?

질투와 시기심

"못마땅하게 여기는 마음" vs. "다른 사람을 깎아내리려는 마음"

특정 대상에게 나타나는 감정이 '질투'라면, '시기심'은 불특정 다수를 향한 감정이다. 질투(jealously)는 사랑하는 사람에 대한 성장의 동력이 되지만, 시기심(envy)은 타인을 깎아내림으로써 불만을 해소하는 방식으로 작용할 가능성이 높다. 남과 비교하는 것은 결국 질투와 시기심으로 표출될 수 있다. 질투(嫉妬)가 특정 대상이 가진 무엇을 못마땅하게 여기며 잘되는 것을 싫어하는 감정을 말한다면, 시기심(猜忌心)은 자신보다 다른 사람이 잘되는 것을 시샘하고 갖고 싶어서 미워하는 감정을 말한다. 마음에 질투가 자리 잡으면 행복할 수 없다. 지금까지 살아오면서 가장 질투가 났던 사람은 누구인가? 시기심이 마음속에 자리 잡으면 다른 사람을 끌어내린다. 지금까지 가장 샘났던 적은 언제인가?

욕구와 욕망

"난 당신의 관심이 필요해!" vs. "난 당신의 관심이 없으면 안 돼!"

배가 고파서 먹고 싶은 것이 '욕구'라면, '욕망'은 먹었는데도 더 먹고 싶은 것이다. 욕구(needs)가 무언가의 결여를 충족시키고자 하는 생리적 요구라면, 욕망(desire)은 어떤 충족 체험이 기억에 남아 있다가 재현되는 심리적 활동이다. 욕구(欲求)가 생존과 같이 '없으면 안 되는 것'이라면, 욕망(欲望)은 행복 추구와 같이 '있으면 좋은 것'이다. 욕구가 자신의 감정을 느끼고 결여를 충족시키는 과정이라면, 욕망은 다른 사람과 비교하여 결핍을 채워가면서 행복을 느끼는 과정이다. 당신은 상대방의 욕구를 이해하면서 자신의 욕망을 어떻게 절제할 것인가?

자유와 자율

"난 구속받는 게 싫어!" vs. "난 명령받는 게 싫어!"

어떤 것에 얽매이지 않고 자기 마음대로 할 수 있는 상태가 '자유'라면, '자율'은 스스로의 원칙에 따라 어떤 일을 통제하는 상황이다. 자유(freedom)의 동기가 리더에게 간섭받지 않고 독립적으로 자신이 누릴 수 있는 권리 안에 존재하는 경우라면, 자율(autonomy)의 동기는 보수에 연연하지 않고 스스로 책임감을 갖고 자신을 절제하는 경우다. 자유(自由)가 타인의 억압에서 벗어나는 의지라면, 자율(自律)은 스스로 세운 약속을 지키는 것이다. 자유가 세상과 싸우는 자기 행동이라면, 자율은 자기 자신과의 싸움으로 스스로 행동을 제어하는 것이다. 당신은 상대방의 자유를 지키면서 스스로 어떻게 자율적으로 일할 것인가?

안정과 안전

"난 불안한 게 싫어!" vs. "난 위험한 게 싫어!"

변하지 않고 일정한 상태를 유지하는 것이 '안정'이라면, '안전'은 위험한 일이 생기거나 사고가 날 염려가 없는 것이다. 안정(stability)의 동기가 조직에 충성하는 경향이 있으며 오르락내리락하고 불안한 모습을 보이지 않는 경우라면, 안전(security)의 동기는 소속감을 중요시하여 떠나지 않으면서 손해 보지 않는 경우다. 안정(安定)이 '편안하고 정해진 것'이라면, 안전(安全)은 '편안하고 온전한 것'이다. 안정이 변하지 않아야 하기 때문에 시간의 경과가 필요하다면, 안전은 피해를 받지 않게 위험으로부터 지키는 것이다. 당신은 상대방의 안정을 충족시키면서 자신의 안전을 어떻게 지킬 것인가?

균형과 조화

"난 한쪽으로 치우치는 게 싫어!" vs. "난 주변과 안 어울리는 게 싫어!"

어느 한쪽으로 기울지 않은 고른 상태가 '균형'이라면, '조화'는 다양한 것이 통합되어 잘 어울리는 상황이다. 균형(balance)의 동기는 자신의 일과 개인적 삶에서 한쪽이 늘어나면 한쪽이 줄어드는 상쇄 개념이지만, 조화(harmony)의 동기는 한쪽의 만족으로 다른 만족을 끌어낼 수 있다는 시너지 효과다. 균형(均衡)이 저울의 양팔이 고르게 되어 있는 모양이라면, 조화(調和)는 각각의 개별적 대상이 상호관계를 맺어 하나의 자연스러움을 낳는 모양이다. 균형이나 중심으로 일과 삶을 선택할 수 있다는 오만이라면, 조화는 우리 중심으로 일과 삶이 분리될 수 없다는 포괄적 수용이다. 당신은 자신의 균형을 깨뜨리지 않으면서 가족의 조화로운 삶을 어떻게 가꿔나갈 것인가?

공감과 동감

"그럴 수도 있겠다" vs. "너가 슬프면 나도 슬퍼!"

상대의 감정을 이해하는 것이 '공감'이라면, '동감'은 상대의 감정과 똑같이 맞추는 것이다. 공감(共感)이 남의 감정이나 주장에 자기도 그렇다고 느끼는 것이라면, 동감(同感)은 어떤 의견에 같은 생각이나 감정으로 동의를 구하는 것이다. 공감(empathy)이 다른 사람의 처지에서 그 사람의 시각과 느낌을 이해하는 것으로 상상력이 필요한다면, 동감(sympathy)은 연민이나 불쌍하다는 마음을 가지지만 그 사람의 시각이나 감정을 이해하려는 노력까지는 부족하다. 공감이 상대의 감정을 느끼고 그런 감정을 갖게 된 이유를 알게 되는 것이라면, 동감은 내 입장에서 상대를 바라보고 느끼는 것이다. 공감이 상대방 중심으로 주체성을 지켜주면서 감정을 알아주는 것이라면, 동감은 자기 중심으로 상대방의 주체성을 고려하지 않고 의견이나 감정을 바꾸려 할 수 있다. 당신은 상대방을 어떻게 동감하면서 의견이 다를 때 어떻게 공감할 것인가?

겸손과 겸양

"난 거만한 게 싫어!" vs. "난 잘난 체하는 게 싫어!"

상대방을 존중하여 자신을 내세우지 않는 태도가 '겸손'이라면, '겸양'은 남에게 사양하는 미덕이다. 겸손(humility)의 동기는 리더십의 주춧돌로 서로 존중하는 방법을 배우지만, 겸양(modesty)의 동기는 리더십의 근원으로 내 것을 다른 사람에게 양보하는 미덕이다. 겸손(謙遜)이 자만하지 않고 스스로 자기 자랑을 하지 않는 것이라면, 겸양(謙讓)은 교만하지 않고 상대방의 안쓰러움에 공감하는 것이다. 겸손이 나를 중심으로 낮추는 것이라면, 겸양은 우리 중심으로 내 것을 내놓는 것이다. 당신은 자신의 겸손을 유지하면서 상대방을 위해 겸양을 어떻게 실천할 것인가?

사실과 진실

"겉으로 드러난 게 전부가 아니야!" vs. "난 거짓말하는 게 싫어!"

실제로 일어난 객관적 상태가 '사실'이라면, '진실'은 변하지 않는 주관적 상태다. 사실(fact)의 동기가 꾸미지 않고 솔직하게 그대로 드러내는 것이라면, 진실(truth)의 동기는 마음에 거짓이 없이 순수하고 올바른 것이다. 사실(事實)은 역사에서 실제로 있었던 일을 뜻하는 말이고, 진실(眞實)은 예술에서 감추어진 것을 밝히는 말이다. 사실이 시공간에서 일어난 사건이라면, 진실은 참되고 변하지 않는 진리다. 당신은 객관적 사실을 확인하면서 상대방의 진실을 어떻게 탐구할 것인가?

꼰대와 어른

"왕년에 내가 말이야" vs. "장차 우리가 뭐하지?"

자신의 과거 경험에 집착하는 것이 '꼰대'라면, '어른'은 팀원의 미래 행동에 초점을 맞춘다. 꼰대가 명령과 위협으로 윽박지른다면, 어른은 소통과 공감으로 달랜다. 꼰대가 자기 중심으로 다른 사람의 문제점을 현미경으로 들여다본다면, 어른은 우리 중심으로 망원경으로 세상의 필요점을 찾는다. 꼰대가 거울을 보며 팔짱 끼고 권위를 내세운다면, 어른은 거울로 자화상을 보면서 성찰한다. 꼰대가 다른 사람이 잘못하면 일러바치고 나무란다면, 어른은 자신의 부덕으로 돌리고 자신이 책임진다. 꼰대가 권력에 대한 두려움으로 조직을 장악한다면, 어른은 용기 있게 솔선수범하여 조직을 행복하게 한다. 꼰대가 세상의 중심이 자신에게 있다고 착각하는 것이라면, 어른은 세상에

숨길 수 있는 것은 없다고 생각한다. 꼰대는 이것저것 회초리를 찾아다니면서 수집하지만, 어른은 죽비소리로 잠을 깨우는 데 집중한다. 꼰대가 하루하루 남의 공을 채간다면, 어른은 하루하루 자신의 공을 남에게 돌린다. 당신의 꼰대 역할은 무엇이고, 오늘 어떻게 어른 역할을 하겠는가?

스승과 선생

"지위가 없어도 배움을 주는 사람" vs. "지위로 얻어서 가르치는 사람"

스승이 몸소 실천하며 가르쳐 제자를 올바른 길로 인도하는 사람이라면, 선생은 학교에서 위촉을 받아 학생을 가르치는 사람이다. 스승은 아무 타이틀 없이 지혜와 혜안을 아낌없이 나눠주지만, 선생은 온갖 타이틀을 달고 지식과 기술을 전수한다. 스승이 제자의 인생과 앞날을 진심으로 살펴 가르친다면, 선생은 자신의 인생과 앞날에 흠집이 날까 봐 가르침을 아낀다. 스승이 희생할 각오로 제자를 품는다면, 선생은 그럴 깜냥이 되지 못함을 스스로 안다. 스승이 나이와 상관없이 배움을 주는 순간을 포착해 오랜 기간 터득한 선물을 들고 있다면, 선생은 배움을 주기보다 강요할 때가 많아서 가까이하기 싫을 때가 많다. 당신에게 기억에 남는 스승은 누구인가? 당신을 괴롭혔던 선생은 누구인가?

듣기와 경청

"난 계속 듣고 있었어!" vs. "너 정말 힘들었겠구나!"

귀로 들어오는 소리가 뇌로 이동하기까지의 청각 활동이 '듣기'라면, '경청'은 소리를 통해 수신된 메시지를 해석하는 활동을 말한다. 듣기(hearing)의 동기가 그냥 귀에 들려오는 소리를 듣는 생리적 현상이라면, 경청(listening)의 동기는 관심을 갖고 집중하는 의식적 활동이다. 듣기[聽聞]가 들려오는 소리를 무심히 흘려보내는 수동적 행위라면, 경청(傾聽)은 귀를 기울여서 상대의 의도를 알아차리는 능동적 행동이다. 듣기가 자기 중심으로 들리는 것을 확인하는 기술이라면, 경청은 상대방 중심으로 들리지 않는 것을 듣고자 존중하는 태도다. 당신은 듣기를 통해 상대방의 진심을 어떻게 경청할 것인가?

수용과 허용

"있는 그대로의 모습이 좋아" vs. "들어가도 괜찮을까?"

존재를 이해하고 받아들이는 것이 '수용'이라면, '허용'은 행위에 대해 허락을 받는 것이다. 부모는 아이의 마음을 수용하되 무조건 아이의 게임 행위를 허용해서는 안 된다. 수용이 상대방에게 안도감을 느끼면서 자신의 문제를 방어기제 없이 표면화하는 것이라면, 허용은 상대방의 영역에 들어가기 전에 똑똑 두드리는 신호를 보내는 것이다. 수용이 사람을 만날 때 마음에 상처를 입은 사람들일수록 감정을 그저 흘러가게 두어도 된다면, 허용은 사람을 만날 때 행동에 책임을 질 수 있도록 질문해야 한다. 수용이 상대방을 그대로 존중하는 태도라면, 허용은 시행착오를 통해 스스로 세상을 배워나가는 과정이다. 당신은 상대방을 어떻게 수용할 것이고, 오늘 어디까지 허용할 것인가?

경계와 한계

"이곳은 내 땅이야!" vs. "역시 현실은 냉혹하네!"

내가 하는 직무의 경계는 무엇이고, 업무의 한계는 무엇인가? 일을 할 때는 경계와 한계를 설정해야 한다. 마찬가지로 커리어를 쌓을 때도 경계 설정은 자신의 브랜드를 강화시키고, 한계 설정은 일의 퀄리티를 올릴 수 있다. 그래서 자기 정체성을 탐색할 때 경계와 한계를 설정할 필요가 있다.

사물이 어떤 기준에 의해 분간되는 영역이 '경계'라면, '한계'는 사물이나 능력을 실제로 적용할 수 있는 범위를 말한다. 경계가 사람과 사람이 만날 때 자신의 임계점을 알려주는 선이라면, 한계는 사람과 능력 사이에 책임을 나타내는 선이다. 경계는 측정이 가능해 명확한 반면, 한계는 측정이 불가능해 불명확하다. 경계가 우리가 살아갈 터전을 탐색하는 물리적 공간이라면, 한계는 감당하기 힘든 자신의 미숙함을 깨닫는 성찰적 시간이다. 당신의 경계는 어디까지이고, 오늘 어떻게 한계를 들여다볼 것인가?

칭찬과 인정

"선생님의 말씀을 잘 듣는 아이구나!" vs. "넌 아주 소중한 존재야!"

그럴 만한 조건이 되었을 때 하는 것이 '칭찬'이라면, '인정'은 존재를 무조건

받아들이는 것이다. 칭찬이 행위(doing)에 초점이 맞춰져 있다면, 인정은 존재(being)에 초점을 맞추는 것이다. 칭찬이 경쟁 구도에서 보상의 한 형태로 주어진다면, 인정은 관계 구도에서 안도감을 얻게 된다. 칭찬이 상대의 행위를 보이지 않게 통제하려는 숨은 의도가 드러날 수 있다면, 인정은 스스로 상대의 존재를 받아들이면서 서로 주체적으로 깨어나게 할 수 있다. 칭찬이 즉시 구체적으로 할 때 고래도 춤추게 할 수 있다면, 인정은 자신을 깊이 알아주는 상대에게 목숨도 바친다고 한다. 칭찬이 상대방에게 의례적으로 "굉장히 훌륭하십니다!"라고 말해 반감을 사기 쉽다면, 인정은 상대방을 꼭 안고 "내 곁에 있어줘서 고마워"라고 귓속말로 속삭이는 것이다. 칭찬이 결과 중심으로 단기적으로 행위에 집중하게 한다면, 인정은 과정 중심으로 장기적으로 스스로 가치 있는 사람으로 느끼게 한다. 당신은 상대방을 어떻게 인정하면서 구체적으로 칭찬할 것인가?

지지와 격려

"널 믿고 응원한다!" vs. "넌 잠시 넘어졌지만 일어설 수 있어!"

쓰러지지 않도록 도와주는 것이 '지지'라면, '격려'는 쓰러지는 사람을 일으켜 세우는 것이다. 지지(支持)가 현재 자기 신뢰에 초점이 맞춰져 있다면, 격려(激勵)는 어려운 현재에서 벗어나 자신의 미래에 초점을 맞추는 것이다. 지지(support)가 상대의 눈을 맞추고 잘 받쳐주는 태도에서 나온다면, 격려(encouragement)는 상대의 곤란한 상황을 이해하고 빠져나올 수 있는 기대감을 준다. 지지가 상대의 가치와 행동을 발견해 스스로의 믿음을 강화할 때 효과가 있다면, 격려는 불쌍한 사람을 보살펴주듯이 하지 않고 진심에서 우러나와 의욕이 솟아나도록 북돋아준다. 지지가 신뢰와 불신의 줄다리기에서 자기 신뢰로 넘어갈 수 있도록 집중하게 한다면, 격려는 절망과 희망의 시소에서 스스로 희망을 느끼게 한다. 당신은 상대방을 어떻게 지지하면서 넘어졌을 때 어떻게 격려할 것인가?

설명과 설득

"내가 알려줄게!" vs. "내 말대로 하는 게 좋아!"

남들이 모르는 것을 잘 알 수 있도록 밝히는 것이 '설명'이라면, '설득'은 자신의 이야기에 따르도록 상대편을 깨우치는 것이다. 설명(explanation)의 동기가 요목조목 정보 제공 위주로 세세하게 하는 대화 형태라면, 설득(persuasion)의 동기는 공감대를 형성하여 목적한 바를 이루기 위해 유도하는 대화 형태다. 설명(說明)이 있는 그대로의 사실을 전달하는 일방향이라면, 설득(說得)은 스토리텔링을 통해 감정의 변화를 일으키는 쌍방향이다. 설명이 타인의 이해를 구하는 과정이라면, 설득은 타인의 마음을 얻는 과정이다. 당신은 무엇을 설명하고 상대방을 어떻게 설득할 것인가?

계발과 개발

"생각을 일깨워주는 것" vs. "유용하게 만드는 것"

보지 못한 것에 대해 동기를 부여해주는 것이 '계발'이라면, '개발'은 토지나 산업 등 실질적으로 실행하는 일이다. 계발(improvement)이 정신적으로 깨우침을 주고 계몽하는 것이라면, 개발(development)은 물질적으로 보이는 것의 변화를 이루어내는 것이다. 계발(啓發)이 잠재적인 것을 밖으로 끄집어내는 것이라면, 개발(開發)은 지금 가지고 있는 것을 발전시키는 것이다. 계발이 생각의 발견이라면, 개발은 현실의 구현이다. 무엇으로 자신을 계발할 것이며, 어떻게 개발을 구현할 것인가?

산수와 수학

"남이 푼 문제를 푸는 것" vs. "남이 풀지 못한 문제를 푸는 것"

보이는 것을 계산하는 것이 '산수'라면, '수학'은 보이지 않는 것을 추론하는 것이다. 산수가 더하고 빼고 곱하고 나누는 것이라면, 수학은 도형, 기하학, 방정식, 함수, 집합, 확률, 통계 등을 다루는 것이다. 산수가 수를 다루는 기술력이라면, 수학은 계산능력을 바탕으로 수련하는 사고력이다. 산수는 계산기가 대신 해줄 수 있지만, 자연의 아름다운 이치를 탐구하는 수학은 누가 대신 해줄 수 없다. 산수는 남이 푼 문제를 따라서 풀면 되지만, 수학은 남이 풀지 못한 문제를 상상력으로 증명하는 것이다. 당신의 상상력으로 증명하고 싶은 것은 무엇인가?

정돈과 정리

"보이는 것을 가지런히 바꾸는 것" vs. "불필요한 것을 제거해 질서를 회복하는 것"

흐트러진 것을 가지런히 고치는 것이 '정돈'이라면, '정리'는 혼란스러운 것을 없애는 것이다. 정돈이 보이는 것을 가지런히 바꾸는 것이라면, 정리는 불필요한 것을 제거해 질서를 회복하는 것이다. 정돈은 다른 사람이 대신 해줄 수 있지만, 인생의 아름다운 질서인 정리는 누가 대신 해줄 수 없다. 정돈은 어지럽힌 외부를 예쁘게 정렬하면 되지만, 정리는 뼛속 내면부터 체계적으로 분류해야 한다. 당신이 뼛속부터 말끔하게 정리하고 싶은 것은 무엇인가?

피드백과 피드포워드

"과거의 실패를 교정하는 것" vs. "미래의 변화 가능성을 실현하는 것"

피드백(feed back)이 과거의 잘못한 행동을 분석하는 데 초점을 맞춘다면, 피드포워드(feed forward)는 다가올 미래를 변화시키는 데 초점을 둔다. 피드백이 피드백을 주는 사람이 주체가 되어 과거 지향적인 사실이나 현상 분석을 다루는 기법이라면, 피드포워드는 피드백을 구하는 사람이 주체가 되어 미래 지향적인 아이디어나 해결책을 찾아가는 기법을 말한다. 피드백은 현실적으로 현재 어떤 상황인지를 이야기하지만, 피드포워드는 가능성을 열어놓고 생생한 아이디어를 듣는 것에서 시작한다. 피드백이 격식을 따져 사람이 아닌 성과를 대상으로 한다면, 피드포워드는 현재 성과보다는 건설적인 대화를 통한 사람의 성장에 대한 것이다. 피드백이 과거의 실패에 대한 기억과 교정을 강화한다면, 피드포워드는 미래의 변화 가능성에 대한 생각과 안목을 키우게 한다. 당신을 만나는 사람에게 어떻게 피드백을 하고 피드포워드를 할 것인가?

부록

2.
커리어코칭 계약서 양식

커리어코칭 계약서

커리어코치 (이하 '갑'이라 함)와 대상자 (이하 '을'이라 함)는 다음과 같이 아래의 상호존중을 기초로 하여 함께 성장하는 것에 동의한다.

제1조(목적) 본 계약서는 커리어코칭을 함에 있어서 제반사항을 규정함으로써 '갑'의 업무와 '을'의 권익보장을 목적으로 한다.

제2조(적용범위) 커리어코칭의 적용범위는 커리어(경력, 취업, 일 등)에 한정된 것으로 정한다. 대상자는 커리어코칭이 일반 심리상담사가 행하는 정신적 치료와는 다르다는 것을 이해한다.

제3조(대상자의 책임) 대상자는 코치에게 솔직하게 질문하고 답변을 하겠다는 것에 동의한다. 비록 커리어코치의 지원을 받아서 대상자가 내리는 행동, 결과에 대한 책임은 전적으로 자신에게 있음을 인지한다.

제4조(커리어코치의 책임) 커리어코칭 세션에서 이루어지는 모든 대화에 대해 비밀을 보장하며 외부에 사례를 공유할 경우 사전에 대상자의 동의를 얻는다(법률상의 면책특권은 해당하지 않는다). 단 전문코치자격 취득을 위해서 대상자명, 대상자 연락처, 코칭시간 리스트만을 제출할 수 있다. 코치는 대상자가 세션을 통해 목적하는 바를 달성할 수 있도록 전문코치로서의 의무와 책임을 다하며 지속적인 역량개발에 힘쓴다.

제5조(커리어코칭의 방법) 커리어코칭은 대면으로 만나는 것을 원칙으로 한다. 커리어코칭은 행동주의적 코칭에 기반을 두고 있기 때문에 직접 대면으로 보는 것이 커리어코칭을 하는 데 매우 유익하기 때문이다. 필요에 따라 텔레코칭을 실시할 수 있으며, 텔레코칭은 전화로 진행되고 대상자가 코치에게 직접 전화하는 것을 원칙으로 한다. 단, 대면코칭와 텔레코칭을 서로 합의 하에 결정할 수 있다.

제6조(계약기간) '을'의 계약기간은 커리어코칭 세션은 한 번에 (____)분으로 하되, 한 달에 (____)이며, 20___년 ___월 ___일부터 시작해서 20___년 ___월 ___일까지로 한다. 코칭비는 매월 정산하되, 한 달에 (____)로 정하고 매월 1일에 온라인 입금(계좌번호 ____________은행 ________________________________홍길동)을 원칙으로 한다. 단, 상황에 따라 변경 가능하고, 변경 시에는 48시간 전에 연락해서

서로 합의한다. 급한 경우에 대상자가 메일로 요청할 수 있으며 코치는 48시간 내에 답신을 한다.

제7조(계약갱신) 본 사항에 대한 계약은 커리어코칭 종료와 동시에 계약이 해지되고, 연장될 경우 상호 협의하여 연장함을 원칙으로 한다.

제8조(자료제공) 본 커리어코칭의 진행에 대한 일체의 사항은 '갑'과 '을'이 사전에 협의하여 코칭에 차질이 없도록 준비하며, '을'은 '갑'이 커리어코칭에 필요한 자료에 대하여 사전에 요구할 경우 이에 협조한다.

대상자와 커리어코치는 위의 내용에 동의하며 코칭세션을 진행하는 데 있어서 개인과 조직의 성장을 함께할 수 있도록 최선을 다할 것을 약속한다.

20　　년　　월　　일

"갑"커리어코치	**"을"대상자**
연락처:	연락처:
주소:	주소:
주민등록번호:	주민등록번호:
성명:　　　　(인)	성명:　　　　(인)

집필진 소개

하영목 youngmok.ha@gmail.com

커리어코치협회 회장
(주)스타코칭 대표
코카콜라 인사상무, 포스코그룹 인사부장
아주대특임교수, 경희대 원어강의교수 마스터코치(마샬 골드스미스)
저서『살아갈 날을 위한 미래 나침반』,『아이가 초등5학년이면 부모는 중학 생활을 준비하라』 등

남상은 miraclecoach.se@gmail.com

커리어코치협회 상임이사
TLP교육디자인 연구소장

최진희 cjhee54@naver.com

커리어코치협회 부회장
(주)커리어비전 대표
열린사이버대 특임교수
저서『신중년 꿈을 꾸다』,『터닝시프트』,『올댓취업』 등

최성남 soritle71@daum.net

커리어코치협회 상임이사
LG S&I Corp. 안전환경팀 리더
한국코치협회 전문코치(KPC)
LG 인화원 강사
저서『나는 내 멋대로 살기로 했다』

조경미 danbi9302@naver.com

커리어코치협회 상임이사
비전트리 대표
군포시청소년재단 청소년상담사
한국산업기술대학교 · 한양대학교 커리어컨설턴트

정선미 lovenjob@naver.com

커리어코치협회 상임이사
소마리베 대표
경기일자리재단 '꿈날개' 사이트 '직업상담사 생생실무 지침서' 강의

강효석 truefan@naver.com

커리어코치협회 기획이사
바른전략연구소 대표
저서 『직장인의 성공에너지 배움』, 『직장인 서바이벌 업무력』 등

신은희 ann06@naver.com

커리어코치협회 홍보이사
Breeze&co. 대표
진로변화연구소 소장
『면접 STAR 카드』 영문 감수

윤영돈 yoon@yooncoach.com

커리어코치협회 부회장
윤코치연구소 소장
지혜의 탄생 대표
저서 『채용트렌드 2020』, 『NCS 기반 블라인드 채용 자소서&면접 마스터』, 『글쓰기 신공』 등

한혜정 icielo@naver.com

커리어코치협회 상임이사
진로디자인코칭연구소 대표
저서 『유망직업 미래지도』, 『인성 반올림』(공저) 등

허성희 mie4u@hanmail.net

커리어코치협회 상임이사
한국미디어코칭협동조합 대표
한국북네트웍스교육원 대표
저서 『스마트폰 길라잡이』, 『뇌를 깨우는 브레인 에듀플레이 SDP카드와 진단개발』 등

이영대 careerin@naver.com

커리어코치협회 이사
가톨릭관동대학교 조교수
저서 『난 앞으로 뭘 해먹고 살지』, 『디지털 시대의 진로 상담의 이론과 실제』 등

장은영 eyjang90@gmail.com

커리어코치협회 상임이사
KT융합기술원 수석연구원
저서 『창의성이 뭐길래?』, 『세상을 바꾸는 여성엔지니어 13』

이주하 gso10615@gmail.com

커리어코치협회 상임이사
역서 『도요다 자동차의 생산성 향상 비결』